内蒙古社科规划后期资助项目

内蒙古本土品牌成长
与特色优势产业集群研究

黄小葵 著

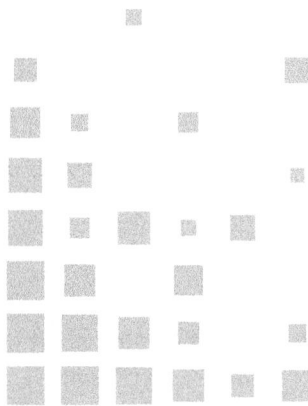

经济管理出版社

图书在版编目（CIP）数据

内蒙古本土品牌成长与特色优势产业集群研究/黄小葵著. —北京：经济管理出版社，2015.3
ISBN 978-7-5096-3674-9

Ⅰ.①内…　Ⅱ.①黄…　Ⅲ.①企业管理—品牌战略—研究—内蒙古　②特色产业—产业发展—研究—内蒙古　Ⅳ.①F279.272.6　②F127.26

中国版本图书馆 CIP 数据核字（2015）第 055523 号

组稿编辑：杨国强
责任编辑：杨国强　张瑞军
责任印制：黄章平
责任校对：车立佳

出版发行：经济管理出版社
　　　　　（北京市海淀区北蜂窝 8 号中雅大厦 A 座 11 层　100038）
网　　址：www. E-mp. com. cn
电　　话：（010）51915602
印　　刷：北京京华虎彩印刷有限公司
经　　销：新华书店
开　　本：710mm×1000mm/16
印　　张：22
字　　数：430 千字
版　　次：2015 年 7 月第 1 版　　　2015 年 7 月第 1 次印刷
书　　号：ISBN 978-7-5096-3674-9
定　　价：58.00 元

前　言

　　品牌作为市场营销学的一个重要概念，一直是企业界和学术界重点研究的领域。我们常说的品牌，实际上是产品或服务品牌、企业品牌等个体品牌，随着品牌研究的不断发展，又出现了城市品牌、产业品牌、国家品牌等区域品牌的概念。

　　如今，品牌已经成为我们日常生活中常常提及的名词，品牌与阶层及身份的关联度已密不可分。随着市场竞争进一步加剧，企业将品牌作为参与竞争的主要手段。品牌带给企业的不仅仅是高额的附加值，还有持久的发展潜力。品牌反映了消费者对品牌的载体——产品或者服务的认同度。知名度、美誉度高的品牌，消费者更加愿意为其产品或服务支付高额的资金，相应的忠诚度也高；相反，用户体验差的产品，终将被消费者遗忘而退出市场。企业究竟该如何塑造品牌，一直是企业的大难题。

　　内蒙古自治区地处祖国的北部边疆，经济的快速发展带动了内蒙古本土企业品牌意识的增强，内蒙古已经迎来了以羊绒、煤炭、乳业为依托，实现快消品、商业零售业、金融业全面发展的时代。但是，内蒙古本土品牌的发展常常会受到地域的限制。如何使本土品牌发展壮大，已成为许多内蒙古本土企业需要思考的问题。

　　我们编著的《内蒙古本土品牌成长与特色优势产业集群研究》，希望能够对内蒙古本土品牌的发展与壮大进行有益的探索。

　　第一，梳理品牌现象的发展过程以及品牌的相关知识，陈述了区域品牌的相关知识，希望读者对品牌的理解更广泛，对区域品牌的认识更清晰。

　　第二，介绍了内蒙古本土品牌发展的现状，并通过部分实战案例，让读者在理解品牌理论的同时，能够将理论应用到具体操作当中。

　　第三，通过内蒙古本土品牌案例，让读者了解内蒙古品牌的同时，对品牌的塑造和维护知识有更深的理解，也希望能够对一些企业的品牌运营提供一些启示。

我们希望在陈述以上知识的基础上，能够引发大家对本土品牌成长的思考。书中提到的区域品牌可能仅仅是一种思路，企业借助区域品牌提高竞争力的同时，区域品牌也在发展壮大，进而增强企业的核心竞争力，形成一种螺旋式上升的态势，两者是相辅相成的关系。

本书分共为三篇，第一篇是对品牌和区域品牌理论的概述；第二篇是对内蒙古本土品牌现状的分析，并提出相关的发展建议；第三篇是案例研究部分。希望本书能够对读者有所帮助。

本书在成稿过程中，张利钦同学参与了区域品牌部分理论的撰写及全书的校对工作，赵宇娜博士对本书的框架及内容做出了重要贡献，在此表示衷心的感谢。

本书得到了内蒙古社科规划后期资助项目（2014F144）、内蒙古自然科学基金项目（2014MS0712）和少数民族区域可持续发展研究项目（20100-410322）等资助，在此表示衷心的感谢。

令人欣慰的是，在本书成稿的过程中，我们的部分案例还成功地入选"中国管理案例共享中心"案例库；另外，需要说明的是，由于案例编写跨越年代较长，一些案例数据和企业的现实情况未能及时更新；由于种种原因，部分案例未获得企业授权；本书中的案例基本上属于描述型案例，对本土品牌的研究性和指导性尚有欠缺。对于本书的不足，希望能得到读者朋友的谅解，我们将在今后的研究中进行弥补。

目　录

上篇　理论

第一章　品牌——看得见的价值 ⋯⋯⋯⋯⋯⋯⋯⋯⋯⋯⋯⋯ 003

　一、品牌现象的发展 ⋯⋯⋯⋯⋯⋯⋯⋯⋯⋯⋯⋯⋯⋯ 003

　二、品牌的概念 ⋯⋯⋯⋯⋯⋯⋯⋯⋯⋯⋯⋯⋯⋯⋯⋯ 006

　三、品牌的功能 ⋯⋯⋯⋯⋯⋯⋯⋯⋯⋯⋯⋯⋯⋯⋯⋯ 009

　四、品牌的相关理论 ⋯⋯⋯⋯⋯⋯⋯⋯⋯⋯⋯⋯⋯⋯ 012

第二章　区域品牌——未来的发展方向 ⋯⋯⋯⋯⋯⋯⋯⋯⋯ 018

　一、区域品牌的概念 ⋯⋯⋯⋯⋯⋯⋯⋯⋯⋯⋯⋯⋯⋯ 018

　二、区域品牌形成的基础 ⋯⋯⋯⋯⋯⋯⋯⋯⋯⋯⋯⋯ 020

　三、区域品牌的形成机制 ⋯⋯⋯⋯⋯⋯⋯⋯⋯⋯⋯⋯ 023

　四、区域品牌的可持续发展战略 ⋯⋯⋯⋯⋯⋯⋯⋯⋯ 024

中篇　内蒙古品牌现状及未来

第三章　内蒙古本土品牌的发展 ⋯⋯⋯⋯⋯⋯⋯⋯⋯⋯⋯ 031

　一、内蒙古本土品牌的成长背景 ⋯⋯⋯⋯⋯⋯⋯⋯⋯ 031

　二、内蒙古本土品牌的发展现状 ⋯⋯⋯⋯⋯⋯⋯⋯⋯ 035

三、内蒙古本土品牌的战略分析 ……………………………… 037

第四章 内蒙古区域品牌的发展 ………………………………… 045

一、内蒙古区域品牌的发展现状 ……………………………… 045

二、内蒙古区域品牌的竞争优势 ……………………………… 049

三、区域品牌是内蒙古本土品牌的未来 ……………………… 050

下篇 内蒙古本土品牌案例研究实践篇

第五章 温州商人的维多利神话 ………………………………… 056

一、邹招斌其人 ………………………………………………… 056

二、中山路商业街 ……………………………………………… 057

三、企业发展及现状 …………………………………………… 058

四、维多利营销管理现状 ……………………………………… 062

五、关于维多利集团的思考与探讨 …………………………… 065

第六章 兆君——凤出东方 翱翔四海 ………………………… 068

一、公司背景 …………………………………………………… 068

二、兆君的品牌管理 …………………………………………… 070

三、当前羊绒企业竞争环境的分析 …………………………… 075

四、关于兆君的思考和探讨 …………………………………… 077

第七章 意林——土生土长的"洋品牌" ……………………… 081

一、公司背景 …………………………………………………… 081

二、健康理念 …………………………………………………… 083

三、销售模式 …………………………………………………… 084

四、营销理念 …………………………………………………… 086

五、当前环境分析 ……………………………………………… 087

六、品牌发展思考与讨论 ……………………………………… 090

第八章　蒙清——有机食品的明日之星 ······················ 092

　　一、公司背景 ··· 092

　　二、蒙清创始人——刘三堂 ··································· 093

　　三、蒙清的多元化发展 ·· 097

　　四、蒙清产品营销策略 ·· 099

　　五、关于蒙清的思考和探讨 ··································· 104

第九章　现代牧业——走出乳业新模式 ····················· 106

　　一、公司背景 ··· 106

　　二、"万牛阵"的质疑与解决 ································· 108

　　三、打造自主乳业品牌，以品质找寻蓝海 ·············· 109

　　四、关于现代牧业的思考和探讨 ···························· 114

第十章　永业——农产品品牌的佼佼者 ····················· 117

　　一、公司背景 ··· 117

　　二、创新，永业的成长基因 ··································· 121

　　三、永业的营销策略 ·· 124

　　四、思考与讨论 ··· 127

第十一章　《北方新报》——百姓身边的生活向导 ········· 130

　　一、公司背景 ··· 130

　　二、《北方新报》的营销战略分析 ························· 131

　　三、报纸——独特的市场双重定位 ························· 132

　　四、《北方新报》的整合营销传播策略分析 ············· 137

　　五、关于《北方新报》的思考和探讨 ····················· 138

　　六、《北方新报》栏目设置 ··································· 140

第十二章　小肥羊——火锅的味道 ··························· 141

　　一、公司背景 ··· 142

二、小肥羊的营销策略 …………………………………………………… 144

三、小肥羊的品牌管理 …………………………………………………… 147

四、当前小肥羊的行业地位和竞争分析 ……………………………… 150

五、关于小肥羊的思考与探讨 ………………………………………… 152

第十三章　北奔重卡——敢问路在何方 ………………………………… 156

一、北奔重卡概况 ………………………………………………………… 156

二、北奔重卡行业竞争分析 …………………………………………… 157

三、北奔重卡品牌定位的变换历程回顾 …………………………… 159

四、国庆阅兵事件营销开启了攀"高"征程 ……………………… 161

五、国庆阅兵后的营销策略分析 …………………………………… 162

六、关于北奔重卡定位的探讨与思考 …………………………… 166

第十四章　包商银行——商业模式创新之路 ……………………… 170

一、公司背景 …………………………………………………………… 171

二、包容乃大，商赢天下 …………………………………………… 173

三、包商银行的营销战略 …………………………………………… 174

四、商业模式创新 …………………………………………………… 178

五、关于包商银行的探讨与思考 ………………………………… 180

第十五章　鄂尔多斯1436——打造羊绒奢侈品牌 ………………… 185

一、公司背景 …………………………………………………………… 186

二、品牌定位 …………………………………………………………… 188

三、市场竞争环境分析 …………………………………………… 189

四、围绕1436品牌的营销策略 ………………………………… 190

五、关于1436的探讨与思考 …………………………………… 191

第十六章　东达蒙古王——用心铸就辉煌 ……………………… 194

一、企业背景 ………………………………………………………… 195

二、东达蒙古王的掌舵者——赵永亮 ……………………… 197

三、东达的困惑 ……………………………………………… 203

四、企业荣誉 ………………………………………………… 205

第十七章　伊泰——与黑金共舞 ………………………… 207

一、伊泰概况 ………………………………………………… 207

二、伊泰的品牌建设 ………………………………………… 208

三、发展循环经济 …………………………………………… 213

四、多元化发展 ……………………………………………… 214

五、关于伊泰集团的思考和探讨 …………………………… 214

六、企业概况 ………………………………………………… 216

第十八章　维信集团——西部羊绒之星 ……………… 220

一、维信集团概况 …………………………………………… 220

二、"劫后重生" ……………………………………………… 223

三、打造品牌资产 …………………………………………… 225

四、关于维信集团的思考与探讨 …………………………… 228

五、企业概况 ………………………………………………… 229

第十九章　河套王酒——与梦想同行 ………………… 231

一、公司背景 ………………………………………………… 231

二、河套王酒的市场定位 …………………………………… 233

三、河套王酒的营销策略 …………………………………… 235

四、关于河套王酒的思考和探讨 …………………………… 240

第二十章　西贝莜面村的品牌回归：真的很爱"莜" …… 245

一、公司简介与创业者 ……………………………………… 245

二、行业基本概况 …………………………………………… 247

三、千折百回一路歌——西贝莜面村品牌定位历程 ……… 249

四、西贝莜面村的差异化定位 ……………………………… 253

五、尾声 ………………………………………………………… 256

第二十一章　宁城老窖——浴火中重生 ………………………… 259

一、公司背景 …………………………………………………… 259

二、宁城老窖品牌复兴的内外因素分析 ……………………… 261

三、宁城老窖的复兴战略 ……………………………………… 262

四、宁城老窖复兴的营销策略 ………………………………… 265

五、社会各界对宁城老窖的肯定 ……………………………… 268

六、关于宁城老窖的思考和探讨 ……………………………… 268

第二十二章　渠道为王的时代，大牧场为自己代言 …………… 272

一、公司背景 …………………………………………………… 272

二、直营 ………………………………………………………… 274

三、连锁加盟 …………………………………………………… 276

四、积木渠道的不断演化 ……………………………………… 279

五、大牧场的渠道之路能走多远 ……………………………… 283

第二十三章　汉森酒业——与沙漠葡萄结下的情缘 …………… 286

一、公司背景 …………………………………………………… 286

二、葡萄酒行业竞争，品质决定一切 ………………………… 291

三、汉森的品牌之路 …………………………………………… 292

四、思考与讨论 ………………………………………………… 294

第二十四章　蒙古王酒——彰显王者气概 ……………………… 297

一、公司背景 …………………………………………………… 297

二、蒙古王的现状分析 ………………………………………… 299

三、蒙古王的市场营销战略的制定 …………………………… 301

四、蒙古王的市场营销战术的制定 …………………………… 305

五、蒙古王品牌的思考和探讨 ………………………………… 311

第二十五章 三百年沧桑话重生

    ——电商时代鸿茅药酒的营销渠道变革 ················· 314

  一、鲍洪升其人 ·············· 314

  二、百年流芳话鸿茅 ·············· 315

  三、鸿茅药酒曾经的辉煌 ·············· 316

  四、药品电商时代鸿茅药酒面临的机遇和挑战 ·········· 318

  五、电商时代铸就"鸿茅"品牌 ·············· 323

  六、结尾 ·············· 325

参考文献 ················· 328

后 记 ················· 335

上篇

理 论

本篇内容为理论部分，分为两大部分：第一部分讲述品牌现象的发展、品牌的概念和功能，以及品牌的相关理论；第二部分讲述区域品牌的概念、区域品牌形成的基础和机制，以及区域品牌的可持续发展战略，帮助读者梳理本书涉及的相关知识，为实战篇打下基础。

第一章 品牌
——看得见的价值

人们常常说起的"品牌"是属于市场营销学中的概念,"品牌"因其内涵的广泛,而附带许多的品牌联想,如每当我们提到某种品牌时,我们首先会想到品牌的外观,包括标志、字体、形象等,其次是该品牌代表产品以及产品的功能。而对该品牌较为了解的人能够继续联想到该品牌归属的企业,以及企业的经营状况、企业的最新报道,甚至是企业的经营理念等。

随着品牌的发展,品牌不再单指企业品牌,而是范围更广。区域品牌出现在人们的认知当中,而由区域品牌还会联想到品牌所在的区域、国家,以及该区域的特征等丰富多彩的内容。

因此,目前无论是在国内还是国外,为获得消费者的心智资源,越来越多的企业、地区开始追求好的品牌,将品牌的打造提到企业战略层面,因为好的品牌对企业和地区而言意味着高的附加值,以及高附加值带来的高额利润,并且还会影响企业未来的发展。

本部分将介绍品牌现象的发展、品牌的概念、品牌的功能以及品牌的相关理论,让读者对品牌有轮廓性的了解。

一、品牌现象的发展

虽然品牌现象的发展已经有很长的历史,但是能称得上现代意义上的品牌是在市场经济出现之后才得以发展的。下文将详细介绍品牌的来龙去脉。

（一）品牌的发展

品牌的英文名称叫"Brand"，中文直译为"烙印"。烙印起源于原始社会，西班牙游牧民族部落的人们用烙铁烧红之后在自家牲畜的身体上打上印记，并且各家的印记大多不同，以此来区分各家的牲畜，同时在进行物物交换时当作交易物的标志，因此才有了品牌的雏形——"烙印"。后来"烙印"被古希腊罗马时期的生产者应用到商品的交易上，生产者通常会把独特的标志，如个人的名字和某些有代表意义的图形刻在其生产的器物之上，用来表示器物所有者的身份，方便企业主与雇工之间记账。

第二次和第三次社会大分工之后，商业得到有效的促进，手工业逐渐成熟起来，企业主举办的个体手工作坊为扩大生产规模，开始大量地招收员工，推行专业化的生产，由产品标志演进而来的作坊名称开始流行。同时，商业的快速发展也促进专门从事商品买卖的商人群体开始扩大，并且开始出现单个商人的个人标记。除此之外，社会的发展也促进了各种产业的发展。为保障产业产品的某种属性的一致，基于产业成立起来的行会开始拥有自己行会的独特印记。不属于这些行会的个体商人或者工匠，同样开始使用区别于这些行会的标记，方便买主在商品使用过程中的一系列服务。

不论原始时期使用的牲畜烙印还是简单商品经济社会中用以区别生产者、代表所有者身份的标志图案，只能算是"品牌"的雏形，仅仅起到区分和承诺的作用，其"品牌"的载体只是产品和器物，与现代意义上的"品牌"是截然不同的，但却是现代社会的"品牌"现象的基础。拥有现代意义的"品牌"是市场经济活动发展的产物。市场经济是现代"品牌"形成的基础，所以有必要对市场经济如何催生现代意义上的"品牌"做一个介绍。

所谓现代意义上的"品牌"同早期品牌现象的重要区别便是其成为企业竞争的工具，提升企业品牌也就提高了企业的综合竞争力。首先，18世纪末兴起的工业革命，极大地促进了资本主义的发展，社会生产力得到前所未有的提升，各种商品开始充斥市场，致使市场竞争不断地加剧，产品生产企业为提高在市场竞争中的生存率，开始在扩大规模的基础上改进生产技术，不断提高生产效率，降低成本。同时，在产品方面，开始设计研发独特的产品以及推出企业专有性的产品，这些专有性的产品体现在技术、形象、标志和名称等方面。品牌开始成为企业参与市场竞争的重要手段。

其次，资本主义在经过了一个世纪的发展之后，开始进入垄断时期，而品牌作为企业参与市场竞争的手段，它的作用也愈发地被企业所重视。

最后，科技革命促进了生产技术以及社会生产能力的快速提高，市场逐渐由原本的供不应求开始向供大于求转变，因此市场也由原来的卖方市场向买方市场转变，不同企业之间的竞争也变得更加激烈。特别是消费者的购买能力急剧增加，对产品的要求不再仅仅局限在数量，而是扩展到产品的质量、种类以及品牌产品带来的精神层面的需求。商品的繁多，带给消费者的是选择的困难，选择品牌产品成为了一种捷径，而对品牌产品需求的增加，也促使了许多品牌企业的出现，如"可口可乐"、"福特"等。

第二次世界大战以后，社会环境发生了巨大的变化，电子计算机、互联网开始出现在人们的日常生活中，市场竞争进入新的阶段。企业不再是单一的孤军奋战，而是朝着集团化发展，高档化和多样化出现在人们的日常消费中，企业所提供的产品也随之不断地创新，"品牌"被企业提升到战略层面。

品牌现象的出现，不仅企业对其重视有加，广告界、学术界也将它奉为重要的研究领域。早在 20 世纪中期，美国品牌领域的学者、广告界的权威——David Ogilvy 便开始提倡品牌战略，他认为品牌形象需要企业广告的贡献，把广告看作品牌塑造的长期投资。David Ogilvy 不仅仅转变了人们对广告的传统理解，更是将对品牌理论研究的迫切性推到学者和管理者的面前。

20 世纪 80 年代至今，"品牌"现象涉及了社会的各个行业以及领域。除了之前介绍过的企业品牌之外，还出现了以个人为主体的品牌（歌星、影星、球星等），与企业品牌一样，有专业的宣传公司、评估公司为其服务；在区域发展的过程中，同样出现了区域品牌（国家品牌、城市品牌、地理品牌等）；在社会发展过程中，许多不以盈利为目的的组织出现了公共事务品牌（足球世界杯、奥运会等）。随着"品牌"现象在人们生活中的推广，各界对"品牌"的应用越来越广泛，研究也越来越深入和全面。

（二）商标

在论述品牌研究之前，我们首先解释一下"商标"问题。在品牌现象发展的过程中，"商标"同"品牌"的联系十分紧密，因为它是品牌存在以及发挥作用的基础。品牌作为一个市场经济现象是无法仅靠自身来保障其所追求的独特性和专有性的实现的，因为在市场经济活动中，它无法避免其他企业的仿造行为、抢注商标行为以及其他损害企业名誉的行为。因此，需要在法律上保护品牌，而商标正是保障品牌效用得以实现或更好地实现的法律依据和保障。19 世纪以后，各国陆续制定了对商标进行保护的法规，表 1-1 列举了部分国家早期对商标的法律保护。

表 1-1　各国早期对商标的保护法规

国　家	时　间	法律名称
法国	1804 年	《拿破仑法典》
英国	1862 年	《商品标记法》
英国	1875 年	《商标注册法》
美国	1870 年	《商标法》
日本	1884 年	《商标条例》
中国	1904 年	《商标注册试办章程》

在 19 世纪末期，各国之间的贸易往来增多，对商标的保护也不再局限于单个国家，国际间的商标保护也被各国组织重视。各国之间签署国际性或者区域性以及分类性的法规，国际上对商标进行规范和保护，为商标的健康发展创造了更好的条件，表 1-2 列举了部分国际性或者区域性的商标保护。

表 1-2　国际性或区域性商标保护

法规性质	法律名称
国际性	《保护工业产权巴黎公约》
	《商标国际注册马德里协定》
分类性	《商标注册用商品和服务国际分类尼斯协定》
	《建立商标图形要素国际分类的维也纳协定》
区域性	《比荷卢经济联盟商标公约》
	《欧洲共同体商标注册制度》

二、品牌的概念

品牌是什么，这在经济的不同发展时期以及不同研究者的研究视角下，可谓众说纷纭，现列举如下。

美国营销协会认为：品牌是一种名称、术语、标记、符号或设计，或是它们的组合运用，其目的是借以辨认某个销售者或某群销售者的产品或服务，并使之同竞争对手的产品和服务区别开来。

奥美广告公司创始人大卫·奥格威认为：品牌是一种错综复杂的象征，它是品牌属性、名称、包装、价格、历史、声誉、广告方式的无形总和。品牌同时也因消费者对其使用的印象，以及自身的经验而有所界定。

美国加州大学伯克莱分校哈斯商学院教授大卫·艾克强调：品牌的意涵除了传递产品的范围、属性、质量与用途外，品牌还提示了它自己的个性、它与使用者之间的关系、使用者形象、原产国、企业组织联想、符号、情感利益、自我表达利益等。

著名的市场营销学专家菲利普·科特勒认为：品牌不仅是一个名称、术语和标记，而且是销售者向购买者长期提供的一组特定的特点、利益和服务，最好的品牌传达了质量的保证。然而，品牌还是一个更为复杂的符号。一个品牌能表达出六层意思：①属性，一个品牌首先给人带来特定的属性；②利益，一个品牌不仅仅限于一组属性；③价值，品牌还体现了该制造商的某些价值观；④文化，品牌可能附加和象征了一定的文化；⑤个性，品牌还代表了一定的个性；⑥使用者，品牌还体现了购买或使用这种产品的是哪一类消费者。

切纳瑞和麦克唐纳对品牌的定义：一个成功的品牌能够帮助顾客识别产品、服务、人员或地方，把品牌附加到产品、服务、人员或地方身上，能使购买者或使用者最好地满足与他们相关的、独特的增加价值。而且，品牌的成功源于其在竞争环境下，能持续地保持这些增加的价值。

美国著名学者大卫·罗伯茨认为：品牌存在于消费者和潜在消费者的心中（感觉）及思想中（知觉），是他们对产品或服务的经历和认知的总和，其中的一些你能施加影响，而另一些你则不能。

我国著名品牌专家艾丰教授认为：品牌是第三态资产，它既不是有形资产，也不是无形资产，而是一种关系，这种关系表明一个企业和广大消费者之间的关系，是既十分熟知又相当信任的关系；一个企业与其他企业之间的关系，既是同行中的佼佼者，又是各类企业中的佼佼者，以及一个企业内部有形资产与无形资产的关系，两者有机结合并形成良性循环。

国内学者叶明海则认为：品牌是企业为满足消费者需要，培养消费者忠诚，用于市场竞争，而为生产的商品或劳务确定的名称、图案、文字、象征、设计或其互相协调的组合。

复旦大学苏勇认为：品牌不仅仅是一种符号结构，一种错综复杂的象征，更是企业、产品、社会的文化形态的综合反映和体现；品牌不仅仅是企业一项产权和消费者的认知，更是企业、产品与消费者之间关系的载体。品牌的底蕴是文化，品牌的目标是关系。

湖南师范大学商学院张曙临教授认为：品牌是一个内涵十分丰富的概念，可以从法律和市场两个层面理解。从法律层面看，品牌是一种商标；从市场层面看，品牌表现了产品的性能、质量、文化内涵、市场定位、满足效用的程度，消费者的认知程度，从而决定了消费者对该品牌产品的信任和忠诚程度，它形成品牌的市场控制力。从企业与竞争对手的关系看，品牌又代表了企业产品在市场中的影响能力、生存能力、开拓能力、市场份额以及市场占有率等，这些形成品牌的市场竞争力。

学者王海涛等在《品牌竞争时代》中提出，广泛意义上的品牌包括三个层次的内涵：首先，品牌是种商标，这是从其法律意义上说的；其次，品牌是一种牌子，是金字招牌，这是从其经济或市场意义上说的；最后，品牌是一种口碑、一种品位、一种格调，这是从其文化或心理意义上说的。

学者年小山在《品牌学》中提出："品牌是在整合先进生产力要素、经济要素条件下，以无形资产为主要经营对象，以文化为主要存在方式，以物质为载体，具备并实行某种标准与规范，以达到一定目的为原则，并据此设定自身运动轨迹因而带有显著个性化倾向、具备优势存在基础的相关事物，是由精神、物质、行为有机融合的统一体。"

台湾营销学者陈伟航指出，品牌会渗透人心，因而形成不可泯灭的无形资产，品牌资产的妥善运用，可以给企业带来无穷的财富。

《大营销——新世纪营销战略》编写组给品牌这样定义：品牌是一种独立的资源和资本，它是能够进行营运的……品牌是一种知识产权，也可以像资本一样营运，实现增值。

因此，品牌是企业长期的销售和宣传，在消费者心目中获得的一种对该品牌产品和企业的总体概念，这种概念源自一种心理上的感受，好的品牌能够促进产品的销售，甚至能给企业带来超出产品本身的价值。对企业来讲，品牌是企业宝贵的无形资产，是企业取之不尽的财富之源，是企业活动需要维护的根本所在。从消费者来看，品牌是品质的象征，更是身份和个性的标志。他们使用哪种品牌的产品代表了他们属于哪一阶层的消费群体。

三、品牌的功能

市场环境日益动荡多变，企业为了在激烈的竞争中获得顾客的信任以及忠诚，并且长久地生存发展，应将品牌作为关键性的手段，提升品牌的竞争力，赢得顾客市场。为何品牌的作用如此之大，使得企业花费大量的资源和时间去塑造品牌？

（一）品牌对消费者的功能

消费者是产品和服务的接受者，他们对产品和服务的接受情况关系到企业能否占据有利市场地位，因此品牌对消费者的作用，也关系到企业如何塑造品牌以及准确地定位品牌等问题。

1. 品牌可以降低顾客成本

市场经济的迅速发展，使市场中充斥了大量的商品种类。而每一个商品大类，又会有数十甚至上百家企业生产的数百种相似的产品，极大地丰富了产品市场。但是消费者的能力是有限的，他们无法购买所有的产品并且使用，他们仅仅能够选择众多商品中的某几种。消费者的心智是有限的，在浩瀚的商品信息面前，他们也无法接受所有商品传达的信息。因此，知名品牌成为消费者省时省力、风险低的选择。产品品牌或者企业品牌在人们首次购买时有着引导作用，在再次购买时具有标志作用，品牌减少了人们做出购买决策的过程中的成本。

2. 品牌是企业对顾客做出的承诺

顾客在选择购买某种商品时，总是有机会成本。换句话说，就是选择一种商品意味着放弃了选择其他同类商品而获得的利益。充斥市场的商品所带来的信息超载让信息缺乏、能力有限的顾客感到无从下手。顾客获取商品特征除了靠购买前的视觉或者感官上的了解外，更多地需要购买后的体验，但是顾客不知道这些商品能否在购买后拥有期望的特性。因此，顾客在购买商品时存在着风险，包括质量风险、功能风险、知觉风险、时间风险等。这些风险都让顾客在购买商品时犹豫不决，即使果断购买之后，也会存在心理负担。

企业为了降低顾客购买行为的风险，以及为顾客提供保证，于是便向顾客做出了一个承诺，这个承诺就是品牌。首先，这个承诺需要有企业的实力作为前提；其次，以社会对企业整体形象的评价作为标准；再次，以企业之前展示给消费者的信誉记录作为担保；最后，如果顾客接受了这个承诺，即顾客购买该商品那么品牌这个承诺便开始生效。品牌不同，企业所做出的承诺也会不同，通常这些承诺会包含企业所提供的商品适合的顾客特征，商品所拥有的商品形象及个性、基本功能及附加价值，以及企业对该商品所需负责的一系列责任等。企业会将企业及商品所具备的信息全都附加在品牌上，企业利用品牌对符合该定位的顾客做出承诺。

3. 品牌是产品功能的标志

顾客认知某一品牌首先是根据品牌的载体——产品所具备的功能，如果不能够通过功能给顾客带来良好的第一印象，那么很有可能会流失该顾客。因此，对于刚刚开发的产品品牌，它向顾客展示的功能独特性需要对顾客产生足够的吸引力，让顾客对该品牌产生信任，进而转变成忠诚度，将该品牌同他所体验的产品功能相联系。根据产品功能产生或者提高顾客对品牌的认知，会让顾客从心理上排斥其他的模仿者。

4. 品牌是形象的标志

品牌除了是产品或者企业的名字之外，它的丰富内涵已经大大地超出了识别作用的限制。品牌作为一种表达手段，逐渐被顾客所认同。品牌能够表达顾客心中所想，它包含了顾客的个性、价值以及顾客的形象。当顾客选择一种品牌产品作为朋友礼物的时候，该产品品牌包含了礼物所蕴含的心意和感情。而品牌的功能则很好地满足了顾客物质和精神层面的需求。一个穿着世界级大品牌的人，展示着他的成就感，而这种成就感正是品牌带来的。生活中人们根据自己的经济实力、形象以及个性去挑选适合自己的品牌。

（二）品牌对企业的功能

企业之所以塑造品牌不仅仅是因为它给消费者所带来的种种好处，更多的是因为品牌对企业的作用也是相当重要的。

1. 品牌有利于企业做出有效的管理决策

企业对品牌的评估包含品牌的盈利率、市场占有率以及获利潜力等，如果企业在进行管理决策时，能够将品牌作为决策单元，并且在对上述指标分析的基础上，然后再对各类资源进行分配，并且依据品牌制定一系列的运营活动，那么企业管理决策的制定将会得到相当大的便利。比如，在对企业旗下的多个品牌价值进行评估之后，企业将较容易地制定下一步的战略决策，即是将资源平均分配给各个品牌，还是按照一定的权重进行分配。

品牌是顾客与企业之间的纽带，是相互之间进行信息传递的通道，企业针对某一品牌开展的一系列运营活动，将产品和企业的信息传递给顾客，顾客通过品牌获取信息。因此将品牌作为企业决策单元，不仅有利于企业有针对性地设计市场定位，更有利于将产品的独特功能信息以及企业信息传递给顾客。

2. 品牌是评价企业长期经营状况的指标

现代企业所拥有的品牌是区别于竞争对手的主要标志，更是衡量企业能否长期生存下去的重要指标。品牌的优良很大程度上取决于能够长久地维护同客户之间的关系，品质优良的品牌意味着长期的客户关系，它代表着信任和声誉，是企业长期积累的结果。优良的品牌离不开有吸引力的宣传、优质的产品和完备的售后，这些都是企业发展的核心，也是企业需要长期进行投资的角度。因此，品牌是企业不断累积的重要资产，需要进行长期的投资；反之，衡量品牌的价值反映了企业能否长久地生存，衡量指标包括品牌形象、忠诚度和知名度等。

3. 品牌是企业同中间商谈判的筹码

目前，大多数生产企业没有能力采取直销的方式，即直接将产品传递到顾客手中实现价值，而是需要通过中间商这座桥梁来完成。多数企业在吸引中间商的时候采用"拉式策略"，如此便成为了谈判的被动方。解决问题的方法之一便是提高品牌竞争力，通过塑造品牌个性，培养品牌忠诚。一个有较强竞争力、较高认知度的品牌将改变企业被动局面，中间商自会"慕名而来"。强大的品牌还能够从零售商那里获得更多的利益，比如精美的货架、吸引眼球的位置以及独特风格的摆货等，因为这些零售商知道，有了这些品牌，顾客自然会上门。

4. 品牌是企业抵御风险的重要保障

品牌面临一系列的风险，如竞争对手争夺顾客源，模仿者仿造品牌。但是强大的品牌带给顾客的是认知上的偏执。例如，消费者可能会认为只要是苹果的产品就一定是他们所需要的精品，甚至几乎没有体验过产品的人，也会这样做出评价。换句话说，即使消费者没有体验过苹果的产品属性，也会单纯地对苹果品牌所代表的整体影响给出评价。竞争对手可以模仿或者跟随企业产品品牌，但是品牌的内涵是不能被模仿的。也就是说，消费者对品牌产生了偏执，他们认为被其所接受的品牌是无法被替代的，即使竞争对手已经模仿得很像，但这只会加深消费者对企业品牌的忠诚。在强化品牌的过程中，企业需要对品牌进行一系列的保护，包括专利和技术的法律保护。

四、品牌的相关理论

"品牌"的发展随经济发展并逐渐呈现出社会化趋势的同时，人们对品牌的研究也越来越多，品牌理论也日趋丰富和完善。

从西方学者对品牌理论的研究来看，品牌的研究经历了品牌策略研究阶段、品牌战略研究阶段和品牌价值研究阶段。这三个阶段中第三个阶段最长，其对品牌的研究也最广泛和深入，并逐步形成了以品牌价值为核心的企业微观品牌理论体系。主要包括品牌资产理论、品牌形象理论、品牌知识理论、品牌关系理论、品牌延伸理论等。

（一）品牌资产理论

20世纪80年代，"品牌资产"概念的提出引起了企业界以及学术界的广泛关注，在诸多对品牌资产研究的国家中，又以美国对其研究最深入。在20世纪90年代，美国将品牌资产作为当时最重要的课题之一，并且专门成立了针对它的品牌资产联盟。国际许多知名期刊每年都发表大量的品牌资产研究文章，表1-3列举了部分期刊。

表 1-3　刊登品牌资产研究的部分期刊名称

期刊名
《Journal of Marketing Research》
《Journal of Consumer Marketing》
《Journal of Marketing》
《Journal of Consumer Research》
《International Journal of Research in Marketing》
《Journal of Advertising Research》

（1）品牌资产的概念。目前，学术界对于品牌资产的含义理解可谓是见仁见智，国内外对其研究也是十分繁多，但仓平博士仍将其归为三类：基于财务的观点（品牌未来所能赚取的利润价值）、基于消费者的观点（顾客在交易产品时，品牌所赋予的附加价值）、基于品牌成长的观点（在顾客心中建立起来的品牌优势，并进一步反映在财务上的品牌价值）。

（2）品牌资产评价方法。目前，对于品牌资产的评价研究大致分为两个角度，一个是财务角度，另一个则是顾客角度，综合国外研究我们总结了表 1-4。

表 1-4　品牌资产评价方法

研究角度	学　者	评价指标	方　法
财务角度	Penrose（1989） Ourusoff（1993） Aaker（1991）	领导地位、品牌稳定性、市场环境、品牌的国际性、品牌的趋势、传播支持、法律保护	重置成本法、股票价格移动法、企业盈余法
顾客角度	Aaker（1991）	忠诚度、感知质量、品牌联想及知名度	价格溢价法、顾客偏好调查

（二）品牌形象理论

品牌形象是由存在于消费者头脑中的品牌联想而反映出来的。大卫·奥格威在 20 世纪 50 年代从品牌定位的角度提出品牌形象的概念，但是对品牌形象的内涵以及测评方面的研究在较长时间内并无多大进展，直到 20 世纪 80 年代，围绕品牌权益这个大的主题，学术界在品牌形象研究方面才取得一些重要突破（范秀成、陈洁，2002）。代表性的研究有品牌个性理论、形象管理理论、品牌形象三维度模型、Keller 品牌形象模型以及品牌形象二重性模型。品牌个性理论采用拟人化的手法，赋予品牌人性化的特点，强调一个品牌如何帮助其消费者表达自我或理想中的自我，并提出了测评品牌个性的纯真、刺激、称职、教养、强壮五个维度。

形象管理理论探讨了品牌从哪些方面来满足消费者的需求，为消费者提供哪些利益，使企业能准确地定位其品牌。品牌形象三维度模型则对品牌形象的主要来源做了归纳，品牌形象二重性模型将品牌属性分为功能性和情感性两大类。Keller 的品牌形象模型从品牌联想、品牌态度、品牌形象与品牌权益之间的关系拉开了品牌形象研究的新视角。Biel 认为品牌形象是基于消费者认知的与品牌名称相关的属性和联想组合，并明确提出了品牌形象和品牌资产的关系及品牌形象驱动品牌资产的机理。Keller 将品牌形象定义为在消费者记忆中的通过品牌联想和信念反映出来的对某一品牌的感知。陈红认为在探求有效的品牌策略中，主要应重视两点：品牌形象和品牌创新。他认为，传统的强势品牌可用公式 S＝P＋D＋A 表示，即塑造强势品牌（Strong Brand）＝产品利益（Product Benefits）＋独特身份（Distinct Identity）＋增加值（Added Value），强势品牌的产生是通过传播独特的产品利益点而产生的，即产品需要拥有 USP 策略，同时传播其独特的身份和独特的情感价值。斯莱特认为品牌形象的核心内涵是品牌价值的主张，即该品牌首先具备作为产品所能提供的基本功能，同时与消费者存在紧密的关联性，从而获得增加价值。总之，品牌形象和品牌权益之间存在相当紧密的联系，品牌形象的理论为品牌权益模型研究提供了理论基础。

（三）品牌知识理论

品牌知识，简单地说就是品牌管理者和顾客关于某一品牌的知识，即通过系统化处理的、有组织的和结构化的品牌管理者以及顾客对品牌关系的自然属性的认知和社会属性的联想。品牌知识同样也是企业的一项有重要价值的资源，做好品牌知识的管理对企业来说具有重要意义。知识是品牌能够取得竞争优势，并最终大幅增值业务的本质所在。目前学术界针对品牌资产来源的测量研究，逐步形成了两种理论基础，即认知心理和社会心理，以及相应的两种测量路径：认知方法和关系方法。从认知心理来看，品牌资产来源于品牌联想，当消费者对一个品牌非常熟悉并且抱有强烈的、正面的以及独特的联想的时候，该品牌就具备了品牌资产。对某些低购买涉入度的产品来说，对品牌的熟悉已经足以影响消费者的购买，而对大多数产品来说，强烈的、正面的、独特的品牌联想是品牌资产的必要来源。因而，品牌资产来源于理想的品牌知识的结构。

Keller 最早将认知心理中的"关联网络记忆模型"应用于基于消费者心智的品牌资产研究。他认为，顾客心理的品牌知识包含记忆中的品牌节点以及与之相连的多种联想。品牌联想的结构及强度是某一品牌信息能否被回忆，进而影响消费者反应和决策的重要决定因素。在品牌知识图中，品牌形象就是品牌节点，它是顾客记忆中有关该品牌的所有联想或品牌含义。后来，Keller（2003）提出"品牌合成"，指出品牌之外的很多事物均能传递品牌信息，丰富品牌联想，构筑品牌知识多维空间，提升品牌资产。Keller 重点指出了人物（企业主、雇员、代言人等）、地点（来源国/地、渠道等）、事件（慈善事业、赞助等）、其他品牌（公司品牌、联合品牌等）等作为品牌知识载体所起的作用。

（四）品牌关系理论

品牌关系研究起源于关系营销研究，20 世纪 90 年代延伸到品牌领域中，由 Research International 市场研究公司的 Blackston 提出，其后 Fournier 的博士论文开创性地把关系质量构念于消费者—品牌关系情境中，提出品牌关系质量（Band Relationship Quality，BRQ）的构念，并提出 BRQ 由六个构面构成，分别是行为依赖、依恋、亲密、爱与激情、个人承诺和伙伴质量，最后通过验证性因子分析，调整为热恋、个人承诺、怀旧依恋、自我概念联结、亲密、爱、伙伴质量七个构面。大量的研究表明，在品牌资产和品牌忠诚的形成过程中，品牌关系质量发挥着中介作用。Das 和 Brucks 在一个结构方程模型中提到"自我与品牌的关系"会对品牌资产产生显著的正向影响。Chaudhuri 运用信任、情感和承诺三个品牌关系质量的核心变量，研究了导致品牌资产形成的理性路径和感性路径。Bhattacharya 和 Sen 指出，消费者对企业形象的认同是消费者与品牌企业关系的来源，而后者又会导致对企业的忠诚，进而影响品牌企业资产的高低。

（五）品牌延伸理论

品牌延伸问题的系统研究起源于 20 世纪 70 年代末，1979 年，Tauter 发表了学术论文《品牌授权延伸，新产品得益于老品牌》，首次系统地提出了品牌延伸（Brand Extension）的理论问题。80 年代，品牌延伸问题的研究获得了进一步发展并引起了国际学术界的广泛兴趣，Tauber、Boush、Ries、Trout、Anderson、Booz、Allen、Bragg、Lynch 和 Srull 等学者根据大量的案例从不同的角度分析了品牌延伸的效果和价值，并对影响品牌延伸的各种要素、品牌延伸对原有品牌资产的影响和品牌定位的变化等问题做了深入的研究，大大丰富了品牌延伸的理论体系。20 世纪 90 年代以来，品牌延伸问题进一步成为国内外学术界研究的热点，Aaker 和 Keller 分别于 1990 年、1992 年发表的《消费者对品牌延伸的评价》及《品牌延伸连续性引入的影响》等论文将品牌延伸的理论研究引入到新的发展阶段。同时，品牌延伸效果的市场测定和评估、品牌的多重延伸、品牌延伸的反馈效应等新的研究课题也被提出，品牌延伸理论的研究获得了前所未有的发展。

自品牌资产概念提出之后，大量的文献开始关注品牌延伸与品牌资产之间的关系。因为，品牌资产是品牌延伸的前提和基础，是品牌延伸的起点。因为品牌延伸的目的是要借助于已有的品牌声誉和影响力迅速向市场推出新产品，以求能迅速打开市场。只有拥有丰厚的品牌资产的品牌才具备进行延伸的必要条件，资产价值微弱的品牌根本没有延伸的价值。大多数的研究也为此提供了证据，即高品质的品牌较品质稍低的品牌延伸幅度更大，前者可以延伸到更加不相似的产品领域。也就是说，强势品牌更能保证品牌延伸的成功，而且并非所有的品牌都有资格进行品牌延伸，当某一品牌并不强大时，其对延伸产品所起的辐射作用是有限的，因此成功的可能性不大。同时，品牌延伸是品牌资产积累和扩大的途径。Keller 曾特别指出品牌延伸是管理品牌资产的主要手段，对于保持和扩大品牌资产价值有重要作用。同时，Keller 也指出某些不适当的品牌延伸将会造成消费者的心理混乱，影响原有品牌的市场定位以及在消费者心中的良好形象，对品牌资产造成不良影响。也有一些学者持类似的观点，但更多的学者认为，品牌延伸是企业不断积累和扩大品牌资产的重要手段。Smith 和 Park、Pitta 和 Katsanis 指出，不成功的产品延伸将严重影响到原有的品牌，而成功的品牌延伸有助于企业改变品牌定位和积累品牌资产。Subramanian Balachander、Sanjoy Ghose 研究了品牌延伸过程中广告的溢出效应。Ixif E.Hem、Nina M.Iversen（2003）认为与母品牌的高度情感关系可能减少品牌延伸的价值，对母品牌的忠诚行为倾向对品牌延伸评估十分重要，对母品牌这种关系的本质反映是增加品牌延伸的价值。邵一明（2005）应用模糊综合评价法的理论和 AHP 法，建立了品牌延伸综合决策模型，在此基础上提出了新的模型计算品牌资产。

西方的品牌理论以企业的品牌活动为研究对象，从企业管理的微观视角探讨品牌的规律性，逐步形成了以品牌价值为核心的品牌理论体系。该体系直接针对品牌价值的研究主要体现在品牌资产理论的形成与发展，探讨了品牌企业价值的概念、品牌价值对企业的意义，着重研究了品牌企业价值的评估和测算。从学术界到各种研究机构形成了大量的相关评估方法、评估体系及测算路径，为人们深入分析、把握品牌的发展规律提供了理论依据；同时以品牌价值为核心，研究了品牌知识对品牌价值的影响、品牌形象对品牌价值的影响、品牌延伸对品牌价值的影响、品牌关系对品牌价值的影响，形成了一系列现代品牌理论，为指导企业正确地展开品牌战略、有效地应用品牌策略、促进企业的发展提供了重要的帮助。

但是，我们还应看到，西方主要的品牌理论局限于企业针对微观主体的研究，并没有将品牌的研究和探讨上升到社会经济发展高度，没有深入研究品牌与经济发展之间的关联性。尽管如此，西方的学者形成的以品牌价值为核心的品牌理论体系还是为品牌的经济学研究提供了基础性的作用。因为品牌与经济发展之间的关系主要是通过企业的品牌价值传导和实现的，或者说，正是有微观的品牌企业价值，才会促进经济发展。所以，要研究品牌促进区域经济发展的作用，必须要深入了解和分析企业的品牌价值。

第二章 区域品牌
——未来的发展方向

企业品牌的发展离不开它的基础企业，基础企业又与企业所处的区域位置息息相关，企业品牌竞争力的提升不再仅仅依赖企业自身因素，而是要更多地关注外部环境。现代社会的竞争也不再是单纯的竞争，而是竞合，即竞争合作实现共赢。多个企业组合在一起，相互之间有竞争合作，但更多地是为了同组合之外的企业去竞争。从经济学角度讲，品牌以及技术等属于无形资产，而这些无形资产的共享则会产生规模经济效益以及外部范围经济效应。区域内企业通过共享资源达到"搭便车"的目的，使得其他企业的效用增加或者自身企业的成本降低，都会对本地区内的企业品牌成长有所帮助。因此，为了共同的利益往往同处相同地域的、相同或者相关产业的企业之间容易形成联盟，而企业仅仅联盟可能不足以提高整体竞争力，它们之间的关系需要更进一步，构造一致的品牌——区域品牌。区域品牌的建设不仅能提高企业自身的竞争力，更能够为整个区域做贡献。

一、区域品牌的概念

区域品牌是中国本土化的一个概念，国内学者对区域品牌的研究历程也较长，本部分列举了部分学者对区域品牌的定义。

夏曾玉等较早地提出了区域品牌的概念，并将区域品牌定义为：某个行政或地理区域内某一优势产业经过长期努力而形成或创建的为该产业所共同拥有的在产业市场具有较高市场份额和影响力的知名品牌，其总体表现形式通常为区域名称＋优势产业（或产品）名称，其具体表现形式有两种，即集体商标和地理标志。集体商标是指以团体、协会或者其他组织名义注册，供该组织成员在商事活动中使用，以表明使用者在该组织中的成员资格的标志。地理标志是用于商品上的一种具有特殊地理来源并拥有因该来源地点而获得的品质或声誉的标记。

贾爱萍提出，区域品牌是指某个行政地理区域范围内的具有相当规模和较强生产能力、较高市场占有率和影响力的产业产品，形成以生产区位地址为名的品牌。区域品牌通过类似于"产地名＋产品＋特性"的模式，为某个地域的特定产品给予定位，并使这一定位受到广泛认可，成为一个区域声誉、质量和历史文化的综合体现，成为有价值的地区资源。

甘峰明将区域品牌定义为：把一个区域和某类产品或产业联系在一起，形成具有某些特定区域特征的产业品牌。这类产业品牌是相关产品或产业在特定的地方经济发展中形成的，与区域存在的特定资源、地理、经济、文化、生活习惯等密切相关，是区域独特的生产要素在产业发展中的综合体现。由于集群内的企业规模较少，难以建立强势的品牌企业，区域品牌建设可以提升集群的整体形象。区域品牌与单个品牌企业相比，具有更小的风险系数、更高的价值、更持续的品牌效应。

胡大立、湛飞龙、吴群提出，区域品牌是"集群区域品牌"的简称，指以某地域及其内部的优势产业而合作命名的特定地区名称，如"中国瓷都——景德镇"等。它是包括集体名称、集体商标、地理标志和原产地标记等多种形式在内的综合体系。区域品牌是一个相当复杂的事物，是众多品牌企业精华的浓缩和提炼，它蕴含着独特的地理特征、资源优势和悠久的人文历史渊源。区域品牌的形成是个长期的历史过程，是商会等中介组织、政府和企业共同作用的结果，区域品牌的出现提升了该区域特定行业或产品的知名度和美誉度，反映了该区域特定行业的产业发展水平、产品质量水平和技术含量等。

从上述代表性的概念可以看出，区域品牌包含两个重要的要素：一是区域性，一般限定在特定地区或城市的范围内，带有很强的地域特色，是某个区域的企业集体行为的综合体现；二是品牌效应，往往代表着一个地方产业产品的主体和形象，对本地区的经济发展具有举足轻重的作用，并形成了该地域内某类产业产品的美誉度、吸引度和忠诚度。

总之，区域品牌指同一区域内的主体产业及其附属产业所提供的产品在市场上具有较高的知名度和美誉度，为顾客所信任的，具备了该区域某些特性的标志。区域企业在市场开拓中可以凭借区域品牌效应，节约营销费用，迅速打开市场。如洛阳的牡丹、西湖的龙井、瑞士的手表等都是知名的区域品牌。区域品牌是区域产业竞争优势的体现，在市场竞争中占有较高的市场份额，对推动区域经济发展具有重要的意义。区域品牌已经成为地区经济发展的强大动力。

二、区域品牌形成的基础

（一）产业集群

（1）产业集群是区域品牌之所以能够形成的重要载体。作为看不见的资源，区域品牌同产业集群是相互联系的。产业集群是相关产业的集聚，是实实在在摆在眼前的。而区域品牌作为一种看不见的资源，却成为产业集群的名牌，产业集群托起了区域品牌。区域品牌离不开产业集群，区域品牌离开了产业集群便是空有其表，区域品牌也就无法存在。换句话说，产业集群是区域品牌的载体，而区域品牌包装了产业集群，使产业集群具有了获得额外利润的能力。众多相互关联的企业组合构成了产业集群，产业集群所形成的规模、集中度以及占有率都是区域品牌能够形成的根本。在区域品牌形成以后，有形资产的进一步扩大，是区域品牌持久成长的保障。因此，可以说，产业集群是区域品牌的附着体，区域品牌依附在产业集群之上。

（2）产业集群与区域品牌的构建要素是相关联的。一些相关的企业或机构在利益趋势下，为了集体的共同目标，集聚在特定地区，由某一强大企业牵头，或者几个强大企业联合发起，相互作为依靠，从产品研发、原材料、生产以及包装销售和售后服务，形成一条或者几条相关的产业链叫作产业集群。因而，区域性和产业整体特征是区域品牌和产业集群的共同特征，所以，区域品牌和产业集群的构建要素是相关联的。

（3）区域品牌的形成和维护需要产业集群的帮助。众多相互联系的企业以及机构组织集聚在特定的区域，促进了专业化分工和高效合作的有机整体。在这个系统中，单个企业可以解决原本无法解决的种种困难。在这个有机的系统中，企业之间通过高效的生产、合作、竞争方式，同其他企业相互弥补缺陷，一起促进产业集群的发展，进而催生区域品牌。区域品牌形成以后，可以提升集群的整体形象，弥补集群内部原本弱势的企业。这些企业利用区域品牌的影响力，更有效地传播产品信息，创造更多的市场需求，提高自身的竞争力，进而不断地壮大，这在某种程度上升级了产业集群的整体实力；反之，产业集群整体实力的提升又对区域品牌的维护有了更强的推动力，强有力的产业集群可以提升区域品牌的整体形象。所以区域品牌需要产业集群的帮助，产业集群的壮大仍旧可以提高区域品牌的竞争力和影响力。

（二）区域文化

区域品牌的形成不仅仅依赖产业集群这一物质基础，还需要区域文化的熏陶。没有区域文化，区域品牌就缺乏"精神"；没有区域文化的指引，产业集群很有可能会扼杀区域品牌。首先是信息问题，如果信息不对称或者不完全，那么一些企业将会为了追求短期的利益而冒风险去生产假冒伪劣产品，进而导致劣质产品淘汰优质产品的现象，例如某地的保温杯产业，严重影响了产业集群的健康发展。其次是区域文化的封闭，如果区域文化过于闭塞，那么很有可能会导致产业集群内部企业之间缺少必要的交流与合作。例如 128 公路，在 20 世纪 80 年代，128 公路受新英格兰传统的影响，产业集群内部企业机制僵化，企业之间很少交流沟通，在工作中更是缺少讨论交流，企业之间的技术也没有得到相互渗透，在经历了社会经济衰退之后，128 公路走向了没落。因此，开放创新的区域文化是区域品牌的另一个支点。

社会经济网络是由经济网络和社会网络相互嵌套形成的有机系统，经济网络同社会网络能够相互促进。但是企业受自身能力的限制，其运营活动是有边界的，对于单一企业而言，包容企业所涉及产业链的所有生产与组织活动是极为困难的。所以，对于一个企业来说，最恰当的做法是寻找资源和技术的互补，利用市场关系和政府制度，联合其他的企业以及产业机构组成经济网络，但是这个经济网络还是不能良好地运作，它需要完善的社会网络作为基础。社会网络怎样才能达到较为完善的程度呢？这需要基于信任的合作，因为市场中的信息是不完全或者不对等的，需要在信任的基础上进行技术和企业活动的交流沟通，否则这个经济网络将会十分脆弱。

社会网络中的信任并没有可靠的约束力，因为信任和商业道德这种非正式的契约是很难制度化的，这需要区域文化来对信任和商业道德做最深刻的影响，信任的、开放的以及共同认可的区域文化的形成会逐步演变成特定产业内部共同遵守的产业规范。大家都默认这个规范，一旦某个企业触犯了这个规范，其他的企业将会联合起来对该企业进行孤立或者其他措施的惩罚。如此，在这类区域文化的指导下，企业的投机主义将会减少。集群内部的企业利用正式和非正式的交流，加快了思想观念以及市场信息的流动，使得产业集群更有活力和生机，在富有竞争性和挑战性的市场环境中占据更有利的地位。因此，完善的区域文化是建设产业集群的核心要素，这种产业集群催生的区域品牌也就更有长久生存的能力；相反，如果没有正确的区域文化进行引导，产业集群将面对诸多不良状况，如同质化严重，企业之间的恶性竞争和产品质量的退化，产业集群中的社会关系网络也会不攻自破，产业集群走向消亡。

（三）区域营销

若把产业集群和区域文化看作支撑区域品牌的两个支点，那么区域营销则是让区域品牌能够稳定的第三个支点。区域营销是指在提升区域品牌价值的过程中针对区域形象而进行了诸多公关活动的总称。区域营销与常见的企业营销手段有所不同，企业营销采用广告或者价格等手段，而区域营销更主要针对资源整合以及区位优势等进行比较，比如兴建专业市场，通过这种方式有助于对产业链的布局进行高效规划，为企业经营创造更好的环境，同时又能吸引各地企业加盟和关注，加快区域品牌的传播，中国（狮岭）皮具节就是最好的例子，在当地政府的引导和支持下，狮岭镇的皮具企业联合举办了面向全国市场的中国（狮岭）皮具节，通过举办皮具节，该地区的皮具企业突破了面临的"瓶颈"，狮岭皮具也得到了快速发展，"狮岭皮具"成为了著名的区域品牌。除此之外，区域营销还包括举办博览会、专业展、宣传展，组织庆祝地方特有的（传统的）节日，还有通过行业互联网网站的建立、纸质文章的出版，又或者是开设专门的论坛、讲座等，这些活动的共同点是促进相关产业的资源在特定区域的集中，包括技术、销售和售后服务等。

所以，对于那些缺少相关资源的多数中小企业来说，区域营销是整合产业相关资源的理想途径之一。而一个理想的区域品牌则反映区域内整体环境、资源、经济、人文所组成的核心价值。区域营销是让消费者感受区域品牌所具备的独特的文化和魅力，是区域品牌长久稳定发展的重要支撑力量。

三、区域品牌的形成机制

从普遍意义上讲，区域品牌的形成都有特定的历史、文化、地理或产业背景。

（1）有地区特色的自然或者气候优势，这种区域品牌以农产品居多，比如新疆的和田玉枣。新疆和田的气候独特，日均光照时间长且气候干燥，造成了该地区昼夜温差大以及空气水分低等现象，因此，新疆和田的枣不仅体积大、口感香甜，而且肉质也是十分的细腻，才会有今天享誉全国的新疆和田玉枣。所以地区特殊的自然及气候可以成为区域品牌形成的一种因素。

（2）悠久的历史作用，该类区域品牌多数可追溯到很久远的历史，比如景德镇陶瓷，前可追溯到公元 25~220 年，后可追溯至五代，在五代时奠定了自己的地位"南青北白"，"白"指的是景德镇烧制的白瓷。几千年的制瓷文化以及技艺的积累，为景德镇奠定了公认的瓷都地位，"白如玉，薄如纸，明如镜，声如磬"，闻名遐迩。因此，历史文化也是区域品牌形成的一种因素。

（3）产业背景，该类区域品牌多数是在该地区主要产业基础上建立，上文已经做过陈述。

图 2-1 展示了区域品牌的一般形成过程：在区域特色（自然资源优势、社会资源特色和经济发展特色）的基础之上，该区域的产品具有了其他区域所没有的特色和优势，相比其他区域拥有该区域所特有的市场优势。市场优势的确定使得希望借助优势的企业数量增多，该区域向外界输出的产品量增多，市场规模也逐步扩大，不仅让该区域内的企业获得丰厚的利润，也让该地区的产业规模扩张，进而形成主导产业，加上许多与该产业相关的企业开始在地区内集聚，从而形成了产业集群。产业集群不断地成长，促进该区域经济发展的同时，推进了区域品牌的形成。因为产业集聚，专业化的分工开始形成，规模扩大，区域内资源出现外溢，吸引其他相关产业内的企业，区域出现产业外溢现象。产业外溢加上产业

集群，该区域规模进一步扩大，区域品牌影响力也随之提高，该地区特有的优势被进一步提升。

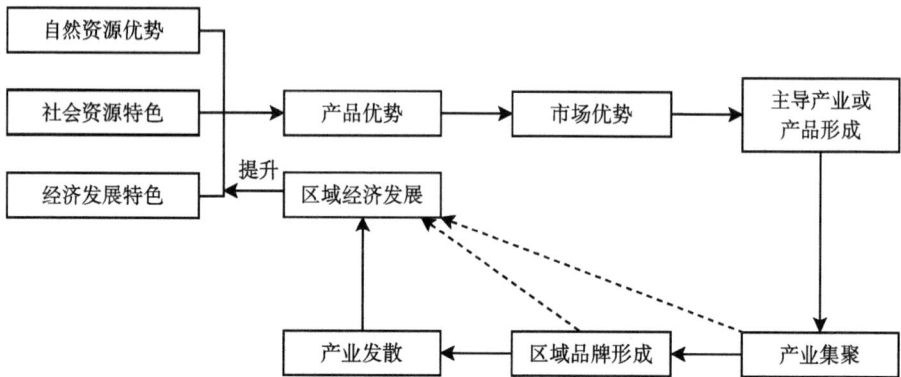

图 2-1 区域品牌的形成机制

资料来源：邵建平，任华亮.区域品牌形成机理及效用传导对西北地区区域品牌培育的企业［J］.科技管理研究，2008（3）.

区域品牌的形成，使得区域内部交易费用、生产成本降低，相比其他区域的优势更明显，区域内部企业在市场中的竞争力也随之提高。最终，该地区便成为某产品的主产地，产品的影响范围会越来越大，在更大的地域范围内形成了区域产业、产品或服务的知名度、美誉度以及强大的市场影响力，形成了区域品牌。区域品牌形成以后，围绕区域品牌会逐渐形成一条或者若干条产业链，推动该区域经济的发展。以内蒙古乳业为例，草原占内蒙古总面积的相当大比例，同时一直是牧民的聚居地，因此自古就是盛产乳品的地区。内蒙古的牛奶享誉全国，依靠乳业兴盛起来的企业也随之增多，并逐渐形成了一个完整的产业链，在满足本区域需求的同时，内蒙古牛奶迅速占领了全国市场。

四、区域品牌的可持续发展战略

一个区域品牌的出现并非一朝一夕的工作，它需要长时间的积淀，需要该区域内的管理部门以及企业共同的努力。可是一旦区域品牌出现，就会让生长在该区域内的企业拥有天然的竞争优势。可是，在社会经济快速发展的今天，许多区域品牌因为企业被利益所诱惑，而缺少对区域品牌的维护，使得一些区域品牌被逐渐地淡化，甚至是丧失掉区域品牌。曾经一度辉煌的区域品牌"山西酒"是典型的例子。自古山西就以生产美酒而闻名，其酿酒历史甚至可以追溯到数千年前。早在南北朝时期，山西的汾酒因其被武成帝厚爱，遂被记入二十四史，从此之后便一举成名。晚唐著名诗人杜牧曾经专为山西酒写过一首诗——《清明》："借问酒家何处有，牧童遥指杏花村"，使得山西酒的区域品牌形象更上一层楼。朗朗上口的诗词，使得山西酒美名远扬。但是文水假酒案成了山西酒的转折点，人们对山西酒满意度降低，销量大减，甚至某些酒被全部封存。即使是早已闻名退迩的汾酒也难逃厄运，《清明》的诗词更是被改成了"借问假酒何处有，牧童遥指杏花村"。虽然事后一些酒厂对其白酒进行召回检验，并公布白酒检验合格的结果，但无奈的是，这些挽救措施都付诸东流，未能挽回山西酒这个区域品牌。因此，对区域品牌的维护是一件必要的事情。

区域品牌的维护如果不当，很有可能会给该区域的企业造成伤害，可是只要处理得好，则区域品牌对该地区的影响还是好处大于坏处的。因此，如何维护区域品牌，使其发展有可持续性，成为诸多研究者所要探究的问题，本部分给出以下建议：

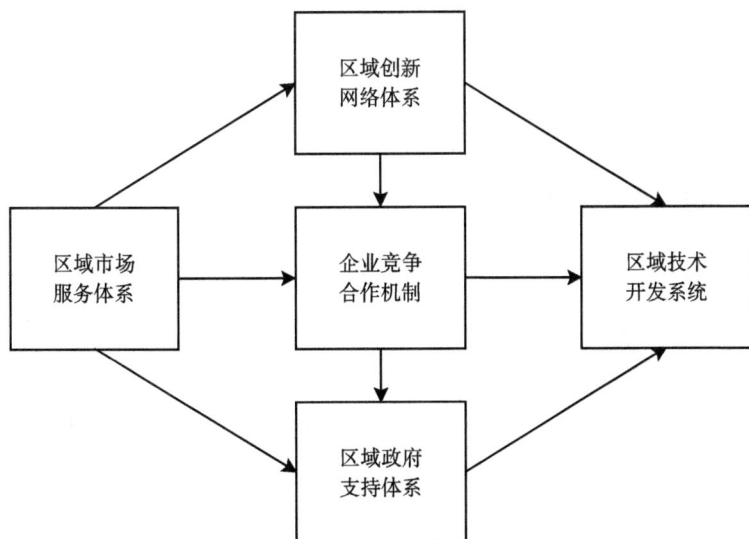

图 2-2　区域品牌的建设和发展影响因素

（一）区域政府要给予正确的引导和支持

区域品牌的基础是产业组织，而如果基础不稳定，那么该品牌就变得很脆弱。因此应该成立一个稳定发展的产业组织并且给予正确的引导。应注意以下几点：

首先，政府作为区域品牌形成的重要诱发因素，应积极稳定产业结构，推动区域品牌健康发展。同时，对区域产业机构进行调整，针对特定的市场机会，引导特色优势产业的建立，并在此基础上不断提高品牌档次，鼓励对产业链的延伸，增加输出产品的附加值。

其次，政府作为该区域的管理部门，要积极引导产学研的紧密结合，从整体上把握区域产业发展方向。自觉地利用市场机制这只看不见的手，推动这些关系的健康发展。推动产学研的合作，在技术提高、产品开发、宣传方面都有好处。政府担任产品技术的整合和推广工作，企业和高校研究机构负责联合开发工作，不断提高区域输出品的技术含量。同时主动申请对区域品牌的认证，这项工作对区域品牌的发展有着重大意义，它不仅可以宣传区域品牌，提高区域品牌在其他区域的影响力和竞争力，更具有对本区域的宣传作用。认证工作是一举两得的事情。

最后，政府作为该区域的监管部门，要对区域内的产业进行规范整理，对有利于区域产业良好发展的企业给予扶持，对危害区域形象的企业给予严惩。让健康有益的企业组合成区域品牌。

（二）构建区域品牌规则

区域品牌建立在该地域某主要产业基础上，随着该品牌的强大，它的载体规模也会随之扩大。如此，便吸引了其他相关企业的关注，它们希望能够借助该区域品牌。所以需要构建区域品牌的准入规则，用以衡量想要参与的企业是否有使用该区域品牌的资格，同时规范已经进入的企业，防止出现区域内企业损害区域品牌形象的现象。这种区域品牌的规范，是对区域品牌有贡献的企业给予奖励，对有损的企业给予惩罚。

（三）建立区域品牌文化

社会发展迅速，物质极大地丰富了人们的日常生活，随着人们消费能力的提高，消费者的购买行为随之发生了许多变化，人们在追求物质满足的同时也在追逐精神层面的满足。消费也是如此，精神层面的消费逐渐超过了物质消费，如在购买商品的过程中享受心理愉悦、满足，在使用过程中获得体验后的惬意。因此，现代消费品也逐渐开始注入文化内涵，消费者在消费该类商品时，能够满足物质和精神方面的需求，文化因素在品牌建设中的地位越来越受重视。

区域品牌的建设也是如此，让文化赋予品牌更高的价值。区域品牌文化是指结合区域特色并在品牌发展的过程中不断地积淀后形成的，在区域品牌的传播中，它向人们宣传区域的特色属性，如历史、民俗以及自然等信息，使得消费者在了解该区域特色的基础上形成对该品牌的认知。文化让区域品牌更能够满足人们精神层面的需求。

内蒙古品牌现状及未来

近几年来，随着内蒙古经济的快速发展，2013 年内蒙古 GDP 在全国各省、自治区、直辖市中居第 15 位，地区总产值 16830 亿元，比 2012 年增长 6%。人均生产总值居全国第 6 位，近几年一直保持西部第一。正是因为这些骄人的成绩，促使内蒙古的知名度在全国范围内不断提升，进而支撑内蒙古经济的本土企业也逐渐走入人们的视野。

因此，本篇内容主要讲述内蒙古品牌现状以及未来发展方向，该篇分为两部分：第一部分介绍内蒙古本土品牌的发展情况，包括本土品牌的成长背景、发展现状以及战略分析；第二部分介绍内蒙古区域品牌的发展，包括内蒙古区域品牌的发展现状、竞争优势以及本土品牌可能的发展方向。

第三章 内蒙古本土品牌的发展

一、内蒙古本土品牌的成长背景

内蒙古经济腾飞离不开本土企业的快速发展，以及本土品牌的迅速崛起。每当谈起内蒙古，一望无际的大草原一直是人们挥之不去的印象。可是现在内蒙古本土品牌有了翻天覆地的变化，人们走进内蒙古，就等于走进了人们日常生活中所需要的各种名牌：这里有大家最熟悉，也是经常饮用的牛奶品牌——伊利、蒙牛和奈伦；冬季寒冷忘不了温暖的羊绒品牌——鄂尔多斯、兆君、鹿王和维信；与家人朋友或围着小肥羊火锅，或相聚西贝餐厅，喝着宁城老窖、河套和蒙古王，聊聊家常谈谈心；临走的时候再带点大牧场和蒙清等特色食品，此番内蒙古之行完美收官。内蒙古的企业品牌大多带有本土特色，即企业品牌与内蒙古的特色资源以及文化联系密切，因此称之为内蒙古本土品牌。

（一）丰富的自然资源

提到内蒙古，人们的第一印象便是大草原，因为这里有逐水草而居的游牧民族，他们在内蒙古大草原上靠天养畜，因此这里一直就是优质畜牧产品的天然产地。

草地资源："地大物博"、"得天独厚"这些词用在内蒙古很合适，因为这里地域广阔，横跨东北、华北、西北，接壤俄、蒙两国，总面积约占全国国土总面积的 1/10。内蒙古大草原由五大草原①组成，东西延伸两千多公里，成为重要的畜牧业生产基地。内蒙古地区日照充足，且牧草格外有营养，其中许多禾本和豆科牧草适合作为饲养牲畜的优质牧草②，为当地牲畜提供了充足的天然饲料。

内蒙古草原牧草种类丰富，所适合的牲畜种类也多样：①东北部的草甸草原因土质肥沃，降水很充沛，所以牧草的种类也很繁多，且具备优质高产的特点，所以比较适合大畜的饲养，如养牛；②中部和南部的干旱草原则降水较充足，而牧草种类、密度和产量等都比前者稍低，但因其牧草有营养，且适口性强，所以比较适合马、牛、羊等牲畜的饲养，尤其适合放羊；③鄂尔多斯高原西部以及阴山北部的荒漠草原，虽然气候干燥，且牧草的种类比较贫乏，产草量低，但贵在其牧草的脂肪、蛋白质含量较高，因此适合小畜的饲养；④荒漠地处内蒙古最西部，牧草稀少而且产量很低，但因其气候较温和，而且牧草带刺、含盐、灰分高，比较适合骆驼的饲养。辽阔的草原孕育了丰富的牲畜种类，各种优良畜种③，在国内外也都颇有名气，各种畜产品也相应占有重要地位。富足的草地资源，不仅孕育了种类繁多的牲畜，也成就了一批依托畜牧业资源成长起来的企业，同时也造就了许多区域品牌。例如，烤羊腿是从内蒙古特色美食烤全羊演变而来，经过长时间的积淀以及发展，烤羊腿成为形、色、味、鲜集于一体"眼未见其物，香味已扑鼻"的特色美食，也成为呼伦贝尔地区著名的区域品牌；科尔沁草原上的黄牛，内蒙古的风干牛肉大多挑选黄牛脊背上肉质优良的部位，然后经过腌制风干制成，成为了内蒙古科尔沁地区颇富特色的区位品牌；大家熟知的伊利、蒙牛更是以内蒙古大草原为主题，凸显其优质的奶源以及"无污染、自然与绿色"的特色。

内蒙古地区因纬度高、深处内陆，因此大陆性季风气候成为主要的气候特征。同时，独特的地理环境与气候，造就了独特的农业资源。根据内蒙古土地管理局的最新统计，地区耕地面积共计709.1万公顷，主要分布在大兴安岭及阴山山脉以东和以南四大平原④和丘陵地带，人均占有则为0.36公顷，是全国人均耕

① 呼伦贝尔草原、科尔沁草原、锡林郭勒草原、乌兰察布草原和阿拉善荒漠草原。
② 羊草、羊茅、冰草、无芒雀麦、披碱草、野燕麦、黄花苜蓿、山野豌豆、野车轴草。
③ 三河牛、三河马、草原红牛、乌珠穆沁肥尾羊、敖汉细毛羊、鄂尔多斯细毛羊、阿尔巴斯白山羊。
④ 河套、土默川平原、西辽河平原、嫩江两岸平原。

地的 4 倍。加上内蒙古水资源相对丰富①，以及适于农作物生长的多样性土壤，从而形成了内蒙古自治区乃至国内北方重要的粮食生产基地。内蒙古农作物种类繁多②，许多品种都独具内蒙古特色，其中尤以莜麦、荞麦和华莱士瓜颇具盛名。

内蒙古特色美食——莜面，是当地特产的粮食加工品，在街头巷尾随处可见的就是各类莜面馆。其实，莜面的原料是燕麦，燕麦富含多种人体所必需的营养元素以及药物成分，如钙、磷、铁、核黄素等，对治疗以及预防糖尿病、冠心病、动脉硬化、高血压等多种疾病有重要作用。同时，燕麦中还有亚油酸，是对人体新陈代谢具有明显功效的物质。因此，内蒙古莜面不仅是当地人们爱吃的食品，也成为款待亲朋好友的健康食品。

（二）浓郁的草原文化

早在远古时期，中国北方草原上就开始出现人类，并在此繁衍生息，留下了各种生产和生活的足迹。因此，这些丰富的考古遗存成为历史学家研究中国早期人类活动最有价值的核心地区之一。考古遗存可追溯到旧石器时代，在呼和浩特市出现了石器制造场。在旧石器晚期到新石器时代这段时间里，这些地方相继出现了多种文化成果。游牧文明形成之后，草原文化被推向了新的发展阶段，随着历史的发展，草原文化成了历史统一性和连续性的文化，并且草原文化充满着活力和潜力。

草原上的蒙古族长调和马头琴已经被列入世界非物质文化遗产。草原民族的文化艺术（如歌舞、杂技、文物和服饰等），因其独特的艺术和魅力被世界各地所喜爱，中华文化在世界上的影响力和感染力得到进一步的提升。广袤的草原以及独具风格的草原风情，吸引着世界各地的游客来这里休闲旅游，推进着内蒙古旅游业的发展。同时，草原文化成为内蒙古旅游市场开拓的重要催化剂。随着内蒙古经济的快速发展，同世界交流的频繁，内蒙古近年来推出了各类草原文化节③，

---

① 河流分布广泛，流域面积在 1000 平方公里以上的河流有 107 条，湖泊有 1000 多个，地表水储量 675 亿立方米。内蒙古有水面 93.1 万公顷，可利用水面为 60.4 万公顷，已利用水面有 49.5 万公顷，具有发展淡水养殖的广阔前景。

② 25 类 10266 个品种，主要品种有小麦、玉米、水稻、谷子、莜麦、高粱、大豆、马铃薯、甜菜、胡麻、向日葵、蓖麻、蜜瓜、黑白瓜籽等。

③ 呼和浩特昭君文化节，包头鹿城文化节，巴彦淖尔河套文化节，鄂尔多斯文化节和第 11 届亚洲艺术节，阿拉善的胡杨生态旅游节，乌兰察布的察哈尔文化节，锡林郭勒的元上都文化节，赤峰的红山文化节，通辽的科尔沁艺术节，呼伦贝尔的达斡尔、鄂温克、鄂伦春"三少民族"风情节，满洲里的中俄蒙三国旅游节等。

不仅深化了草原文化的影响力，提高了内蒙古草原的知名度，同时也让草原文化更积极地去开拓新的表现形式，吸引更多的游客前来度假休闲。

内蒙古人热情、好客，马奶酒、手扒肉、烤羊肉不仅是他们日常生活中喜爱的饮料食品，更是招待客人的美味佳肴。端起杯中的酒，唱一首《祝酒歌》，表示他们的敬意和祝福："金杯银杯斟满酒，双手举过头。炒米奶茶手扒肉，今天喝个够。朋友朋友请你尝尝，这酒醇正，这酒绵厚。让我们心心相印，友情长久，在这富饶的草原上共度春秋。"其中，这酒是内蒙古独具特色的马奶酒，属于"蒙古八珍"之一，最早出现在春秋时期，在汉代时有文字记载——"马逐水草，人仰潼酪"，盛行于元代，至今已在北方少数民族中流行了两千多年，是历史悠久的传统饮品。马奶酒性温，对驱寒、舒筋和活血有特殊功效，更有健胃的功能，还带有悠久的酒文化，所以马奶酒一直是游牧民族礼仪用酒。

内蒙古草原文化不仅酝酿了马奶酒，还延伸出多种酿酒行业的著名品牌，这里有"塞外茅台"宁城老窖、河套、蒙古王、成吉思汗和奥淳。

宁城老窖的产地是内蒙古宁城县八里罕镇，这里同样拥有悠久的历史。现代考古发现的红山文化及辽中京遗址让这块古老的土地蒙上了神秘的面纱。根据历史记载，八里罕这片区域拥有上千年的酿酒历史，大型酿酒作坊出现在辽代时期，隆盛泉、天巨泉和景泰泉酒作坊是其典型的代表。随着历史的推进以及朝代的更替，酿酒业没有被历史没落，在元、明、清时期，反而更趋兴旺。历经千年的隆盛泉酒坊便是宁城老窖的前身。

河套酒业坐落在富饶的河套平原，地处阳光充分照射的北纬42°，因此这里谷物酿制的酒没有工业污染，入口绵柔，口感淡雅浓香，这里不仅有"黄河文明灿烂明珠"之称的河套文明，也有用河套谷物酿酒的几千年历史。新石器时期，"朱开沟文化"、"庙子沟文化"和"巴彦淖尔市小佘太文化"都有着酿制谷物酒的历史。随着黄河流域农业的发展，特别是在周人的祖先——弃此地栽培农作物之后，周人活动过的地区以及河套地区的边缘地带就开始出现"清酉史之美，始于未耜"（《淮南子》）和"空桑秽饭，酝以稷麦以成醇醪酒之始也"（《酒经》）。

如今，人们对内蒙古白酒企业的喜爱和信任，其实更多的来自于对草原文化的向往与敬畏。

二、内蒙古本土品牌的发展现状

2010 年，世界品牌实验室发布了"第七届中国 500 最具价值品牌排行榜"。内蒙古的本土品牌鄂尔多斯、伊利、小肥羊、鹿王和河套酒业均榜上有名。这 5 个著名品牌都与内蒙古草原文化、独特的资源禀赋息息相关。同时，也是其区别于竞争对手的核心要素。因此，草原文化作为内蒙古最大的无形资产，需要深入打造内蒙古的第一品牌，实施具有内蒙古特色的品牌战略，提高内蒙古区域的整体知名度和美誉度，更加突出内蒙古本土企业的品牌竞争优势。

（一）内蒙古乳业品牌闻名全国

内蒙古畜牧业依托天然草原，一直是国内牛奶的主要产地。甘醇的牛奶一直都是内蒙古著名的区域品牌，《敕勒歌》里是这样描绘内蒙古的牧区景象的："天似穹庐，笼盖四野"，草原一望无际。《敕勒歌》表述的内蒙古牧区形象在人们心目中早已相当稳定。伊利效仿《敕勒歌》编写了广告词："天苍苍野茫茫，风吹草低见牛羊，大草原乳飘香，伊利奶粉美名扬"，将伊利产品同人们对牧区的印象结合起来，吸引消费者的注意。此广告一经问世，就被人们广泛传诵，伊利乳业借助内蒙古乳业的区域品牌形象成功将产品推向了全国市场。同样依靠该区域品牌形象的乳制品企业还有蒙牛乳业和现代牧业等，这些都是内蒙古的本土企业，都是依靠区域品牌成长起来的。而伊利、蒙牛和现代牧业等乳品品牌，在不断成长的过程中，凭借其优异的乳品品质，不仅赢得了国内市场，同时也提高了内蒙古乳品的区域品牌的整体形象，双方产生了互动关系。

（二）西北莜面将健康传扬

莜面作为内蒙古地区的特色传统食物，同样成为该地区的著名区域品牌。莜面是燕麦去壳之后加工制成的。因其生长于高寒地区，且低糖、富含维生素 E，因此它属于保健谷类。但是燕麦中含有其他谷类所不具备的可溶性纤维①、燕麦苷、亚油酸等特殊养分，又让莜面拥有了"健康、营养"。西贝莜面村是西贝餐饮旗下的主要餐饮品牌，像它的名字一样，西北莜面村的主食大多是由莜面制成，比如莜面卷卷、蒸食等。西贝莜面村在文化方面也卓有建树，它将西北风俗融入到店面装修中，走进店里，仿佛走进了西北的农家小院，而其热销的西北菜也大多源自西北地区的乡野，让顾客不仅吃到健康的美食，还可以感受西北特色文化气息。西贝莜面村，借助内蒙古的区域品牌形象发展壮大，同时也在不停地宣传内蒙古区域品牌的整体形象。

（三）美酒文化远名扬

距今 6000 年前，居住在内蒙古草原的人们便发明了酿酒技术。后来，随着酿酒技术的不断提高和改进，酿酒已经成为北方民族地区生活的一部分。早在两千多年前的西汉，内蒙古地区就是中国重要的酒产地。内蒙古很多地区气候较为干燥，天气相对较为寒冷，因此生活在这里的草原民族，不仅胸襟广阔，性格坚韧，同时他们也喜欢以饮酒来抒发情感。之后，我国各民族相容，内蒙古地区酒的种类也更加多样。内蒙古许多本土酿酒品牌依托这种酒文化逐渐成长起来，在全国市场中占据了不小的比例。这里有闻名遐迩的"塞外茅台"宁城老窖、"北方第一窖"河套王酒，还有以红酒闻名的汉森酒业，这些企业都继承和发扬了内蒙古酒文化。内蒙古的酒文化，随着这些著名的本土品牌逐渐走向全国。

（四）青青的牧场的特色美食

内蒙古草原上，不仅有摄人心弦的美景、好客的牧民、甘洌的美酒，还有数之不尽的特色美食。来到内蒙古草原，手把肉、烤全羊以及风干牛肉等牛羊肉美食为美丽的草原添上了更多的回味。每年，内蒙古草原吸引了成千上万的游客到这里享受美食、风景和人文。因为内蒙古地处中国边疆内陆地区，游客很难将这些美食带走，享受美食的同时，往往也有一丝遗憾。大牧场食品责任有限公司的成立解决了内蒙古特色美食受地域限制的问题，他们通过引进国外先进设备和技

---

① 可溶性纤维增加了胃内食物的黏滞性，使胃排空延迟，可以有效防止餐后血糖的急剧上升。可溶性纤维又能降低小肠对糖的吸收，因此，也具有降糖作用。

术，在保留美食原汁原味的基础上，实现了食品的可即食性。真空包装的特色美食让游客不仅能够感受内蒙古特色，同时也能带走这些特色。大牧场的产品是草原特色产品，因此它也是依托内蒙古的区域品牌形象发展起来的，但内蒙古同样借助大牧场这样的企业将区域特色传播得更远。

（五）草原羊绒，温暖你我

内蒙古的特产种类极为丰富，羊绒制品便是其一。因内蒙古羊绒产量大、品质高等特点，使得内蒙古羊绒制品深受消费者的喜爱，因此在内蒙古有许多大大小小的羊绒企业。经过数十年的发展，内蒙古的羊绒品牌逐渐呈现出高端品牌、大众品牌同时存在的态势。比如，内蒙古著名的高端羊绒品牌——鄂尔多斯1436，该品牌将现代时尚元素融入到传统羊绒制品当中，不仅能够发挥羊绒制品的传统功能，也将时尚保暖带给消费者。在较短的时间里，鄂尔多斯1436不仅成功地打入了全国市场，而且逐步实现了品牌的国际化，成为了国际奢侈品牌。除此之外，内蒙古地区还有唯心羊绒、兆君羊绒等本土品牌，虽然属于中档价格的品牌，但是因为有明显优于其他地区羊绒的高品质，以及传统羊绒区域品牌的影响，内蒙古的羊绒本土品牌不论在国内还是在国外都拥有较好的市场。

三、内蒙古本土品牌的战略分析

内蒙古作为国内较早开展品牌战略的地区之一，在20世纪末地区政府将"品牌推进战略"作为区域发展的战略之一，并且在品牌建设方面得到了较好的开展。同时，内蒙古本土企业在参与市场竞争主要方式和发展路径的共通点便是品牌建设。我们根据企业经营类型，将内蒙古企业品牌划分为如表3-1所示。

内蒙古本土品牌繁荣现象不是一个偶然，其营销战略的成功体现在品牌传播效应（以蒙牛、伊利的强势营销为例）、品牌战略建设（以小肥羊、鹿王的几步走战略为例）以及以地域文化为依托，发挥品牌竞争优势（以鄂尔多斯、河套酒业的文化营销为例）。

表 3-1　内蒙古本土企业分类

行业分类	代表企业
乳制品行业	蒙牛、伊利
餐饮服务业	小肥羊、西贝
酒业	河套王、蒙古王、汉森酒业
服装业	鄂尔多斯、兆君、鹿王
旅游业	响沙湾、阿尔山
金融行业	包商银行

（一）品牌传播效应

众所周知，企业的能力是有限的，在公司运营的各个方面都需要进行投资，即使是已经成为强大竞争手段的部分，仍需不停地进行投资。那些我们所熟知的品牌，如可口可乐、宝洁、海尔以及蒙牛等，每天都在互联网或者电视上进行宣传。即便是强势品牌，也在不停歇地进行品牌传播。产品本身是无法表达其内在价值的，因此企业需要通过品牌传播作为桥梁来加强与消费者的交流。品牌传播的作用是将产品的内在价值尽可能地展现在人们面前。

那么品牌传播应该怎样去运作呢？

1. 品牌传播要以品牌核心价值为中心

品牌的核心价值是品牌资产的主要组成部分，是需要消费者感知的价值，更是品牌能够保持长久竞争力的重要保证。但是消费者对品牌的认知是异质的，相同的品牌带给不同消费者的认知是不同的，因此他们购买产品时是基于不同的品牌认知。企业为了同化消费者针对其产品的认知，需要将产品共同的核心价值传递给消费者，在此基础上，处于同行竞争中的主动地位。因此，企业在进行品牌宣传时要将它的核心价值作为主要内容进行传播，品牌的核心价值也是品牌传播所要表达的内容。

2. 由外及内的整合设计的传播路径

整合设计并非单纯的设计过程，它需要丰富的创新意识的融人。这种创新并非营销人员以产品与服务为中心，在理解其功能特点的基础上简单地创新，而是以消费者为中心，在了解目标客户群的基础上，进行理念的创新。①营销人员需要考察目前企业品牌产品针对的目标顾客群，了解他们的消费需求以及购买诱因；②营销人员要分析本品牌产品是否真的适合该群体，在分析的基础上挖掘本品牌更深层次的吸引力;③营销人员要考察消费者对本品牌的认知度,可通过开展针对消费者的深入访谈,详细了解他们心目中品牌系统的构成,进而确定竞争对手以及消费者对竞争对手品牌的认知度;④根据前几步的分析和了解,提出本品牌所定位的消费者利益点以及品牌的独特特性。

综上所述,企业应更好地执行这些创意,牢牢占据消费者的心智资源,激发顾客的兴趣以及想要购买的欲望,避免品牌错误定位等问题。因此,企业应该采用民意调查、发放问卷以及深度访谈等方式了解人们喜爱的接触品牌的途径,进而将本品牌的信息尽量显现在人们喜爱的途径中,有针对性地宣传品牌,避免错误传播带来的事倍功半甚至是无功。

3. 整合传播渠道,利用公益形象树立品牌诚信

品牌反映了人们对产品的认可程度,如何获取公众对品牌的关注是所有企业都要考虑的重要问题。塑造良好品牌形象的方法有很多,但积极地参与到地区性以及全民性的公益活动中是最有效的方法,通过公益活动,让更多的人记住品牌。不管在媒体上,还是实事活动中,赞助公益活动已成为许多企业常用的"活广告"。首先公益活动是对大众有益的事情,企业关注公益活动,会较容易获得消费者的信任和参与。同时,公益活动的传达面广且传达率高,能够更快地梳理品牌形象,进而品牌的美誉度以及知名度才会不断扩大。其次,企业还可以借助报纸或者电视新闻媒体所报道的新闻事件进行品牌传播,降低品牌宣传的成本。

有一句大家都熟悉的话:"创业难,守业更难。"这句话用在品牌上同样适用,品牌的持久健康是企业发展的重中之重。企业在管理日常经营活动的过程中,不仅要积极树立良好的品牌形象,还要谨慎地保护好品牌形象,如果因某些原因造成对品牌的不好影响时,企业应该真诚地采取补救措施,将危机转变为机会。随着市场竞争的加剧,企业不仅要考虑产品的生命周期,更要维系品牌的旺盛活力,积极采用品牌传播战略,为适应消费者不断变化的需求适时改变品牌形象。

4. 整合传播,采用多样化的手段完成品牌传播

企业品牌战略的持久性源自品牌能够不断地维持相比竞争对手的竞争优势。同样,在进行品牌传播时,也要不断创造比较优势,这需要在品牌传播过程中采用多参与者、多信息载体、多传播渠道、全方位和一体化的系统传播,并统一传播信息向市场进行传播。采用组合的营销工具和传播媒体已经成为一种趋势,品

牌营销人员通过整合多种信息传播工具，选择正确的媒体，在恰当的时间向公众传递正确的信息。消费者通过不同信息渠道所接受的是统一的品牌信息，因此他们能够高效地接受品牌信息，并且正确识别品牌及其代表的产品、服务。

品牌传播比较成功的内蒙古本土品牌当属蒙牛和伊利。

蒙牛：航天员变身甜美小女生的广告，仍旧在传播终端上流行。这个广告至今仍是企业宣传和媒体运作相结合的较好的案例之一，一方面广告准确定位目标消费人群，另一方面将"航天员"以及"超女"的影响力恰当地融入到蒙牛的产品中。除此之外，蒙牛选择中央电视台作为主要的宣传媒体，将"蒙牛"这个品牌以最快的速度打通全国市场，将蒙牛变成在全国有影响力的知名品牌。蒙牛从企业成立初期便将广告视为一种资源，而不是过度的浪费。他们通过将广告宣传与国内重要的、有意义的活动适当地结合，选择最具影响力的媒体平台，不仅降低了品牌塑造成本，也让蒙牛迅速成为中国乳制品行业的领导品牌之一。

伊利：国内另一个乳制品行业的领导者，伊利选择央视午间、晚间的黄金时段来播出广告，在 2008 年的北京奥运会举办期间运用借势营销，将蒙太奇手法运用到伊利的广告中，把伊利的企业文化以及品牌内涵同北京奥运会的举办进行了成功的结合。

（二）以战略的高度进行品牌建设

品牌是企业参与市场竞争的一种高效手段，也是企业长期保证竞争力的重要方法。自 20 世纪 90 年代以来，中国国内企业对品牌的认识逐渐由传统的无竞争状态转变到积极地了解、研究以及运用品牌的"品牌战略"阶段。众多的企业开始对其品牌进行战略规划，以期能够逐步塑造自己的品牌。现在社会市场竞争趋势表现为针对品牌的竞争，提高品牌知名度，占据更多消费者的心智资源，品牌成为重要的竞争手段。所以，企业必须从较高的战略层面上进行设计和塑造，才能实现全方位的品牌战略，进而获取由品牌带来的利益。

最近几年，随着内蒙古经济发展速度的减缓，越来越多的本土企业因受大环境的影响而处于发展的"瓶颈"阶段，所以怎样才能突破"瓶颈"成为企业必须解决的问题。而品牌战略，有望成为内蒙古本土企业新的发力点。在此，一些内蒙古知名企业在品牌建设方面的成功做法具有一定的借鉴作用。

1. 小肥羊——中国火锅品牌的建设之路

内蒙古小肥羊餐饮连锁有限公司历经"以加盟为主迅速扩张"、"规范加盟"和"成功上市、走国际化道路"等几个阶段，逐步从一家地方小店发展成为中国首家在香港上市的餐饮企业，目前小肥羊已经成为在国内居于领先地位的全套服务连锁餐厅运营商。它的品牌建设过程可以总结为以下三个阶段。

企业成立初期（1999~2003年）：小肥羊主要是强调产品的差异化，以"不蘸小料涮羊肉"颠覆了人们以往对涮羊肉吃法的认知，打造涮羊肉的新吃法，突出了具有浓厚的内蒙古特色餐饮文化的小肥羊火锅品牌。采用独具特色的产品进入市场，迅速吸引消费者前来品尝。

企业成长期（2004~2005年）：随着人们对小肥羊品牌认知度的提高，小肥羊开始凭借草原文化占据消费者的心智资源，提出"天然美味，快乐共享"的广告语，强调产品的纯天然、无污染和绿色环保。在品牌建设的深化阶段，小肥羊更深层次地强调了产品的差异化和草原的民族风情。

企业成熟期（2006年至今）：随着企业发展规模的壮大，小肥羊这个火锅品牌已经深入人心。在这样的背景下，小肥羊的产品开始走国际化路线，将广告宣传语变更为"中华美食，世界共享"。它们在稳固国内市场的同时大力拓展国际市场。目前，小肥羊在美国、加拿大、日本、印度尼西亚、迪拜、韩国等国家约有店面20家。

通过以上分析我们可以看出，小肥羊的"三步走"品牌建设策略突出强调产品的差异化，虽然阶段性地更改了广告语，但传达的企业核心内容没有发生变化。小肥羊特有的品牌标志及其来自草原的绿色健康的理念与消费者追求健康的生活理念产生了极大的共鸣。此外，作为首家在中国香港上市的餐饮企业的品牌，小肥羊被誉为中华火锅第一股，更是构筑了强大的企业规模和品牌优势。

2. 鹿王——中国羊绒品牌乃至世界鹿王的品牌建设

鹿王，从包头市一家规模很小的集体企业开始，逐步发展成为拥有"中国驰名商标"、"中国品牌产品"等诸多荣誉的知名企业——内蒙古鹿王羊绒有限公司。鹿王成功发展的关键因素之一就是将品牌建设上升到战略的高度。

第一，品牌商标的设计，鹿王品牌商标图形为写实的"鹿头"，经过部分处理后，彰显雄壮、阳刚的"王者"风范，并将商标体现的力量感以及生命力作为"鹿王"形象宣传的核心。鹿王含义：鹿王诞生于内蒙古包头市，"鹿"体现了鹿王人对内蒙古、包头的热爱，这是鹿王人表达民族自豪感的一种方式；鹿王是羊绒企业，其产品的主要原料也是羊绒，而羊和鹿同为动物，同时鹿更代表着"吉祥"，用"鹿"字表现"天人合一，回归自然的情调"；"王"代表着鹿王产品使用的是顶级山羊绒，经过高科技的加工处理，带有较高附加值，并且表达希望占领顶级百货商店的抱负，实现"中国的羊绒名牌，世界的鹿王"的夙愿。

第二，质量方面让消费者放心。鹿王的质量理念是"要么不干，要干就是最好的"，该理念被鹿王贯穿于原料的收购、产品生产以及销售的全过程。鹿王已通过 ISO9001 质量、ISO14001 环保及国际清洁生产认证。在严格要求质量的同时，鹿王从没有间断过创新，近年来鹿王累计申请国家专利 88 项，并获得了"自治区科技示范企业"等多项荣誉。

第三，鹿王的品牌建设一直朝着世界品牌在发展。实施品牌战略是鹿王的一项系统工程，在国外办厂以及产品质量高、品牌知名度高等因素，在 20 多年的时间里，鹿王公司已经逐渐打开了国内和国外两大市场。鹿王公司一直站在战略的高度进行品牌建设，在塑造品牌的过程中，不断培养由品质力、推销力以及形象力组合成的市场竞争力，在参与市场竞争过程中，始终将品牌作为首要手段。

总结鹿王品牌建设成功的关键因素，发现鹿王把握住了创建品牌的基本因素："可靠的产品质量、产品创新性、企业信誉、严格管理、员工素质"，而且一直坚持高质量是企业和顾客之间重要的链接。并且将"鹿王"作为品牌名称以及根据"鹿王"设计的品牌标志，全方位地向顾客展示独特的、整齐划一的视觉体验。因此，鹿王的品牌建设是企业不断努力的结果，鹿王经得住消费者长期的考验，目的是获取消费者认同和喜爱。

（三）发挥地域文化优势

随着市场经济的发展和人民生活水平、消费水平的不断提高，特别是在人们崇尚绿色、环保，重视提高生活质量的社会潮流的涌动下，人们的消费观念和消费结构发生了巨大的变化，绿色食品越来越受到人们的青睐。而以无污染、纯天然绿色产品闻名的"草原文化"品牌适应了这种形势，它是一种生命文化、生态文化以及生活文化。近年来，随着文化产业经济效益的提升和国民经济发展地位的变化，文化产业成为国民经济的支柱性产业，内蒙古厚重的草原文化如何焕发出时代的活力，越来越引起社会各界的广泛关注。草原文化已成为内蒙古最大、最具特色、最富生命力的无形资产之一，为内蒙古构建特色品牌，突出品牌优势，发展绿色产业注入了生机与活力。由此可见，内蒙古本土品牌的竞争优势之一在于其民族特色和草原文化风情。

1. 鄂尔多斯品牌文化的解读

内蒙古鄂尔多斯羊绒集团是当地有名的企业，在世界上也是一个有名气的品牌。鄂尔多斯的品牌口号是"温暖全世界"，被誉为"世界绒"，其品牌身处"中国最有价值品牌"行列，同时也一直稳居中国服装行业领先位置。

对于任何一个国际品牌来说，响亮的品牌名称以及形象的品牌标志都是必须具备的。同时，引领风尚，富含有特色并且容易理解的文化也是企业品牌所追求的。鄂尔多斯成了国际品牌，正是因为它做到了这些。

首先，地名、厂名、商标名的融合：鄂尔多斯代表原产地，而该地区出产有"纤维钻石"美誉的阿尔巴斯山羊绒；鄂尔多斯融合了草原文化，容易产生品牌联想"天苍苍，野茫茫，风吹草低见牛羊"；鄂尔多斯是蒙古语，其中蕴含了蒙古族文化。其次，"鄂尔多斯"的商标设计也富有深意，将鄂尔多斯的第一个拼音字母"e"延伸为羊角形，吉祥物则做成公、母山羊和小山羊，而标志性建筑则是蒙古族风格的纺织城。

鄂尔多斯在品牌建设过程中，利用品牌文化展示独特竞争力，向消费者展示其人性化、哲理化的品牌形象特征，让品牌更富价值性、不可模仿性以及不可替代性。品牌文化的合理利用让鄂尔多斯更具品牌魅力。

2. 河套酒业欲打造中国奶酒第一品牌

内蒙古河套酒业集团股份有限公司（以下简称"河套酒业"），历经多年的发展，由弱到强，在白酒行业中脱颖而出，成为内蒙古酿酒行业的领跑者，中国轻工业酿酒行业十强企业，国家4A级标准化良好行为企业，全国精神文明建设先进单位和全国4A级旅游景区，其已进入中国大企业集团行列。2011年，河套酒业集团公司实现销售额30亿元，同比增长28.43%，其中白酒主业实现了20亿元的销售业绩，同比增长22.3%。

营销方面：以内蒙古中西部地区为基地，周边省市为前沿，辐射全国的营销体系。产品方面：浓香型白酒"河套王"、"河套老窖"；复合香型白酒"金马酒"；清香型白酒"河套陈藏"；保健酒"御膳春"；奶酒"百吉纳"。品牌荣誉："中国驰名商标"、"中华老字号"、"中国500最具价值品牌"、"中国北方第一窖"。河套酒业始终坚持"创名牌产品，建一流企业"的发展目标。确立了24字经营方针："搞技改，增效益，重质量，拓市场，抓管理，上等级，重科研，创名牌"。

河套酒业品牌建设过程中，悠久的河套文化发挥了重要作用，主要宣传黄河神母梦中传方、金马驹、公主泉的传说，河套人包容、乐观的风俗文化；以过硬的产品质量作保证，人工品评，同时还拥有国内最先进的机器设备，从而确保了河套王酒的高品质；成功的传播手段，借"河套"之名进行宣传，慰问酒泉卫星发射中心等，使河套品牌知名度迅速得到提升。"十二五"期间，河套酒业制订了更远大的目标："至'十二五'末，河套王酒要由区域强势品牌走向全国性知名品牌，企业进入全国白酒行业十强。奶酒企业力争五年内实现创业板上市，快速打造中国奶酒第一品牌。"

第四章　内蒙古区域品牌的发展

一、内蒙古区域品牌的发展现状

内蒙古经过多年的品牌培育，拥有了蒙牛、伊利、鄂尔多斯等多个中国驰名品牌，这些品牌的市场占有率高、经济效益好，带动了相关产业的发展，逐渐地形成了较为完善的产业链，这同企业自身的努力有关，但也与内蒙古的区域品牌建设及发展息息相关。

（一）中国乳都

中国两大乳制品企业都在内蒙古，它们都是依靠着内蒙古的乳业发展起来的，它们的发展一方面促进了"中国乳都"的出现，另一方面也使"中国乳都"在形成过程中筛选出两大优势品牌。

1. 伊利

伊利集团是内蒙古的领导企业，并且长时间凭借其强大的实力，在人们心中早已建立起良好的品牌形象。

内蒙古的特色资源优势，给予伊利先天优势。内蒙古绿色纯天然的大草原，牢牢地占据了消费者的心智资源，其"心灵的天然牧场"品牌定位紧紧地抓住了消费者对健康和纯净的需求。伊利不断地进行企业经营模式创新，开创性地推出了"公司+农户"、"公司+牧场"、"公司+规范化牧场园区"和"小区+奶户"的方法，实现了"分散饲养、集中挤奶、优质优价、全面服务"，从而保障了奶源的充足和安全。在生产过程中，引进了瑞典利乐公司的超高温灭菌奶包装线和德国 GEA 公司的无菌奶加工设备，从而让产品的生产全部实现自动化。伊利对品质的追求赢得了顾客的信任。

2. 蒙牛

蒙牛是内蒙古的另一个乳业巨头，蒙牛的迅速崛起是在伊利一家独大的时代。因此，蒙牛将产品的宣传和推广同奶业领导者——伊利紧紧联系在一起，并且提出"做内蒙古第二品牌"的口号。该策略的提出首先让蒙牛一跃成为内蒙古的知名品牌，借助内蒙古这个大品牌提高蒙牛的知名度。蒙牛总结并成功学习了伊利的经营模式，在品牌宣传时，选择最具影响力的高端媒体——中央电视台进行广告投放。该决策让蒙牛同伊利一样家喻户晓，并成为乳业新的明星，如此便极大地缩短了蒙牛同伊利之间的差距。同时，抓住敏感度高的事件，如"超级女声"、"神舟五号"的发射，进一步奠定了蒙牛全国知名品牌的地位。在短短的几年里品牌影响力大幅度攀升。

产品质量方面，蒙牛坚持"产品等于人品，出厂合格率 100%"，引进了多项管理体系：英国本土 NQA 质量保证审核、ISO9001、ISO14001、GMP、OHSAS18001 和 HACCP。同时实施"透明化管理"，将蒙牛工业园区对外开放，让消费者可以亲眼看到产品如何生产，坚定消费者对蒙牛品牌的信任。在创新方面，蒙牛推出了"蒙牛特仑苏"等新品牌，使得蒙牛整体品牌实力大增。

3. 中国乳都

呼和浩特于 2000 年初开始实施"奶业兴市"的发展战略，"奶业兴市"战略一经提出，就显示出巨大的综合效应。一是各旗县区更进一步明确了产业结构调整的切入点，各种有利于发展奶牛养殖的优惠政策和扶持举措相继出台。二是伊利、蒙牛等企业真正把奶源基地看作是企业的"第一生产车间"，更加精心地开拓市场，经营品牌，在全国各地占据有利地位和市场份额。三是农村经济结构进一步优化。2004 年，全市畜牧业增加值达到 25 亿元，占农业增加值的 50%。四是农民收入显著提高。2004 年，农民人均纯收入达到 4005 元，从畜牧业中得到的收入达到 1887 元，其中直接来自奶业的收入达到 1565 元。五是奶业成为农村富余劳动力转移的重要渠道。全市 1/2 的农民通过奶业产业化走上了致富达小康的道路。奶业成了全市经济最活跃、增长速度最快的焦点和亮点。截至 2004 年底，呼和浩特奶牛头数占到全国总头数的 4.7%，鲜奶产量占到全国总产量的

6.7%。同时，呼市的奶业还连续多年保持了三个全国第一，即总产奶量全国第一、乳品加工量全国第一、人均占有鲜奶量全国第一。奶业成了呼市走向全国、走向世界的华彩名片。

乳业品牌提升了城市品牌，说到呼和浩特的乳业不能不提到伊利和蒙牛这两大乳品加工企业。2004年两家企业液态奶的全国市场占有率已达到48%。市场牵龙头，龙头带基地，基地连农户。龙头企业的发展壮大带动了奶牛业的大发展。

进入2005年，呼和浩特乳业继续呈现良好的发展势头。中国轻工业协会和中国乳制品工业协会将呼和浩特命名为"中国乳都"。

为进一步开拓国内市场，真正把呼和浩特塑造成全国范围内最好的绿色优质奶源以及最大的优质奶品加工基地，在呼和浩特荣获"中国乳都"称号的同时，呼和浩特市市长汤爱军就表示："呼和浩特要大力宣传好、保护好'中国乳都'这一称号，充分发挥其区域品牌的特性，提高地区的整体竞争力。"

（二）鄂尔多斯

鄂尔多斯也是内蒙古培育的一个知名区域品牌，我国学者针对鄂尔多斯市的发展特点，总结出了鄂尔多斯模式。其中以沈斌华教授的研究成果最具有代表性和科学性，因此，我们节选了他的部分研究成果。沈斌华总结了鄂尔多斯模式的六大特征："地方政府主导、国有经济带头、优势产业和特色经济发挥作用、组建企业集团、坚持可持续发展原则、鄂尔多斯形象工程。"

1. 国有企业带头

鄂尔多斯属于区域品牌中的城市品牌，该品牌的建立是以国有企业为主，国有企业作为带头企业，并成为该品牌的强有力的后盾。"建大放小"战略的实施，使国有企业在区域品牌形成过程中发挥了带头作用。"建大"，是指把原本优势的产业集团化，逐步将资产向实力较强劲并且效益良好的企业流动，兼并联合低效率的企业向优势企业进行靠拢，实现产业的规模化以及集约化；"放小"，是指小型企业走向民营化。在"建大放小"的过程中，该市成立了四大集团，"鄂尔多斯羊绒集团、伊克昭化工集团、伊克昭煤炭集团和亿利化工建材集团"，这四大集团"在2000年共完成增加值13.7亿元，占全市工业增加值的35.8%，利税占全市利税总额的42.16%，对全市财政收入的贡献达20%以上"。沈斌华说："国有企业的改革和发展同样也可以带动非国有经济特别是个体、私营经济的发展。"

因此国有企业和非国有企业要结合起来相互促进。

2. 地方政府推动作用

区域品牌形成的模式有很多，但大多都与政府作用息息相关，当地政府的管理职能要紧随社会经济发展和外部环境的变化而变化，与时俱进。"鄂尔多斯"这个区域品牌在建设过程中，政府发挥了不可替代的重要作用：

（1）政府的战略部署。所谓产业政策一般是指产业结构政策、产业组织政策和产业布局政策，鄂尔多斯的当地政府创造性地实施了以地区主导产业为核心的产业政策。首先，产业重塑重构，以市场为导向，衡量本地资源状况，重新构建合适的产业体系，重点发展那些拥有强大竞争力的产业，着力培养有潜力的产业，移除那些在未来缺乏竞争力的产业，即实行"积极放弃"，"有所为有所不为"。其次，对公共基础设施、生态建设和某些高新技术项目①加大投入和政策倾斜力度，为鄂尔多斯经济的快速发展奠定了基础。最后，以现代企业制度为指导，重新设计企业组织制度，四大企业集团的组建以及资产重组，把全市七成以上的国有资产集中起来，极大地提升了产业的规模化和集约化。

（2）城乡协调发展。鄂尔多斯着力推行"市旗经济一体化"，构造新的专业化分工协作体系，逐步指引并支持区内产业集团积极地进行产业扩散，提高产业集团的辐射带动作用，以成立新项目和帮扶老项目并行的模式转移加工技术给资源所在地，而资源所在地则依靠资源以及集团化带来的优势降低市场风险。通过出台相关配套政策，提高主导产业与地方经济的关联程度，真正体现主导产业的带动作用，逐步实现全区资源的高效配置。一体化政策的关键点在于，地区内产业集团能够利用资源所在地新开发的项目以及更新的老项目所带来的收益真正留给资源所在地。通过保障资源所在地的整体经济利益，进一步激发资源所在地参与一体化的积极性，防止出现资源所在地产业结构趋同现象以及低效率地重复建设现象，最终引发由企业规模小、布局散、效率低或者无序竞争等带来的弊端，从根本上增强鄂尔多斯这个区域品牌所涉及的优势产业和特色经济能够在市场上拥有强大的竞争力。

（3）政府对企业进行分类指导。鄂尔多斯政府在完成以上两条的基础上还对

---

① 这些高新技术项目包括：煤变油、纳米碳酸钙、高白超细高岭土、PPS树脂新材料、有毒灌草综合开发、甘草深加工、羊胚胎素等。

区内企业进行分类指导，开展了由"四个层面"①的工业企业组成的总体框架的构筑，让高质量、高效率的企业群体担任经济高速增长的任务。培养"四个层面"的企业，为的是更好地激励企业在参与市场竞争的过程中逐渐升华，提高产业经济甚至全区经济的整体实力。

综上所述，我们发现：鄂尔多斯区域品牌建设过程中，最主要的两个部分是地方政府以及国有企业的努力和作用。该区域品牌的形成同时也体现出内蒙古区域品牌建设模式的特点：政府作为区域品牌建设的核心因素，适时发挥其职能，能够指引和保障经济不发达的地区成功建设区域品牌。

二、内蒙古区域品牌的竞争优势

（一）独特的自然与文化资源，难以模仿的竞争优势

内蒙古目前拥有的中国驰名商标有鄂尔多斯、鹿王、伊利（牛奶）、仕奇、草原兴发、河套（面粉）、蒙牛、伊利（冷饮）、河套（酒）、草原（糖）、塞飞亚、小肥羊、科尔沁、伊泰、远兴、巴林石、兆君、宇航人、泰字、宇标、吊桥、金河、巴运情、白云鄂博、蒙古王、清谷新禾、北方重工、宁城等29件。在这29件驰名商标中，有22件直接或间接与草原文化相关，超过总数的3/4，而且这些驰名商标几乎全部集中在乳业、酿酒、餐饮食品、羊绒和煤炭资源等行业。因此要打造内蒙古本土品牌，就要充分利用和彰显具有内蒙古特色的自然和文化资源。

在打造区域品牌的过程中，要把产业集群整体作为一个品牌来经营，其品牌名称由地名和当地特色产业结合组成。区域品牌如同鲜明的旗帜彰显着企业和区域的经济与文化特色。内蒙古的特有资源有利于形成区域品牌优势，进而成为难以模仿的竞争优势。利用这种优势形成的区域品牌相对于单个企业品牌更具持久性，能够在区域经济的长期可持续发展中发挥重要作用，并能够催生个性化品

---

① 年创利税超亿元者为"巨龙"，超5000万元者为"雄狮"，超3000万元者为"小老虎"，超1000万元者为"小巨人"。

牌，而个性化品牌又支撑着区域品牌。

（二）重视质量，形成品牌梯队

据调查，中国消费者最看重的是产品的品质和技术。因此，在中国，品牌成败的关键应该是企业产品的品质和技术的高低。在打造区域品牌的过程中，产品的质量更是关键因素，因为劣质产品不仅会对企业产生影响，更会对产业集群内的所有企业、区域品牌造成伤害。在区域品牌形成后，更多中小企业的加入会造成所谓的"羊群效应"，即经济人在信息不完全、未来不确定的环境下具有从众的偏好，这些企业会参照和模仿该产业中已经成功的企业品牌进行生产经营。这种"羊群效应"，一方面，表现为在信息不完全、未来不确定的环境下人们有"从众"的盲动性；另一方面，也要看到如果有一个好的"领头羊"时，将对健康的社会经济活动有良好的导向作用，这是"羊群效应"在区域经济建设过程具有积极的意义，问题在于领路的"头羊"应该尽量有较全面的信息和较为准确的方向。因此，理性地利用和引导"羊群效应"，通过提高产品质量标准，尤其是对领军企业进行严格的监督与约束，会对创建区域品牌产生利大于弊的良好效应。例如内蒙古的羊绒产业，在"鄂尔多斯"这样的"领头羊"企业带领下大力实施名牌战略，建立起以中国名牌和中国驰名商标为标志的国家级品牌第一梯队。与此同时积极培育第二、第三梯队，形成了以鄂尔多斯1436、鹿王、兆君、维信羊绒领航的行业品牌联合舰队，建立了较为完善的品牌金字塔层级支撑体系。这些企业在保证产品质量的前提下采用了不同的市场定位方法，一方面满足了市场上多样变化的需求，另一方面实现了企业自身的发展，为打造区域品牌提供了有力支持。

三、区域品牌是内蒙古本土品牌的未来

（一）区域品牌是内蒙古本土品牌发展的必然趋势

内蒙古优势特色产业集群崛起，随着"十二五"规划的提出和落实，内蒙古自治区产业结构将进一步升级。素有"六大优势特色产业"之称的能源、化工、冶金、装备制造、农畜产品加工、高新技术产业集群迅速崛起，占到全区规模以上工业增值比重的90%以上，成为内蒙古经济发展的支柱。在区域内，以呼和浩特、包头、鄂尔多斯市为重点的"金三角"地区拥有能源富集、工业基础雄厚、生产要素集中的优势。此区域已基本建设成为"西电东送"的重要电源点，"西气东输"的重要后备资源基地，煤化工的重要原料基地以及冶金工业基地、装备制造业基地、电子信息产品制造业基地、奶业及羊绒纺织业基地。这些具有内蒙古优势特色的产业集群的崛起为打造区域品牌创造了条件，同时也需要具有影响力的品牌促进产业的进一步发展。

（二）内蒙古本土品牌的现实要求

尽管近几年来内蒙古经济保持着高速发展，但是在管理企业、吸引人才和打造品牌等方面与东南沿海等发达省份仍有着不小差距，与欧美发达国家的差距更大。内蒙古本土企业要想单独创建国际品牌还面临着困难大、时间长、成功概率小等障碍。区域品牌与单个企业品牌相比更形象直接，是众多企业通力合作的结果，是众多企业品牌精华的浓缩和提炼，更具广泛、持续的品牌效应。相对区域品牌和整个产业集群而言，单个企业的生命周期相对短暂，品牌效应难以持续，而区域品牌则更具持久性，是一种很珍贵的无形资产。因此对于内蒙古企业来说，利用特色资源打造区域品牌是一种更现实的选择。

（三）内蒙古打造区域品牌的优势

内蒙古地域辽阔，草原、沙漠、森林、湖泊等构成了特殊的自然资源，其中更蕴含着独特的草原文化。内蒙古的一大批企业，特别是农畜产品加工企业，从创业之初便认识"草原"的价值。伊利集团的创业理念中强调草原是内蒙古品牌的共同基因；蒙牛集团则认定"内蒙古最大的有形资产是草原，最大的无形资产是草原文化"。独特的草原文化带给内蒙古企业双重优势，一方面，草原文化的生态特征深入人心，广袤的草原，无污染的生态环境，得天独厚的资源，使得内蒙古产品几乎自出生就带有"天然、绿色、无污染"的烙印；另一方面，草原文明源远流长，内蒙古的一批著名企业的文化理念在更深层次体现着草原文化在新时代的内涵。伊利集团执着于"不断创新追求人类健康生活"，蒙牛集团信守

"产品等于人品，质量就是生命"的理念。人文精神和自然遗产相结合形成的内蒙古企业文化，是内蒙古品牌最大的财富。

以上内容我们梳理了品牌的相关知识以及区域品牌的相关知识，希望通过这些内容的整理能够引发对企业品牌和区域品牌的思考。企业品牌和区域品牌并不矛盾，它们之间是相互依存、相互促进的。企业品牌的强大是区域品牌的提升，区域品牌的强化也是企业品牌竞争力的提高。没有区域品牌，企业品牌或许能够发展依旧，但是有了区域品牌，企业品牌将会更上一层楼。

内蒙古本土品牌案例研究实践篇

　　区域品牌的形成条件当中，产业集群是重要的条件，而追其根本有两个条件：①强势品牌的产业链延伸；②多个相似强势企业的联盟。但是不论怎样，都需要有知名度的品牌作为基础，因为有知名度的品牌往往代表实力较为强大的企业，企业品牌是区域品牌的基础。某个地区如果有高知名度的品牌，那么相似产业容易集聚或者企业为继续强化实力而进行产业链的延伸，进而有利于促进区域品牌的形成以及宣传。

　　本部分采用案例研究方法。案例研究方法是组织管理学研究的基本方法之一，也是管理理论创建的重要研究方法之一。案例研究比较适合研究如何以及为什么之类的问题，尤其适用于对现象的理解、寻找新的概念和思路乃至理论创建，并且组织理论的研究学者们已经在案例研究方法的一整套原则步骤和方法方面取得了共识。由于中西方在经济环境、政治制度、文化背景等方面存在较大的差异，西方现有的理论体系不能完全照搬过来指导中国企业的管理，因此，使用案例研究方法对中国本土研究的理论创建具有重要意义。

虽然本部分列举案例中的企业是"特殊"的组织，但是仍希望通过本部分案例的阅读，能够使读者产生特殊的深入认识，能对其他普通企业起到举一反三的作用，同时体现案例研究的三个重要作用：激发研究，启发灵感和提供佐证。

本部分案例先按照盟市排序：呼和浩特市、包头市、鄂尔多斯市、巴彦淖尔市、赤峰市、乌海市、通辽市、乌兰察布市；然后按照地区排序：呼包鄂、呼包鄂巴乌、赤峰通辽。涉及的行业包括服装、商贸、机械、工业、食品、餐饮等，如图1所示。

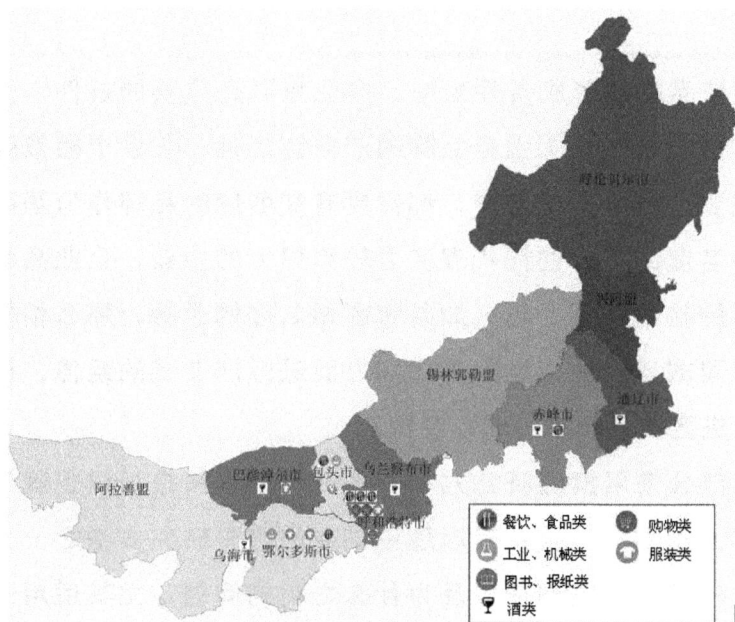

图1　本书实战篇涉及的品牌分布图

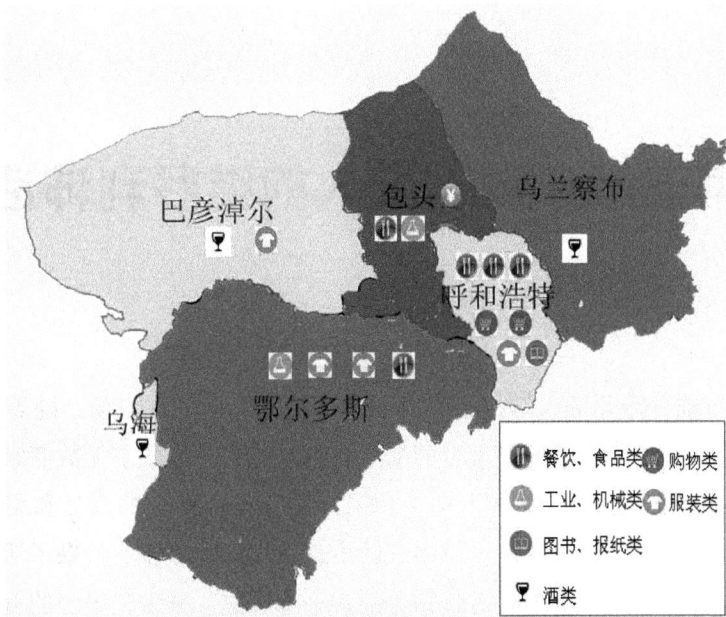

图2　本书实战篇涉及的品牌分布图（续）

第五章　温州商人的维多利神话

10多年前，温州商人邹招斌带领温州商会投资内蒙古市场。随着维多利商厦进驻内蒙古首府呼和浩特市著名的商业街中山西路，唤醒了无数商家的竞争意识。各商家纷纷亮出"杀手锏"全力以对。结果是：商家的商品和服务越来越好，顾客得到的实惠越来越多。维多利的出现给内蒙古零售业带来了活力。短短几年，中山西路已经成为内蒙古最知名的黄金商业圈。维多利集团的百货商场在中山西路占据了最有优势的金三角，形成了掎角之势。随着兼并和新店的不断开张，维多利成为内蒙古零售业的领跑者。企业做大了，是否还能保持清晰的定位？一家独大对企业自身是否会产生更大的压力？这些都是邹招斌和维多利人需要面对的问题。

2003年5月的一天，内蒙古首府呼和浩特市中山西路出现了一家大型的百货零售商场——维多利商厦，它是继天元商厦和民族商场之后的又一家新兴零售业态。当时，天元商厦及民族商场在呼和浩特市已有了几十年的经营历史，在青城人民的心中都拥有着良好的口碑。维多利商厦的进入在不少人看来是注定要失败的，然而，邹招斌毅然决然地选择了这条路，今天的成就见证了邹招斌当年的抉择，维多利商厦的建立，为中山西路商圈的形成奠定了基础。截至当前，维多利集团拥有旗下子公司24家，发展成为百货零售业和房地产开发的综合商业体。

一、邹招斌其人

1986年，邹招斌怀揣着家人的期盼，背着几大包钮扣从永嘉桥头到内蒙古谋生。闯荡中曾经被人无故打劫，后来在老乡的帮助下重新拿回自己的货物。在无数次的起起伏伏中他学会了坚强。邹招斌发现，到内蒙古做生意的温州商人非常多，他想，老乡们团结在一起做生意，成功的机会是不是更大呢？1999年，邹招斌主持成立了内蒙古自治区温州商会，由他出任商会会长。有深刻洞悉市场能力的邹招斌发现，充斥着内蒙古市场的多为重工业与资源性行业，而商贸流通及轻工业方面却在市场上是一大空缺。于是，邹招斌决定带领温州商人们进军内蒙古的百货零售业。2003年，维多利商厦在中山西路隆重开业。从2003年维多利开业至今，董事长邹招斌带领维多利人实现了事业的一次又一次精彩跨越，演绎着内蒙古首府商界的传奇。邹招斌在事业取得成功的同时，积极履行一个企业家应有的社会责任。自1999年10月26日内蒙古温州总商会正式宣告成立以来，邹招斌连任三届会长。邹招斌带领温州商会投资内蒙古的经济，搭建了招商的平台，促使内蒙古温州商会成为推动内蒙古和温州两地经济发展、加强经济文化交流的纽带。邹招斌对成就他事业的第二故乡内蒙古充满了感情。他一次次地尽己所能，以各种方式反哺这方热土，尽一个企业家的责任。近年来，他热心于各种社会公益事业，捐资助学、扶危济困。"非典"期间，他号召商会各成员单位捐款捐物。维多利连续五年为呼市托县乃只盖乡维多利春蕾小学捐资助学；2006年，为清水河县捐助建母亲水窖26座；2007年，对10名困难大学生进行捐助；2008年，以维多利集团为首的企业与内蒙古红十字会联合举办了"再大的困难我们一起面对——来自草原儿女的爱"的大型募捐活动……

邹招斌不仅为企业赢得了社会各界的好评，其自身在社会中也具有良好的影响力，获得了众多荣誉称号。邹招斌先后荣获"内蒙古首届十大财经新闻人物"、"呼和浩特市十大杰出青年"、"自治区用户满意杰出管理者"、"内蒙古十大外来创业青年英才"、"呼和浩特市房地产10年领袖人物"等多项荣誉。

二、中山路商业街

内蒙古呼和浩特中山西路虽然全长仅仅1.8千米，年商品销售总额却接近50亿元，占呼市社会消费品零售总额的10%以上。1.8千米长的商业街两侧，商业建筑面积已近 60 万平方米，营业面积达到 57 万平方米，规模在 1 万平方米以上的大型商场就有 16 家。

邹招斌初到内蒙古时，呼和浩特中山西路上已经有如民族商场、王府井百货商店和天元商厦等几家规模较大、影响力较强的商场。其中，民族商场隶属于民族集团，其旗下还包括民族家电城、满达商城等零售业态，其在呼和浩特市有 50 多年的传统零售业经营历史。民族商场以经营高档奢华名优品牌为主，同时兼顾时尚，不仅吸引了白领阶层，还吸引了众多的年轻时尚阶层，具有强大的竞争实力。王府井百货商店是北京王府井百货（集团）股份有限公司（简称王府井百货）北方地区战略性布局的项目，它的前身是享誉中外的新中国第一店——北京市百货大楼，秉承"人文购物，人性服务"经营理念，打造现代时尚精品百货，定位中高档，突出品牌化、时尚化，强调服务的人性化。不仅从店堂装饰中的色彩设计、灯光运用，更从细致的日常管理、多彩的营销活动的角度提升顾客的购物体验。王府井百货不断引进国际和国内的知名品牌，并坚持平稳价格出售，在服务特色、环境特色、商品陈列及购物氛围方面见长，并且凭借着多年的本土经营优势，客流量充足，有比较强的竞争力。天元商厦成立于 1994 年，可以说是中山西路的"老大哥"，在呼和浩特市的知名度比较高。天元商厦经营品类齐全，定位于高端人群，客流量虽然不是很大，但顾客的购买力非常强。特别是名表经营为天元商厦的一大特色。

中山路商业街各大商户之间具有良好的互补关系，满足了顾客的多元化需求。但是，由于各大商场经营的品种同质化较为严重，产品之间的替代性极强，彼此之间存在着激烈的竞争。

三、企业发展及现状

（一）生不逢时遭遇"非典"

维多利商厦开业之前，邹招斌做了充分的市场调查，做好了开业前的种种准备，早早选择了一个吉利的日子（2003 年 5 月 28 日）正式营业。按照常理，建筑面积 63000 平方米的商场，设施一流、购物环境优雅、时尚的商品组合和完美的商业服务在塞外青城呼和浩特市定会成为时刻耀眼的新星。但是，2003 年春天的"非典"肆虐，不只是百货零售业受到了冲击，其他各大产业也相继受到不小的影响。令邹招斌纠结的是，"非典"肆虐，人们都不敢到公共场所，如果放弃开业或者延迟开业时间，可能会降低损失及风险。但是，开业的时间早已定好，前期已进行了大量的宣传投入，一旦延期开业，企业的前期宣传可能白费，企业上上下下的准备也会从箭在弦上变成强弩之末。况且，有可能错失一个好的发展机遇。因为"非典"期间，其他商场都选择停业或限制营业时间，而这一时期正是打响知名度的好时期。邹招斌思前想后，无数个夜晚不能入眠，最终毅然决定背水一战。邹招斌采取了诸多措施，以"安全、健康、热烈、兴旺"为开业目标，采取了一系列防控"非典"的安全措施，制定了企业的服务理念——顾客永远是对的；服务信念——购物无风险，退货无障碍；让消费者体会到无微不至的服务。令邹招斌喜出望外的是，当天客流量竟达到 5 万多人，销售超过商厦预定目标，给呼和浩特市的商业领域带来了巨大的震撼。维多利半年销售突破 2 亿元，实现了当年开业当年盈利。维多利开启了呼和浩特全新的商业时代。

（二）大手笔并购上演蛇吞象

正当邹招斌春风得意准备大展拳脚的时候，竞争对手出现了。紧邻着维多利商厦的呼和浩特首府铜锣湾广场于 2005 年 1 月 22 日盛大开张。铜锣湾广场占地 21.41 万平方米，总建筑面积 11.4 万平方米，其中有 7.3 万平方米的大型商场和 26 层、3 万平方米 5A 配置的高档写字楼，停车场设在地下一层，面积为 1.4 万平方米，是一个集购物、餐饮、娱乐、休闲、服务、商务办公于一体的，能全方位、多层次满足消费者一站式购物需求的大型全景式商业 SHOPPING MALL。首府铜锣湾广场是商业巨擘深圳铜锣湾集团在内蒙古自治区的首个 MALL 巨作。深圳铜锣湾集团是一家专业性大型零售企业，主营现代商贸流通业中的 SHOPPING MALL 和大型综合百货店两大业态，拥有"CMALL 铜锣湾广场"和"铜锣湾百货"两大品牌，旗下有 25 家美式购物中心，还有 24 家大型百货店分布在全国各地 30 余个大中城市；另有高档百货——OMOMO 阿玛百货及铜锣湾商业顾问有限公司。呼和浩特首府铜锣湾广场开张典礼现场，内蒙古自治区主席和呼和浩特市市委书记都出席了盛大的庆典。铜锣湾的强大实力和阵势，让人震撼。占据着最有利位置的铜锣湾本来有能力在内蒙古大展拳脚，但是却因水土不服，败在了名不见经传的温州商人手下。2006 年 5 月，维多利正式并购到铜锣湾广场，更名为维多利购物中心，享誉一时的深圳铜锣湾从此淡出内蒙古市场。维多利商厦和维多利购物中心东西贯通，成功地在中山西路构建成了 14 万平方米黄金盛世商圈，成为内蒙古乃至西部地区规模最大、实力最强的商业零售实体。

商场如战场，刚刚有了片刻宁静的邹招斌又遭遇了更加强劲的对手。2009 年，与维多利购物中心隔街相望的海亮广场正式营业。海亮广场由中国 500 强企业海亮集团全资投入，建筑面积 137 万平方米，项目总投资 62 亿元。海亮集团以主楼 176 米的内蒙古第一高度，当之无愧地成为呼和浩特市新的地标性建筑。海亮广场不仅涵盖了当代国际摩尔城的所有功能，还为商务精英、白领阶层和广场商户铸就理想的都市栖所，提供全方位的生活便利。同时，海亮集团为了最大限度地缓解青城繁华商业中心停车难、停车乱的社会问题，建造了 36 万平方米特大型室内停车场，拥有 7500 多个停车位，辅之以智能化泊车管理系统，确保所有进场车辆都能在最短时间内找到最合适的停车位置。如此超大规模的室内停车场，将成为海亮广场未来重要的核心竞争力。同时，3 万多平方米的超大屋顶花园，将成为顾客在工作生活之余，休闲、健身、放飞心情的理想处所。海亮集团以其全球最大单体建筑规模的磅礴气势，傲视群雄。海亮集团还拥有着与国际接轨的最新颖、最齐全的现代商业业态，颠覆传统，引领时尚，诠释经典，并配套完善的基础设施，全方位、全天候人性化服务，使海亮广场成为青城人民心中一座新的精神坐标。但是，每一个企业都有自己的强项和弱项，海亮同样在内蒙古水土不服。2010 年底，海亮集团选择维多利集团作为商业合作伙伴，海亮广场正式更名为维多利时代城。自此，维多利集团的三个百货商场占据了中山路黄金商业圈的金三角位置，形成掎角之势。

（三）打造内蒙古最高端的商场

作为中山路商圈的领跑者，邹招斌又在思考着新的问题。近 10 多年，内蒙古 GDP 增长连续几年排在全国首位，内蒙古人的腰包也越来越鼓，人们对名牌商品的消费意识不断增强。但是内蒙古人常年只能到北京、上海甚至国外去购买名包、名表和名牌服饰。邹招斌决定开一家面向高端消费者的大型商场。2008 年 10 月，维多利国际广场对外营业，建筑面积 70000 平方米，汇聚了 GUCCI、

Cartier、Armani、HUGO BOSS、Collezioni、BALLY、Cerruti 1881、Canali、Dun-hill Givenchy、MONTBLANC、MaxMara 等国际顶级奢侈品品牌及众多国际国内一线品牌。维多利国际广场定位"时尚、先知、奢华、极致",维多利国际广场二期项目 2011 年对外营业,三期正在建设中,预计形成 14 万平方米的奢华之都商业群,主导中国西北地区奢华品位,引领着高端品质时尚生活。项目理念:时尚、先知、奢华、极致——细节中的人文关怀,极致尊贵的精品体验。荟萃世界顶级奢华品牌旗舰店,打造西北地标性高档品位奢华消费场所。

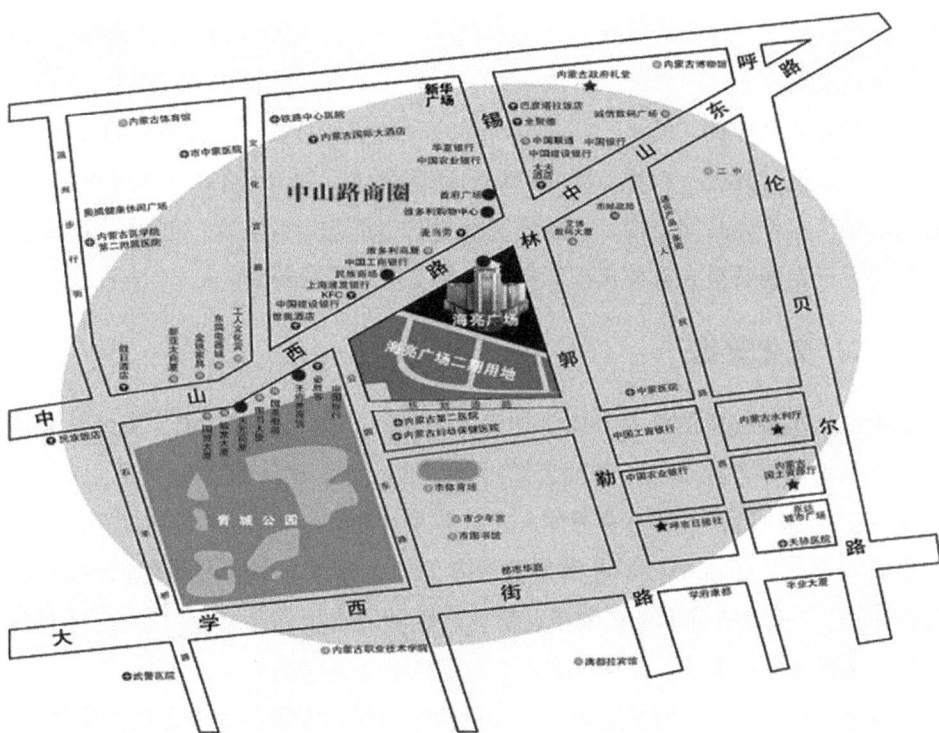

图 5-1 内蒙古呼和浩特中山商圈示意图

四、维多利营销管理现状

（一）高端定位

从最早的维多利商厦到维多利购物中心、从维多利国际广场再到维多利时代城，维多利恪守"高起点投资、高定位卖场、高品质品牌"的"三高策略"成就了维多利商业在各个时期的核心竞争力。纵观"维多利大道"所有产业，其高端定位、高品质品牌都"鹤立"同业。商厦的时尚精品百货、购物中心的大众流行百货、时代城时尚流行百货、国际广场的高档奢侈百货、摩尔城的大手笔等，所有的卖场从定位到品牌结构，打破传统百货的格局与定位。这一创新，注定维多利零售无论走到哪里，都如长空彩虹，气贯苍穹，异彩纷呈。

（二）文化营销

用文化塑造起来的消费群体更加忠诚，更便于企业发现需求、满足其需求，这一点是很多零售业难以做到或者做得不够的。邹招斌认为，"一个人、一个群体的文化习惯决定了他的消费习惯，在日新月异的今天，我们引导时尚文化，提速更新城市现代化水平，不断满足消费者的文化需求，就引导了他们的消费"。邹招斌说，"呼和浩特市没有奢侈品基地，也就没有奢侈品文化，那么我们可以引导、张扬奢侈品文化，这样就会产生更多的奢侈品消费者"。

维多利利用店庆大打文化牌。其文化营销包括：①国际奢牌文化。维多利凭借独有国际品牌作为尊贵礼，国际名品回馈倾情献礼 100% 中奖，GUCCI 送 20 位，DIOR 送 80 位，RADO LONGINES 送 20 位。②环球旅游文化。维多利商厦、国际广场、包头店推出大规模环球旅游活动。送出 32 名美国塞班岛 VIP 豪华游、10 名中国台湾大客户尊贵游、40 名云南美景 VIP 顾客精品游。③世界美食文化。百万金钱豹餐饮券放送活动的参与者包括维多利商厦、维多利购物中心、维多利国际广场、维多利时代城 4 店。店庆期间可享 8 折或 9 折。④娱乐明星文化。曾邀请刘德华、张杰等著名歌手，让顾客与偶像零距离接触。⑤《维尚》特刊文化。

维多利《维尚》杂志推出 5 月司庆特刊，顾客持 VIP 卡到各店 VIP 会员中心领取。维多利坚持文化营销路线，引导顾客在消费中提升品位，在购物中体验情趣。维多利早期曾与内蒙古电视台的大型互动节目《相聚那达慕》合作创办购物文化大擂台，随后与中央电视台《购物街》多次搭档。当主持人、时尚主妇、购物狂与"魔鬼裁判"混战在洁净庞大的超级市场时，维多利变成了笑容辉映的百货海洋。

（三）节日促销

在维多利进入内蒙古之前，圣诞节对于呼和浩特人只是西餐厅和酒吧挂在海报上的一个单词。从 2003 年的冬日开始，中山西路就出现了岁岁狂欢夜的维多利，假面舞会、露天摇滚、圣诞树下的万众祈福，还有"圣诞老人"送出的糖果或礼物让幸运小朋友惊喜交加。从此，呼和浩寒冷的冬日变得沸腾起来了。维多利从来不忘记任何一个节日，"快乐女人节"、"时尚化妆节"、"新春年市节"、"内衣文化节"等色彩纷呈的节日令顾客眼花缭乱又兴致勃勃。此外，各个法定节假日及店庆均有实惠的促销活动。维多利推出各种返券活动，一方面满足了顾客的需求，另一方面有力地带动了消费者的购物热情。折扣最大时满 100 元返 118元，刺激了众多消费者的购买冲动。在维多利的店庆日促销活动中，曾经创下连续 36 小时营业不闭店的纪录，这是内蒙古境内零售业从未有过的纪录。维多利创造了商业意义上的时间单位，并且在每一次店庆等大型促销活动中都实现了零伤亡、零事故、零纠纷、零误差的完美结局。

（四）体验营销

地处呼和浩特市中山西路商圈金三角的维多利商业区，已经形成了非常成熟的商业环境，维多利集零售、餐饮、娱乐、休闲于一体，已经成为呼和浩特市民购物休闲的理想去处。维多利商厦在引进迪奥、兰蔻、伊丽莎白·雅顿等国际品牌后又开设独家授权的国际著名化妆品牌法国"娇兰"专柜，已经成为内蒙古地区国际著名化妆品牌的"大本营"，这些知名品牌的化妆品，在专柜设计、顾客观摩、著名化妆师亲临指导以及试用美妆等体验环节让顾客有良好的情感体验，为塞外青城呼和浩特的爱美女性带来了时尚与魅力。在女装及女性内衣的销售中，更是不断带来新意，模特的走秀不仅吸引了许多顾客的眼球，更实现了销售火爆的效果。

（五）提升顾客的满意度

对于维多利的顾客满意度调查，主要从七个角度进行测评（见表 5-1）。从企业的形象入手，维多利购物中心的企业形象在顾客心目中满意度为 21.9，接近满意的水平，说明商场的"名牌"地位是不容怀疑的，维多利应充分利用这一无形资产。在销售产品质量满意度的调查中，顾客对商场提供的商品质量评价不错，表明维多利购物中心能够严把进货质量关，实行品牌经营，以质取胜，取得了较好的效果。顾客对商场的价格满意度在七项指标中满意度是最低的，为15.9，这说明维多利存在经营成本较高的问题，在这方面应采取降低成本、稳定价格等方面的措施。在对购物环境的满意度调查中，满意度较高，反映了商场在硬件方面投入较多，购物环境确实得到了改善，增强了顾客购物的舒适感与视觉效果，对吸引顾客进店，烘托购物气氛大有益处。但是，大部分消费者认为购买的便利性不够，这可能在于商场的内部布局设置不够合理，方向性的指标不够明显，不能引导顾客快速的购物。所以，在这方面应该加以改进。

表 5-1　维多利顾客满意度调查结果统计

单位：%

满意度指标	满　意	较满意	一　般	不太满意	不满意	没注意
企业形象	21.9	47.2	25.7	1.4	0.5	3.3
购物环境	23.4	38.7	35.9	1	1	0
购买便利性	15.4	32.7	42.5	5.6	1.4	2.4
品种	18.7	35	36.4	6.5	1.4	2
质量	24.3	38.3	32.2	2.8	2.4	0
价格	15.9	21.04	33.2	26.6	0.46	2.8
服务	18.7	39.3	37.5	2.3	0.95	0.95

总体来说，维多利为顾客提供了良好的购物体验。从店堂设计到灯光布局方面都给予了顾客舒适惬意的体验，但是，在顾客投诉、商品价格、便利性及商品陈列、店内指示性标记方面还有所欠缺，是维多利应当改进之处。

五、关于维多利集团的思考与探讨

温州商人以其独到的经营模式，强大的资金实力，从一个入驻者逐步转变为本土产业领跑者，维多利定位高品质、优服务，以零售业为核心，建设品牌资产，取得了巨大的发展。然而，随着行业竞争的加剧，其他各大商家也逐渐模仿维多利的发展模式，同时市场国际化的潮流也对维多利的发展造成影响。在这个竞争越来越激烈的市场中，维多利要想保持其领跑者的地位，有很多问题亟待解决。如今的维多利集团已发展成为以百货零售、商业地产两大产业为支柱，兼超市连锁、准金融等业态为一体的大型民营企业集团，创造了维多利神话。维多利依托其百货零售的强大实力，推动了房地产业的快速发展，现拥有七家房地产开发公司。维多利集团的规模不断壮大。但是，靠零售业起家的维多利深知其最贴近消费者的仍然是零售业。邹招斌有一个梦想，就是能在内蒙古全区的十二个盟市都有他的维多利店，并且每一家维多利店都是当地最好的商场。橘生淮南则为橘，生于淮北则为枳，邹招斌担心自己是否也会遭遇水土不服？随着维多利的名声越来越大，邹招斌倍感压力。维多利人还要为后续的发展做好种种准备。

（一）不断扩大商圈是利还是弊

维多利集团现在可以说是中山路的垄断者，它具有构架庞大的业态，其组织结构也相当复杂。我们都知道，庞大的组织结构会拉大高层领导人与基层职员的距离，他们不能及时了解基层职员的意愿。在复杂的组织结构中，可能还会出现多重领导的现象，从而导致组织控制混乱，效率低下，一系列的企业管理问题将会不断出现。同时，竞争会拉动需求，维多利如果不断扩展垄断，就会失去大量的竞争者，同时也失去了创新意识，也就不会注重服务的提升，有可能只注重利益最大化，一味追求价格战，而忽视了消费者的需求，忘记了消费者是企业得以生存的支柱。维多利集团应多加思考自己的扩张之路。

（二）维多利如何保持强有力的竞争力

当代消费者购买奢侈品的能力逐步增强，奢侈品、国际一线产品在其他的购物场所都可以买到，那么维多利怎样吸引并留住消费者呢？一般来说，不论是建筑风格还是硬件设施，抑或是推广方式都可以被仿效，但让消费者愉悦甚至感动的服务理念是不可复制的，它是由心而发的。维多利应该思考一下如何把服务理念灌输到每一位员工，用坚固的企业文化铸就强大的竞争力，弥补服务领域的缺陷。

（三）如何打造独特的气质

伴随国际化的潮流席卷而来，越来越多的商家注重打造国际品牌，经营的品种不胜枚举，他们都在以不断创新、不断积累的魅力与光芒吸引着来往宾客。对于消费者来说，到任何一家商场购物都可以买到自己想要的商品，而现在，他们更注重的是购物所带来的轻松愉悦。如何给消费者带来精神上的满足与释放，值得维多利思考。不同的人拥有不同的气质，那么对于一个企业来说，打造自身独有的气质，也相当具有吸引力。

附录：维多利大事记

2003 年 1 月，维多利商厦确定了商户进场装修基本方针：统一设计、统一施工、统一监管、统一验收，以统装为样板示范，逐步放开商户自装，严把装修审图材质关，确保装修总体形象效果。

2003 年 5 月，在"非典"警报尚未完全解除的形势下，维多利商厦正式对外试营业。当天客流尽管很多，达到 5 万人，销售超过商厦预定目标，但由于采取了一系列防控"非典"的安全措施，维多利商厦圆满实现了"安全、健康、热烈、兴旺"的开业目标。

2004 年 5 月，公司举行了以"激情燃烧一周年"为主题的大型店庆活动，其间推出了多重促销活动，创造了试营业以来的销售新高。并邀请著名歌星孙悦在商厦中厅举行了现场签售活动，这一举动在青城消费者中引起了巨大的轰动效应。

2007年3月，呼和浩特市工商行政管理局、市消费者协会联合授予维多利商厦"2006年度诚信企业"称号。

2008年9月，集团总裁邹招斌在博鳌房地产论坛上被呼和浩特市市委、呼和浩特市政府授予"呼和浩特地产10年（1998~2008年）领袖人物贡献奖"。

2009年1月，内蒙古维多利商厦有限公司（即内蒙古维多利商业（集团）有限公司）被商务部授予"金鼎百货店"荣誉称号。

2010年5月，维多利集团7周年司庆仪式在维多利购物中心门前广场隆重举行。多项惠民活动打造了属于维多利的城市节日，使演绎荣耀、铸就辉煌的司庆主题完美诠释。

2010年11月，维多利集团在全国性的商业企业消费者调查评选活动中获得"全国商业顾客满意企业"荣誉称号。

2011年1月，"维多利"荣获内蒙古自治区著名商标。

第六章 兆 君
——凤出东方 翱翔四海

"穷则独善其身，达则兼济天下"。"兆君"生于斯、长于斯，在成长壮大的同时，没有忘记回报社会。他们始终坚持"帮助一个人，就是帮助了一个家庭；发展了每个家庭，也就发展了社会"的信念，除了热心于公益事业，在社会需要帮助的时候，也会义不容辞地伸出援助之手；同时通过"再就业"基地的组建与发展，实现了"以小家带大家"的发展思路，帮助许许多多失业人员重新开启了崭新的一片蓝天。他们深信真正的快乐并非来自财富或荣誉，而是来自做了一些值得做的事情。通过这些大型公益事业活动，兆君的知名度在自治区乃至全国范围内得到了迅速提升，这一富有民族特色的羊绒品牌很快深入消费者心中。

一、公司背景

兆君羊绒集团公司始创于 1985 年，犹如晨曦中一抹朝霞下绚丽如火的玫瑰，其稳步地发展，逐渐在业界傲然绽放。多年来，集团以市场需求为导向，利用内蒙古特产山羊绒为资源优势，以弘扬民族文化为目标，以纯真、诚信为基础，倾力打造"百年兆君品牌"。兆君

图 6-1 兆君羊绒集团

羊绒集团以"兆君"品牌为载体，以山羊绒产业为经营支柱，兆君山羊绒产品出口日本、美国、欧洲，国内销售网络以北京、上海、呼和浩特为中心覆盖全国，现已形成了集原料、绒毛分梳、纺纱、针织、梭织、国内品牌经营、国际贸易等

项目为一体的"一条龙"集团企业。

（一）中国羊绒市场的繁荣推动羊绒企业迅速崛起

20 世纪 70 年代以后，中国结束了只能出口原绒的历史，开始批量加工生产山羊绒，以半成品无绒形式出口国外，但大量的羊绒还是以原料形式出口国外。80 年代后，中国结束了单一的无毛绒出口，羊绒加工业开始由初、粗加工向深、精加工发展，产量和出口明显增加。进入 90 年代，中国羊绒加工业进入迅猛发展期，羊绒衫及羊绒制品畅销国内外市场，无毛绒和羊绒衫价格也成倍增长。

目前，世界羊绒年产量 14000~15000 吨，而中国羊绒年产量约为 10000 吨，占世界总产量的 70% 左右。近年来，俄罗斯、蒙古、伊朗等国每年也有 1500 吨左右的羊绒流向我国。中国羊绒业经过多年的发展，其羊绒衫产量已位居世界首位，年加工能力在 2000 万件以上，占世界总产量的 2/3 以上。中国已经从世界第一羊绒资源大国发展成为世界羊绒生产、加工、销售和消费第一大国，"世界羊绒看中国"的局面已经形成。中国的羊绒衫正引领中国羊绒制品的潮流，在国际市场上竞争力日益增强，出口创汇逐年递增。

中国作为世界上主要的原绒和羊绒制品出口国，随着加入世贸组织和羊绒市场的日益繁荣，使我国羊绒行业有了更大的发展空间。但同时也有更多羊绒企业和资本加入到这个行业中，使羊绒企业之间的竞争日趋激烈。就内蒙古而言，各式各样的羊绒加工企业凭借着自身的资源优势涌现在羊绒市场中，出现了如鄂尔多斯、鹿王、兆君等一批知名企业，带动着羊绒业迅速崛起。

（二）兆君——天使撒落在北国高原的一粒璀璨明珠

兆君山羊绒集团总公司设在内蒙古呼和浩特市和林格尔县盛乐经济园区，是一个现代化规模型工厂。创始之初的资产为 20 万元，当时工厂占地面积 9000 平方米，工作条件和设备都十分简陋，40 多人每天只能生产几十件羊绒衫。

该集团下属九个实体企业：①河北兆君集团有限责任公司；②呼和浩特市兆兴羊绒制品有限公司；③内蒙古兆旺羊绒制品有限责任公司；④内蒙古万世宝羊绒制品有限公司；⑤上海兆君服饰有限公司；⑥北京兆君服饰有限公司；⑦成都兆君服饰有限公司；⑧浙江嘉兴兆君内衣有限公司；⑨河北省清河县兆兴宾馆。

截至 2009 年底，该集团公司总资产 6.8 亿元，固定资产 3.6 亿元，流动资金

3.2 亿元，年产三优山羊绒 480 吨，年产山羊绒制品 110 万件，年销售 5.7 亿元，全国员工 2800 人。兆君目前拥有分梳无毛绒专用设备 40 台（套），拥有编织羊绒衫专用设备 2000 台，其中：德国产 STOLL 全自动电脑智能化编织横机 80 台。年产无毛绒 200 余吨，年产"兆君"品牌羊绒衫 58 万余件。几近完美的产品，日益丰富的产品门类以及现代化的经营管理模式是兆君"金凤凰"振翅飞翔的双翼。

二、兆君的品牌管理

（一）兆君——魅力而传奇的品牌文化

1. 兆君品牌的由来

王昭君，和平使者，在中国古代四大佳丽中成为唯一的形象美与心灵美的统一体，被历史给予传颂，被世人给予敬仰。"昭君出塞"不仅使呼汉间和平相处近半个世纪，而且为呼汉地域间文化与科技传播架起了桥梁。

"兆君"取"昭君"的谐音，意指将和平、美丽、温馨带给世人。"兆君"以一种独特的手写体出现，女性化的感觉偏多。"兆"，在数字里最大，同时与"招"同音，即"招君而来"，寓意吸纳五湖四海有识君子，再现时代凤凰传说，实现"百年企业、基业常青"的发展战略愿景；又和世代相衍、千古流芳的出塞美人王昭君音同意近。胸怀历史使命的王昭君，风华绝代、雍容高贵，世人敬仰，"若以功名论，几与卫霍同"；此兆君传承彼昭君精神的衣钵为倾力打造时尚典雅的人生态度，为力扛冉冉升起于全球品牌之林的民族品牌旗帜，呕心谱写兆君事业的新传奇。

2. 兆君品牌内涵的解读

"兆君"的整体 LOGO 由"凤"、"ZHAOJUN"英文与"兆君"手写体三部分组成。其中"凤"是西汉时期四种图腾的一种，是一种吉祥鸟，有着较强的生命力。公司以特有的"太阳"形状给予了更多的活力与神气，象征着企业的蓬勃发展。同时，"凤"的整体造型中体现了中国传统的"三圆"内涵，即天、地、人，进而形成"天、地、财"的企业内在方向。除此之外，"凤"的图标内含着"兆"字的造型。同时，"ZHAOJUN"以特色的字体，把"Z"突出出来，从形式上以求达到"龙"的感觉，从传统的概念上制造"龙凤呈祥"的企业文化。

| 早晨的太阳 | 升腾的火焰 | 飞舞的火鸟 | 吉祥的彩凤 |

图 6-2　兆君品牌标志

兆君的 LOGO 告诉我们：凤出东方，翱翔四海。东方，有广阔疆域，有悠久文明；君子之国，有谦谦风度，有包容胸怀；此乃养育凤凰之故土，自应以报答之心而恋之。然而羽翼渐丰后，其志则在翱翔于四海之外，去寻找更广阔的天空。

栽得梧桐，引来金凤；梧桐之木，高贵且繁茂，不易栽种，然显欣欣向荣。凤凰非梧桐不落，而梧桐也非凤凰不纳。

兆君，就是兆君人栽种的一株财富梧桐树，是一项时代赋予我们共赢的财富事业，吸引了一大批只识梧桐，不落柳林的"金凤凰"。

（二）品牌营销策略

市场竞争日趋激烈的年代，品牌的传播早已超越了"打广告"的狭隘概念。任何一款产品无论如何优秀和杰出，无论如何能满足消费者需要，无论带给消费者如何超值的感受，但是如果没有合理有效的品牌整合传播行动，企业"做大做强"或"走出去"将不会成为可能。兆君在系统的品牌发展战略指导下，从起步阶段就高度重视品牌形象的建立，通过中央电视台、地方卫视广告及组织参与巨大影响力的公关活动，在公众中成功树立起独具魅力、凸显高贵典雅的品牌形象，增强了品牌知名度和美誉度。当今的国际市场已经跨越产品竞争阶段，进入品牌竞争时代。正如美国品牌策略专家莱瑞·莱特所言："拥有市场比拥有工厂更重要，而拥有市场的唯一办法就是拥有占市场主导地位的品牌。"因为一个好的品牌是企业最大的财富、宝贵的无形资产，它不仅会创造出超额的经济利润，还会带来巨大的社会效益。下面就兆君的品牌建设策略进行分析总结。

1. 定位中高端目标消费群

兆君集团将产品定位在中高档消费层。兆君集团要想在羊绒制品中取得优势地位，就需要拥有与之实力相称的营销手段及管理方式。羊绒制品一般分为三种市场：一是低端的家庭用户，其特点是要求产品有很高的性价比，其中价格是重要的因素，其次才是产品的款式；二是中端的家庭用户和企业用户，其特点是追求品牌效应，注重产品的质量、款式及其售后服务，价格因素相对影响要小；三是高端的个人用户，他（她）需求的特点除了包含中端用户的特点外，更注重其个性化的需求以及服务，而价格则不再是影响其购买力的因素。目前的市场，中低端的家庭用户已经被众多的羊绒品牌牢牢占据，彼此间的激烈竞争也导致其利润被摊薄。而中端的企业用户以及高端的个人用户，由于特性的要求其市场开发度还比较低，从而存在较大的发展空间以及利润空间。因此，公司集中资源，对质量要求较高的企业用户定义为高端用户，不断地按照他们的品位及需求针对性地对其进行品牌推广和开发新款式，然后再利用销售渠道的形象展示来获取更多的用户。

2. 渠道与促销同时并进

多年来，兆君坚持以诚信赢得市场，以品质成就发展。在内地名店、商场各界朋友的鼎力支持下，兆君全体员工团结一致，共同努力，开拓创新，经过不懈地发展，目前已经在全国多个省市的大中型商场设立了多个兆君专厅、专卖店和专柜。在国内贸易中，兆君集团建立以"北京、上海、成都、沈阳、呼和浩特"为重点的五大销售基地，将办事处与区域代理有效结合，实现"以点带面"的市场战略。

现在的商场专柜都已属于其各自的品牌代理或总经销，从而成为企业销售利润的重要增长点。但是无可避免的是，客人往往被其他厂家的品牌"掠"走；专卖店以便利和具有强大的品牌消费目的性而赢得其周围的消费者，这两者在一定程度上影响着消费者的日常品牌服装购买，同时也影响了城市的绝大部分羊绒制品消费者群体。如何吸引消费者走进专卖店，需要商家积极引导消费者消费观念的彻底更新。在兆君的销售工作中，专卖店与专柜组合运用，在节假日，兆君集团通过各个渠道采取促销策略，通过折扣定价或发放购物券等方式吸引更多的消费者前来购买。

3. 兆君的品牌延伸定位

品牌延伸是指企业利用现有的品牌延伸到新产品之上的经营行为。品牌延伸是品牌建设的重要渠道之一，品牌延伸得当会加快品牌知名度和美誉度的提升，扩大目标顾客群，进而促进产品的销售。兆君羊毛系列制品是兆君品牌成功延伸和重要的组成部分。凭借着兆君山羊绒优质的品牌形象和产品美誉度，以兆君服装理念为设计精髓，赋予羊毛织品以深具时代感的不凡风尚。兆君旗下的优秀分支品牌——"科蒙、博卡"，自诞生之日起就是一部传世的杰作：以绒线为主打产品，辅助以"科蒙、博卡"产品。依托兆君良好的品牌形象和产品美誉度，以兆君原有的设计和生产队伍为坚实后盾，该品牌成功地确立和实践了"典雅、时尚、健康"的产品发展思路，在工艺制作上更充分地体现了"以身定制、量体裁衣"的市场服务。目前拥有国际流行的六大色彩系列 200 多个品种，能够满足市场的多层次需求，其市场已覆盖东北、华北、西南、中原一带，拥有销售终端百余个。

4. 品牌传播造就魅力与高雅的品牌形象

兆君在系统的品牌发展战略指导下，从起步阶段就高度重视品牌形象的建立，通过中央电视台、地方卫视广告及组织参与影响力巨大的公关活动，在公众中成功树立起独具魅力、凸显高贵典雅的品牌形象，增强了品牌知名度和美誉度，其传播情况如表 7-1 所示。

5. 打造国际化品牌效应

"借力造势，内外兼修"是兆君打造品牌的战略方针。随着经济全球化进程的加快，众多的跨国公司纷纷进入中国市场——上演了"龙争虎斗"的市场争霸战。怎样才能不仅不被狼吃掉，反而能与狼共舞是摆在每一个纺织服装企业乃至其他企业面前的严峻话题。兆君作为肩负时代使命的民族品牌，不但在国内激烈市场竞争中牢牢占据行业前五位，又以"凤贵有翼，人贵有志"的精神在国外以美国、日本、欧洲部分地区作为市场拓展基地，以跨国贸易、OEM 和品牌、输出等方式稳步行进在国际化的征程上。兆君已经投资 80 万美元在日本注册成立

表 6-1 兆君品牌近年整合传播简况

单位：万元

时间	传播媒体	传播范围	投入情况
2003 年	电视、广播	全国	3656
	报刊、杂志		492
	户外、车体		240
	互联网	全球	72
	其他	全国	360
2004 年	电视、广播	全国	4325
	报刊、杂志	全球	586
	户外、车体		279
	互联网		62
	其他	全国	348
2005 年	电视、广播	全国	6646
	报刊、杂志	全球	536
	户外、车体		257
	互联网		210
	其他	全国	320
2003 年合计			4820
2004 年合计			5600
2005 年合计			7969

了兆君羊绒集团日本 F&Z 株式会社，并拥有一个国际化的品牌"Angel hair"，将"兆君"羊绒的高贵奢华与典雅自信推向世界，未来的兆君将一步步踏上国际羊绒市场。

（三）品牌建设成就骄人品牌荣誉

兆君集团恰当地对自己的产品进行品牌定位，采用合理的品牌延伸策略拓展品牌宽度，打造具有民族特色的羊绒品牌并取得了非常好的传播效果和品牌效应，多年的品牌建设取得了骄人的成果。

1996 年，兆君在北京开设了第一家品牌专卖店。

1997 年，兆君荣获"中国十佳最畅销品牌"称号；被中国纤维检验局批准使用"纯羊绒"标志；在宁波国际服装节获"服装名牌"称号；内蒙古自治区成立 50 周年大庆指定产品。

1998 年，与国家铁路总局合作冠名包头到汉口的"兆君"号列车。

2002 年，兆君荣获国家免检产品、中国十大羊绒品牌称号。

2003 年，公司在日本东京王子酒店举办了"兆君产品专场展示会"；并通过了 ISO9001 国际质量体系认证。

2004 年，北京电视台《财智人物》栏目组对兆君山羊绒集团董事长彭登霞进行采访；湖南经视《MBA 大讲堂》从长沙赶到呼和浩特，对兆君山羊绒集团进行采访报道等。

三、当前羊绒企业竞争环境的分析

（一）主要竞争者的表现

随着市场经济的繁荣和人们生活水平的提高以及生活品位的提升，羊绒企业纷纷诞生并展开激烈的市场争夺战，这是一场没有硝烟的战场。只有知己知彼，方能百战百胜，所以作为一个羊绒企业，要想在市场上长久不衰，除了做好自己的品牌建设外，还应对竞争者的发展态势有所了解。

（1）鄂尔多斯羊绒集团。"鄂尔多斯"作为中国纺织服装行业第一品牌，以262.37 亿元的品牌价值位居中国最有价值品牌前列。拥有国家级企业技术中心、国家羊绒制品工程技术研究中心，羊绒制品的产销能力达到 1000 万件以上，营销网络覆盖国内县级以上城市和世界 40 多个发达国家地区。产品质量、市场占有率、销售收入、出口创汇多年蝉联中国绒纺行业第一名。依托强势的品牌资源，集团不断向羊绒服装高端和非绒领域拓展延伸。"1436"已成为中国羊绒服装顶级品牌，入选国宾礼；鄂尔多斯奥群羊毛衫成为集团旗下的又一个中国名牌；鄂尔多斯男装、女装、内衣和家纺正在向行业前列迈进，大服装产业格局已成型。鄂尔多斯正在实施产业振兴战略，谋求新一轮的成长与跨越。

（2）鹿王羊绒。鹿王集团是在全球著名的顶级山羊绒产地——内蒙古注册的世界羊绒加工龙头企业之一。企业不但营销"鹿王"品牌产品，还为世界上 100多个著名品牌、商家加工出口。鹿王集团现已成为中国出口量最大的羊绒加工贸易主导企业。鹿王牌羊绒系列产品获得"中国国际名牌产品博览会金奖"、"中国名牌优质产品"、"中国消费者信得过产品"、"国际山羊大会高品质产品金羊奖"等上百项国际、国家级奖项。

（3）恒源祥。1927年，沈莱舟在上海创立了恒源祥。"恒源祥"是目前全球最大的绒线制造商。2009年，恒源祥入选中国世界纪录协会世界最大绒线制造商。恒源祥涉及家纺、针织、服饰三大产业板块，有上百家联盟体工厂、4000多家经销网点，拥有2000多个规格品种。1999年时"恒源祥"品牌的无形资产约5000万元，目前的评估价值激增到6亿元。旗下成立于1998年的恒源祥服饰公司经过多年的发展，目前，公司主要经营男装、女装和童装以及服饰配件四大类项目。拥有十几家生产工厂及服饰生产流水线设备。

（4）春竹集团。春竹集团是集设计、生产、营销一体化的专业服装集团，是一家拥有几十年历史的国有企业。它曾经是上海毛针织领域的一颗明星，2005年，上海欧祺亚投资管理有限公司（简称OCA）成功并购春竹并组建了全新的OCA春竹集团，新的资本注入，带来了全新的活力；新的管理思想，带来了全新的理念。春竹集团凭借在中国毛针织业界几十年的经营历史，已形成具有竞争力的产业链和市场格局。年出品件数400万件，在全国拥有3000余家终端销售网点，市场销售额达30亿元。春竹集团已实现由生产主导型向品牌运作型的重大战略调整，集团的多品牌多系列格局在全国市场上已形成具有竞争力的战略优势。

（5）珍贝。珍贝是中国羊绒行业领军品牌，以选材精良，品质卓越著称；业内素传"北有鄂尔多斯，南有浙江珍贝"。公司在羊绒行业率先通过ISO9001：2000国际质量管理体系认证、ISO14001：2004环境管理体系认证、GB/T28001-2001职业健康体系认证；先后获得"可机洗羊绒衫"等70多项专利，各项技术处于国内同行业领先水平。"打造国际化的羊绒品牌"是珍贝多年来的不懈追求，"尊重员工、服务顾客、追求卓越、回报社会"是珍贝的核心价值观，"诚实、勤奋、创新、奉献"是珍贝的企业精神。

（6）天山羊绒。公司依托新疆优质山羊绒和细羊毛的资源优势，引进和吸收了日本、意大利、德国的先进技术、设备和管理方法，经过30多年的不断发展、壮大，公司逐渐走上了规模化、集团化的道路，具有年加工羊绒纱及混纺纱700吨、羊绒衫及混纺衫200万件的生产能力，已形成从绵羊、山羊的优良品种研究、养殖，原毛、原绒的初步加工、染色、纺纱到织衫，国内品牌销售和产品出口完整的产业链。公司拥有天山 GTS 三个品牌产品，分别定位于高中档市场以及大众消费群体，在国内羊绒、羊毛行业中具有较高的知名度。

（二）兆君的优劣势分析

1. 兆君的优势

兆君依据内蒙古独特的羊绒资源，现代化羊绒纺织车间，将山羊绒作为纺织纤维中的珍品，其产品不论从价格还是从外观适用性均占到了纺织品的上等地位。兆君羊绒的优势主要有以下几点：

（1）资源优势。依托内蒙古独特的羊绒资源，原材料纯天然配置，为产成品优质奠定了可靠的基础和保障。

（2）开发优势。兆君在服装款式的设计上，由国际一流设计大师亲自把握时尚脉搏，针对不同消费群、不同价位设计不同的时尚款式。

（3）成本规模优势。大规模生产基地，现代化的先进生产线，并通过产品和有效地运营成本控制，最大限度地降低产品生产成本。

（4）信息优势。能够与世界最新的信息更新系统保持高度同步。

（5）管理优势。人性化的现代化管理机制，优势的综合管理系统和多层面的管理经验。

2. 兆君的劣势

兆君集团设在内蒙古中部，这里经济文化相对比较落后，过去是典型的老少边穷地区，兆君从偏远落后起家，交通不太便利。产品历史短，缺乏现代整体营销观念，仍停留在市场经济初期的水平，营销手段相对来说比较单一，以广告为主，但广告投入不集中，目的性不强，无整体计划，广告效果不明显。此外，对外宣传薄弱，世界上很多国家不知道内蒙古兆君羊绒衫厂原料最好、工艺最好、价格最低。

四、关于兆君的思考和探讨

三流的企业做产品，二流的企业做标准，一流的企业做品牌。品牌是企业最有价值的核心资源，是企业的核心竞争力。在未来，中国的羊绒发展注定与品牌有关。兆君集团将致力于做好自己的羊绒品牌，将一步步探索着踏上国际羊绒市场，使其走出中国，走向世界，让世界知道"兆君"这一独具本土民族特色的中国羊绒品牌。然而，成就世界羊绒品牌之路是一条漫长而艰难的道路，就目前来看，我们还有很多问题不得不面对。

（一）兆君如何继续保持在内蒙古羊绒品牌的第一阵营

看过商场或者专卖店羊绒产品的都知道，虽然羊绒品牌不少，但是放眼望去，同质化现象非常严重，品牌之间的风格差异不大，大多色彩单调，老气横秋，更适合中老年的人群。羊绒产品狭隘的市场定位，将会失去年轻一代的消费群体，而失去这一中坚市场，羊绒企业的生命力就大打折扣。羊绒企业起初大都把市场定位在中老年消费群体，因为考虑到这一群体有着相应的购买能力。但是事实上，28~40 岁年龄段的消费者其购买能力非但不亚于中老年人群，而且他们对服装面料、质地、款式的追求，成了服装市场迅速发展的最大动力。所以兆君企业应该在维护原有顾客的基础上，不断开发潜在顾客，扩大羊绒行业的市场份额，尽量保持自己在内蒙古羊绒品牌的第一阵营。

此外，在生产能力严重过剩，行业利润不断下降的局面下，如何重新定位目标对象，跟上世界服装潮流，改善羊绒制品单一的面目，提升品牌忠诚度，是国内羊绒企业取得突破的当务之急。

（二）如何积极应对价格战保护兆君品牌形象

自 20 世纪 90 年代开始，羊绒企业间的竞争日益激烈，再加上品牌推广和建立国际营销渠道经验不足、市场运行不规范等因素，整个市场同质化现象严重，影响了羊绒产业的健康发展。同时，由于品牌过多，供大于求，许多品牌采取打价格战的方式占领市场，使得羊绒产品与其本身的高端定位出现偏差。这种价格战只会造成低重复性生产，导致整个产业越走越低。

我国的羊绒成衣出口品单价 1993 年为 32 美元/件，到 2000 年为 30 美元/件，2002 年为 26 美元/件，企业利润锐减不止。同时，羊绒企业生产能力严重过剩，行业内的竞争非常激烈。然而在这种危机四伏的情况下，国内的羊绒企业在建立差异性竞争优势方面还是远远不足。因此，兆君集团的工程技术研究中心应致力于行业基础研究、应用研究等，为行业的快速发展提供强有力的技术支撑。针对国际市场需求，大力提高产品的科技含量，研发具有高附加值的产品，避免价格战，保护兆君品牌形象。

（三）广告促销上是否应该有一致的诉求

广告诉求是商品广告宣传中所要重点强调的内容，俗称"卖点"，它体现了整个广告的宣传策略，往往是广告成败关键之所在。倘若广告诉求选定得当，会对消费者产生强烈的吸引力，激发起消费欲望，从而促使其实施购买商品的行为。而兆君在进行广告宣传时，没有统一的广告诉求，向消费者传达的内容没有形成一致的形象，这样长期下来很难让消费者对该产品形成统一的认同和动机。所以在未来的广告宣传时，兆君应该更多关注一下广告诉求的一致性。

附录：兆君大事记

1993 年，呼和浩特兆兴羊绒制品有限公司成立，注册商标"兆君"。

1996 年，兆君在北京开设了第一家兆君品牌专卖店。

1997 年，兆君荣获"中国十佳最畅销品牌"称号。

1997 年，被中国纤维检验局批准使用"纯羊绒"标志。

1997 年，内蒙古自治区成立 50 周年大庆指定产品。

1998 年，被评为'98 质量月用户满意产品。

1999 年，引进 WODY 工艺制作软件。

1999 年，被评为 99 购物首选品牌前十名、中国十大品牌。

2001 年 9 月，兆君集团占地面积 30 万平方米的新工业园迁入国家级经济园区——呼和浩特盛乐经济园区，与蒙牛乳业毗邻而居。

2002 年 3 月，兆君荣获国家免检产品、中国十大羊绒品牌称号。

2002 年 5 月，成为中央电视台一套 23：00 晚间新闻主持人服装提供商。

2002 年 7 月，国务院西部开发工作组一行 10 多人，来我公司参观访问。

2002 年 8 月，兆君集团全面导入 VI 系统，统一了品牌形象。

2003 年 1 月，公司在日本东京王子酒店举办了"兆君产品专场展示会"，引起巨大轰动。

2003 年，通过 ISO9001 国际质量体系认证。

2003 年 3 月，兆君集团投资 80 万美元与日本著名山羊绒成品经营企业"F&Z 日本株式会社"合资，在日本成立了兆君日本 F&Z 株式会社。

2005 年，被评为首府百姓最满意服装品牌。

2008 年，兆君荣膺中国驰名商标。

2009 年，全国针织服装评比中荣获六项大奖。

2010 年，兆君商标通过了马德里商标国际注册。

第七章　意　林
——土生土长的"洋品牌"

20 世纪 90 年代,粮票刚刚退出历史舞台,进口的东西越来越多,商品种类越来越丰富。当老一辈还在观察和讨论身边惊人的变化的时候,意林的创始人已经抓住了市场经济的力量开始释放的这个好时机,看到了来源于西方的烘焙业的巨大发展潜力,认识到以后人们的生活将不再局限于传统的馒头、煎饼。当时,烘焙业在国内的各大城市已经有了相对成熟的规模,但是产品单一,缺乏竞争力。而且对于当时大部分家庭来说,西饼是一种奢侈品,是消费者出于好奇而产生的感性消费,购买面包主要吃的是味道。意林创始人果断地走向了内蒙古这块还未被激发的广大市场,并在建立初期,立足与国际烘焙业接轨,确立了健康的文化理念,这为意林后来的发展奠定了良好的文化噱头。从一个理念到最终欧式产品的诞生,一个内蒙古的"洋品牌"在不断地成长。

一、公司背景

内蒙古意林食品有限公司(以下简称"意林")成立于 1993 年 11 月,是一家专业生产、销售烘焙食品(以蛋糕类、面包类为主,兼营西餐厅、快餐店)的企业。公司总部及西饼中央工厂坐落在呼和浩特市新城区鸿盛工业园区西区,占地 50 亩,建筑面积 24000 平方米,员工 1000 余人,年营业额近

图 7-1　意林

1亿元。

意林公司产品目前覆盖内蒙古周边的多个省市，尤其是其他分公司建立后，让该品牌的知名度迅速提高。在内蒙古一些城市中，由于烘焙业起步晚，其他企业入驻较晚，前期市场中竞争较小，主要是城市居民已经形成了对意林、好利来等几家入驻多年的西饼店的习惯性依赖，因此相对来说，给后来其他烘焙食品类企业的入驻形成了一定的压力，也为意林的发展提供了机会与市场。由于良好的口味、健康的理念和内蒙古人民自己的品牌形象，让意林在内蒙古尤其是呼和浩特市深深地扎下了根，无形之中占据了领导地位。

内蒙古意林食品有限公司鄂尔多斯分公司成立于1995年，是一家专业化、现代化的业界知名的烘焙实业。意林以生产、销售优质烘焙食品（包括蛋糕类、西点类、面包类）为主，兼营西式餐饮。现意林在鄂尔多斯地区拥有20家专营店。

北京意林食品有限公司三河分公司以及工业园区于2004年投产，建有现代化食品加工厂，占地面积8000平方米，生产车间10000平方米。内蒙古食品加工厂于2000年建成，占地5000平方米。这两个食品加工厂的生产厂房均按照国家制药行业的标准设计，采用全封闭空调净化系统，时空气净化指数达8万级，同时拥有国内最先进的进口生产线，科学生产流程与严格的品质控制系统，是国内食品行业标志性工厂之一。

2010年1月，鄂尔多斯市意林食品有限责任公司申报、筹建国家鄂尔多斯市应急食品国民经济动员中心建设项目。该项目与绿色食品加工基地项目同时开展，2010年底投入运营。建成后全面提高国民经济平稳转换、快速动员、持续保障和综合应急能力，有效地将国民经济动员潜力转化为国防实力，确保国家安全、从容应对突发事件。

茜尔维亚食品有限责任公司是鄂尔多斯市意林食品有限责任公司旗下经营的一家专业从事徒工西点制作、生产、研发及销售的现代化综合性企业，以生产和经营德式西点、蛋糕、面包为主，同时兼营西式餐饮。

茜尔维亚，来源于具有百年历史的德国蛋糕——茜尔维亚蛋糕。经典的茜尔维亚蛋糕，融入了葡萄和葡萄酒的味道，海绵蛋糕与带有葡萄酒味和柠檬的奶油饮料层层相间，率先使用欧式慕斯粉和新西兰天然奶油馅料的有机结合，甄选西欧国家上乘原料，形成了茜尔维亚独特的欧式西点文化。经过百余年的发展，茜尔维亚蛋糕已发展到几十种，得到了世界众多消费者的喜爱。

内蒙古意林食品有限公司张家口分公司成立于 2000 年 2 月，位于河北省张家口市桥东区胜利北路 1 号楼，规模相对较小，信息较少。

自意林成立以来，健康的理念、良好的销售模式和信得过的产品质量，使企业不断地相继获得 HACCP 国际食品安全管理体系；ISO9001：2000 国际质量管理体系；QS 质量体系三大认证企业；中国糕点面包著名品牌；中国优秀饼店；内蒙古著名商标；2005 年、2006 年、2007 年、2008 年首府百姓最满意食品品牌；2007 年、2008 年中国糕点面包最具美誉度品牌等多个国家以及自治区奖项。

二、健康理念

意林是企业的中文标志、企业的注册商标，是 EANIN 的音译。其每个字母都有寓意：Emotion 即情感、情绪，代表高度的事业激情以及工作热忱；Ability 即才干、能力，代表崇尚专业精神、重务实工作能力和创新能力；Natural 即自然的、天然的，代表讲求产品天然健康的内在品质；Italianate 即意大利式，代表原料地道、工艺正统、口味纯正的意大利风格产品；Nutrient 即营养，代表十分在意产品营养科学配比，倡导高品质的生活方式。连起来是 "With all our Emotions and Abilities, we offer the Natural Italianate Nutrients, for a healthy life"，即凝集我们全部的激情和才华，从事以天然有机和意大利风格为特色的营养美食事业，烘焙健康生活。

意林在其生产过程中，与许多长保质期的长线产品不同，一如既往，绝不添加任何香精、色素、防腐剂；一如既往，使用新西兰高级牛油，并保证不含人造反式脂肪酸。主要产品有：意林蛋糕——品味意大利；面包——欧式低糖多谷物面包；月饼和粽子——现产现卖，总之，从生产到销售，从包装到宣传，无不体现着意林健康的营销理念。

三、销售模式

（一）蛋糕店

1. 直营店

意林自建立至今已有多家简约时尚的特色小店。其中呼市有 54 家，包头 20 家，都是直营模式；在鄂尔多斯、包头、乌海、赤峰、乌兰浩特、通辽等地也有加盟店，影响力还在不断地扩大。

所有的店面以淡绿色为主基调，加以爵士风味的装饰，并以优雅气质的城市女性生活为墙面涂鸦来侧面烘托出店面的整体氛围。意林的"形象代言人"更是一个可爱的意大利小女孩，意林的整体形象比较符合女性温柔、高雅等特质，加之意式的轻松氛围，让人们不知不觉地有一种想亲近的欲望，一种国际品牌感油然而生，以满足视觉、健康与美味的需求。

店面的选址更是以城市各主要路段主要路口的街角拐弯处为焦点，以居民区附近主要街道为辅，街角路口可以兼顾四面八方之客，加上独特的装修风格，使其在销售方面也独具优势。

2. 折扣（工厂）店

以呼和浩特市为例，意林的折扣店位于乌兰察布东街，该店内的所有产品以面包为主要产品，与其他直营店相比有 7 折的优惠，该店的规模不大，其主要职能是统筹市内各个直销店内产品。该行业要求有时间的控制与统筹能力，不同店面不同时间的不同产品销售情况每天都在不断地变化，任何一种产品未来的销售情况无法准确预测，如口味、品种等。消费者也在不断地变化，既要满足消费者的消费量，又要使保质期较短的产品达到其利润最大化，这时折扣店应运而生，不仅能使不同销售量的产品在可控的时间内创造其利益，也使部分消费者享受到该实惠。

（二）旗舰店

1. 意林蒙佳大型复式旗舰店

2005年3月，占地540平方米的意林蒙佳大型复式旗舰店正式营业。作为全自治区最大的西饼店，深受广大市民喜爱，占据了同行业强势市场。

2. 茜尔维亚烘焙庄园

茜尔维亚烘焙庄园是茜尔维亚食品有限责任公司首家大型旗舰店。烘焙庄园布局简约、尊贵，处处洋溢着欧洲文化气息，欧洲古典装饰和古典交响乐营造了浓郁的欧洲庄园气氛。同时，烘焙庄园还具备了音乐欣赏、商务洽谈、休闲消费的综合性功能。

茜尔维亚的产品，以健康、绿色、自然、质优为生产原则，将源自天然的原料精工细作，用心为消费者奉献最完美的西点。茜尔维亚西点色泽鲜亮，质地松韧，香气馥郁，是天然的绿色食品。鄂尔多斯市茜尔维亚食品有限责任公司将发展成熟的德式茜尔维亚西点引入鄂尔多斯本土市场，在各种产品的生产过程中绝不添加香精、色素、防腐剂，追求"烘焙——健康生活新滋味"的理念。

"星级品质，尊贵消费"是茜尔维亚产品经营的核心理念，所有人都是茜尔维亚最尊贵的客人，来到茜尔维亚，您会享受到最优质的服务、感受自然品味健康生活。

哈博尔西饼屋是一家全国连锁经营店，主要以欧式装修风格为主体，引自于意大利。经历了10多年的努力，目前已经在华北、华东、西南等地创立了100多家连锁店，立足于国际化发展战略、引领产品潮流。

哈博尔内部包括意林烘焙食品的展示厅，主要有欧式蛋糕、西点、面包、中秋月饼等在内的120多个烘焙品种；休闲餐厅提供各种特色饮品快餐，有咖啡厅、西餐厅等，制作汉堡、比萨、炸鸡翅等。

哈博尔，英语为Harbor，是港湾、海港的意思。在该西饼屋，不论是温馨的环境、优雅的气氛、美味健康的食品，还是高质量的服务，都让消费者难以抗拒，意式休闲的氛围给了哈博尔一个完美的诠释。

四、营销理念

意林蛋糕突破经营的单一形态，完全跳脱传统做法，锁定的主要消费人群为城市女性，该群体对西点面包等产品需求大，而且其拥有强大的消费能力。

其实现如今意林的消费群体不仅仅局限于城市女性，更多的是上班族和学生，尤其是呼和浩特地区，近10多年的发展历程，在这个烘焙起步较晚的都市形成了一种消费习惯。

（一）以健康为基础

绝不添加任何香精、色素、防腐剂，使用新西兰高级牛油，并保证不含人造反式脂肪酸，这是意林一直坚守的健康标准。在意林的店面里，可以随处感受到健康的理念，宣传单可以看到印有的原料介绍，如新西兰罗亿纯天然奶油、奥地利焙烤林面包预拌粉、德国布朗慕司预拌粉、比利时乐道酥油、美国维益植脂奶油、美国卡夫斐力乳酪和瑞士卡玛巧克力等。绿色、健康是现在世界的主旋律，也是未来各行业发展的方向。这种健康、营养、卫生的国际化生活方式为意林的发展打下了一个坚实的基础。

（二）以低调为方式

任何一个第一次看到意林店面或到店消费的人，都不会相信它是从呼和浩特起家的。洋气的店面，稍有些贵但美味的产品，良好的服务，都会让人联想到国外企业或是大城市大企业的连锁店。意林很少以电视、广播、网络、报纸、街头广告等方式进行宣传，许多忠实消费者都不了解该公司的具体情况。这就使众多的消费者在最初的消费时就已经把它定位到高质量、高水平的基准线上，不用再进行其他多余的宣传。这种低调的扩张为其发展发挥了一定的作用，成为它树立"洋品牌"的最大推动力。

（三）以实体为依托

丰富的产品，不断的产品创新，与国际接轨的原料以及产品品种，使消费者能够不断地满足其消费愿望；便利的店面设置，使消费者在任何时间、任何地点都能尽快地找到销售点，不同时间段都能买到需要的产品；舒服的环境，良好的服务，使消费者消费时或消费后都感到一种舒适的感觉和消费者应有的满足感。所有给消费者带来的感觉与感受都会成为它的宣传点，口口相传，不用广告，给消费者带来的真正好处才是实力。而且在呼和浩特工业园区，每周日都可以预约去参观意林工厂，通勤车接送，让意林的工厂展现于众人的监督之中。

五、当前环境分析

（一）烘焙业现状

纵观中国烘焙市场，现在的格局：西北区域以爱里食品公司连锁店形式遍布宁夏、甘肃、青海、新疆、西藏等一二三线城市；东北区域以好利来和桃李面包集团而行销沈阳、吉林、黑龙江等城市；华中以稻香村中点风味的糕饼纵横；克里斯蒂安面包、静安面包、物语面包是行销上海、江浙地区的品牌。

全国各地烘焙业遍地开花：以前店后厂的形式、以中心工厂加工配送的形式、以食品厂为依托而走城乡的形式，已经在全国一二三线甚至四五线城市星罗棋布。

随着西饼店的增多，不论全国还是内蒙古地区，该行业的竞争愈演愈烈。以呼和浩特为例：有成立于 1998 年生产基地同在呼和浩特市的米琪儿西饼；有 2009 年登陆内蒙古目前在呼市已有 10 余家分店的美妍西饼；还有贝多美乐、好利来、情未了等烘焙食品类企业，使得烘焙食品行业呈现出比较激烈的竞争态势。

（二）行业发展趋势

随着生活水平的提高，烘焙食品已经成为都市人生活消费中越来越重要的组成部分。据权威调查显示，近几年我国烘焙食品一直保持在14%的增长，其增长速度远超过食品工业的平均增幅。从2002年统计数据来看，饼干产量达140万吨，糕点达120多万吨（其中月饼60万吨），面包近90万吨。

未来食品发展应该是安全、卫生、营养、保健、回归自然，要适合人们对营养的追求。早在20世纪90年代，营养界对人们就提出"三低一高"的营养结构，即低脂肪、低糖、低盐、高蛋白，这也是烘焙、糖果产品开发的趋势。美国食品消费有十大趋势，即讲究风味、方便、追求新鲜、非常注重健康食品、功能食品、多食果蔬、以吃为乐趣等。欧洲主要国家与美国的趋势差不多，消费者更注意方便与健康。

烘焙产品呈现细化：首先，烘焙食品应该有更细化的产品定位。针对不同消费能力、不同年龄、不同体质的消费者，烘焙企业可以推出特色迥异、不同类别、不同功能的烘焙产品。其次，在原料上，烘焙企业可以把眼光放远，选用富含不同营养物质的谷物、豆类、蛋奶等原料，配合产品定位的不同，用丰富的营养补充各种年龄、体质的消费者之所需。产品的细分终究以市场策略的细分为基础，产品定位、口味、原料、包装等方面终究以企业的品牌定位为主导。为了实现市场策略的差异化，烘焙企业还应该拓展目标消费群体的范围，明确品牌定位。

（三）竞争优劣势

1. 产品情况

（1）健康。意林生产面包、西点所用油脂全部为新西兰纯天然奶油，而非绝大多数企业广泛使用的人造奶油。人造奶油是由植物油脂经氢化反应后制成的，而氢化反应所产生的反式脂肪酸是国际公认的心血管疾病的诱因之一，但国内并没有相关关于反式脂肪酸的标准。因此，意林食品不含人造反式脂肪酸。与许多长保质期的产品不同，意林在生产过程中绝不添加任何香精、色素、防腐剂，产品保质期大多只有3天，3天内没有售出都退回公司销毁。

（2）营养。追求最高品质是意林一贯的理念。意林大量使用进口高级生产原料组织生产，特别是生产所用液体"非蛋即奶"，即生产西点类产品的液体全部使用鸡蛋，生产面包类产品的液体全部使用牛奶，尤其是在"三聚氰胺事件"后，意林把原用奶粉的产品改为牛奶。意林倡导均衡营养的概念，采用荷兰杂粮预拌粉生产的纯正欧式杂粮面包，在意林产品结构里有着举足轻重的地位。

（3）卫生。意林强调自己的产品是工厂产品，而非作坊出品，而且意林的生产工厂一直是同行观摩的热点。拥有 GMP 标准工业厂房：避鼠门—气闭门—指纹门禁系统—防蝇通道—更衣室—风淋室—洗消间—生产车间（部分产品恒温生产车间）—规模批量半成品生产—深冷速冻—即用即烤—低温包装车间全自动包装机充氮包装—低温成品库—企业自备检验室生产全程检控—产品全部经金属检验机检验出厂。拥有全套瑞士 RONDO DOGE 起酥面包生产线、全套意大利 ESMACH 吐司面包生产线、日本 MASDAC 全自动包馅类产品生产线、中国台湾阳政面包生产线、日本 MASDAC 铜锣烧生产设备、瑞典 Sveba Dahlen 烘烤系统。工业化生产，使得卫生更有保障，品质更加稳定。

（4）产品品质创新。意林从创办至今，在产品品质方面有很多创新与改进，以蛋糕为例，从最原始的奶油蛋糕到缤纷的水果蛋糕再到低脂的慕斯蛋糕，迎合了顾客对产品多样化和低脂的系列需求。但近来在产品品质方面创新较少。根据问卷调查结果显示，产品品质方面创新与改进少是顾客选择购买其他公司产品的主要原因之一。

（5）产品多样化。意林是意式美味、林林总总的缩写。意林产品涉及蛋糕、面包、月饼、粽子四类，每类产品都有很多不同形式的产品，但产品种类创新速度慢，不能满足现代多样化的需求。根据问卷调查结果显示，产品多样化方面不足也是顾客选择购买其他公司产品的主要原因之一。

2. 便利情况

意林有多家大型复式旗舰店和简约时尚的特色小店，根据顾客购物特点，在商业区、写字楼等办公集中区以及校园集中区周边的位置大多开设复式旗舰店，在住宅区、校园周边大多开设特色小店。迎合不同顾客的需求，为顾客提供便利的消费通道，但是这仅限个别城市。

3. 环境情况

意林店面在装修风格上比较统一，给顾客营造一种干净、简洁、典雅的氛围。但在店面装修的规格上有很大差距，有的店面很高档。有的很平常，这会扰乱意林品牌在人脑中形成的定位。

4. 服务情况

意林在不同的店面服务水平亦不一致，同样会影响顾客对意林的印象。

5. 价格情况

意林为了保证产品的高品质，不追求廉价，而是合理的、稳定的价格。每年只在几个重大的节日和店庆期间进行促销活动，也有些结合地区特色的产品，但活动力度和影响面较小，活动类型也较单一。

6. 沟通情况

意林很少以电视、广播、网络、报纸、街头广告等方式进行宣传，就目前意林的自身情况，没有必要过多地进行宣传。但互联网的发展和普及，网络渠道的建立和运用，未来电子商务是一块很大的蛋糕。意林作为中国糕点面包著名品牌，在业界有很高的知名度。但在网站建设方面一直处于被动状态，使用技术落后，没有后台管理系统，并且网站运营维护长时间停滞。相比好利来等全国知名烘焙企业，不论在网站建设还是网上商城的便利性方面，意林还有很大的差距。就在 2011 年底，意林网站以新的面貌面向广大顾客，其服务更快、更便捷、更周到。

六、品牌发展思考与讨论

意林，作为内蒙古的民族企业，正在以良好的势头不间断地发展，但是，在竞争日益激烈以及顾客要求更高的今天，如何在看似饱和的市场中占据一席之地，还有许多问题要面对。

（一）如何在自治区外继续自己的美味扩张

随着竞争对手的增加与质量的提升，意林在产品品质上渐渐不占优势，需要进行定位点的重新选择，意林企业必须有针对性地打造竞争优势。现以健康为基准，但相对价格较高，并且进入那些已有成熟烘焙业的城市还相对欠缺竞争力。

（二）竞争优势

意林不可能在所有的营销组合要素上都优于竞争对手，这要求企业必须有所侧重地打造自己的竞争优势，与同行业相比，形成差异化。不仅仅在产品方面，在企业文化建设、文化传播等方面也应形成自身的特点。

（三）食品安全

在食品安全逐渐成为大家视线中的重点的时候，不论在原料、生产过程、包装要求以及庞大的销售等环节上，如何一直保持高质量的标准，也是一大难题。

图 7-2 意林蛋糕博物馆

第八章 蒙 清
——有机食品的明日之星

在呼和浩特市的清水河县，有个曾被称为"贫困村、问题村"的地方。这是年人均收入不足 700 元、基础设施落后、外债高筑的地方，许多村里的孩子因为家境贫困而失学。这个村庄叫作高茂泉村。然而，因为一个人的出现，高茂泉村的情况被彻底地改变了，它成了清水河县有名的"致富村"，这个人就是刘三堂，一个锐意进取、挑战命运的人。他不仅改变了自己，改变了全村，甚至影响了全县的致富。那么，他是如何从一名赤脚医生成为"小香米之父"，进而成为一个农民企业家的呢？他一手创立的蒙清小香米有限责任公司，在他的带领下，又有着怎样的发展和改变呢？

一、公司背景

内蒙古蒙清农业科技开发有限责任公司（以下简称"蒙清"）：前身是内蒙古清水河县蒙清小香米有限责任公司，创立于 2005 年 10 月，短短几年时间已经发展成集小香米、杂粮产业、种植业、餐饮、新农村旅游开发及贸易

图 8-1　蒙清农业

为一体，资产上亿元的农业立体式发展的综合企业。公司组织成立了内蒙古谷之味绿色餐饮管理有限责任公司、天津明讯产品设计创意公司、呼和浩特蒙清农畜产品专业合作社、呼和浩特市小香米专业技术协会。

蒙清是专门从事绿色有机食品生产及加工的农业产业化重点龙头企业。公司集研究、培育、种植、加工、贸易为一体，主打产品刘三堂"蒙清"小香米、莜麦、荞麦、糜子、山茶等9种杂粮系列产品均已获农业部中绿华夏有机食品权威认证，中国绿色食品发展中心认证其为AA+级绿色食品。

"蒙清"小香米系列杂粮是由全国人大代表、高级农艺师、全国优秀医师刘三堂先生经多年专业育种、研发而成。目前公司在内蒙古拥有5万亩有机绿色农场和5万亩一年转换期有机农场。内蒙古清水河地处北纬45°，黄土高原北缘，海拔高，温差大，日照时间长，属典型的温带大陆性季风气候，是世界上最适宜小香米等杂粮的生长环境。农场采用三年轮作换茬耕种，从种植到加工每一道工艺都有农艺专家精心指导，以确保每一粒小香米等杂粮颗粒饱满，馥郁可口。

公司专门成立了一支膳食专家组，紧跟国际健康饮食潮流，依据人体机理健康运行所需营养的科学搭配，潜心研究出"蒙清"系列杂粮有机食品，并相应推出合理的膳食搭配，深受时尚一族、酒色一族、失眠一族及体弱老幼孕产妇人群的欢迎。

公司以带给消费者营养、健康、绿色、时尚的食品为宗旨，以"诚信经营，以质取胜"为基点，坚持"团结奋进、求实发展、创造完美、奉献社会"的企业精神，抓住机遇，锐意进取，致力于打造现代都市生活营养、健康、时尚的有机绿色食品品牌。公司注重企业信誉严抓产品质量关，在确保产品畅销国内的同时，正积极开拓海外市场，并真诚期待与业界有志同仁的合作。

企业现有高级专业技术员10人，管理人员32人，职工103人。其中80%具有本科以上学历。企业经营效益较高，信誉良好，有多年项目实践经验。

二、蒙清创始人——刘三堂

（一）赤脚医生

20世纪50年代初，刘三堂出生于内蒙古清水河县一个贫穷的小山村——高茂泉村，因在家中排名第三，父母为他取名"三堂"。这里是有名的"国贫乡"，村民们祖祖辈辈居住在低矮潮湿、昏暗破旧的窑洞里，生活条件恶劣，多年来缺医少药。看着饱受病痛折磨而得不到及时医治的乡亲们，刘三堂心中非常酸楚，他梦想着将来要读医科大学，要为乡亲们解除疾病。但"文革"的历史大背景使他的愿望未能实现。

秉性执着的刘三堂，一看走科班求学不成，转而开始自学中医。从《黄帝内经》到《本草纲目》，从穴位针灸到草药配制，他将中医从理论到实践苦心研读，终于学出了名堂，学到了本领，可以给乡亲们看病了。以往乡亲们得了病，很难请到大夫，就算请来了，这"远方的来客"也往往摆着架子，不先诊治病人，而是先喝茶抽烟，讨价还价，这让乡亲们既痛心又别无选择。刘三堂却开了先河：他有请必到，无论刮风下雨，天寒酷暑，只要听到哪里需要出诊，他二话不说，放下手里的一切提起药箱就出发。到了病人家中，他是先治病，后收费，而对生活困难的村民，他更是不收任何费用，免费治疗。因他的医术好、医德正，他的名声很快传遍了十里八乡，乡亲们十分感激他，也非常尊敬他，不约而同地称呼他为"三先生"。随着他行医足迹越踏越广，刘三堂这个被称作"三先生"的赤脚医生，在家乡成了无人不知、无人不晓的人物。

多年行医实践使刘三堂总结了一套由表及里、由内到外的治疗方法，对病人不仅从药疗上全力投入，还配以心理疏导、精神抚慰，从而取得前所未有的效果。

刘三堂的人生信条中没有"故步自封"一说，他总是不断进取。到20世纪80年代，刘三堂进修深造的愿望终于实现了，他来到了梦寐以求的北京中医学院，通过3年中西医理论的深入学习，他的功底更扎实了。回乡后，他先后两次被评为"全国优秀乡村医生"。

（二）村党支部书记

随着刘三堂知名度的扩大，他的威望也越来越高。1994年高茂泉的村民一致推选他为村党支部书记。从"赤脚医生"到村党支部书记，这是一个"角色"的转换，前者意味着个体，后者则意味着整体。尽管村支书是个小得不能再小的"官"，但是，这样一个芝麻官也同样意味着责任，那就是带领乡亲们过上好日子的责任。

"新官上任三把火"。与以往不同的是，刘三堂所点燃的三把火是为乡亲们实实在在地做了三件实事。高茂泉村是全县有名的"贫困村"、"问题村"，过去，年人均收入不足 700 元，基础设施落后，外债高筑，许多村里的孩子因家境贫困而失学。刘三堂回忆说：当年，他与结发妻子张伟凤相恋五年，终于喜结良缘时，陪伴他们共同度过"洞房花烛夜"的两件"家具"是红纸包裹下的两个纸盒箱，一个装着两副碗筷，一个装着日常杂物。

穷则需思变。刘三堂做了村支书后首先调整了领导班子，统一了认识，并将脱贫致富列为头等大事，随即制定出三年规划。第一年，他引进了覆膜技术，搞地膜覆盖玉米套种平菇、蔬菜、搭架西瓜，到了秋天，每亩纯收入增加至 2000 多元；第二年，他实施了玉米秸秆青贮、微贮、氨化和舍饲技术，发展肥羊养殖业；第三年他又发展经济林和用材林。与此同时，本着"要想富先修路"的思想，他为全村修筑了直通国道全长 10 公里的柏油路。

思路决定出路，观念决定贫富。刘三堂是个有理想、有追求、有超前观念的人，三年下来，他带领着全村乡亲致富已经取得了初步的成果，但他没有满足现状，他还要在成功的路上继续摸索。

多年的临床医疗实践让刘三堂得出一个结论：许多"富贵病"都是因为长期膳食结构不均衡所造成的，而得病的真正原因之一，就是因为缺乏某些关键营养素。只要人们保持膳食均衡，自然就能少生病。补充膳食营养的一个关键要素就是食补。他发现各种富含矿物质、膳食纤维、维生素的小杂粮一直得不到人们的重视。于是，刘三堂一边当村官，一边在种植上下功夫。在玉米、小米以及五谷杂粮中，他发现了小米富含人体所需要的多种维生素、矿物质、氨基酸、蛋白质，更让刘三堂惊奇不已的是，小米的色氨酸含量在所有谷物中独占鳌头，具有抗衰老、美容等功效，同时对高血压、高血脂等病也有很好的防治作用，有"五谷之首"的美称。为此，刘三堂激动得几个晚上都睡不着觉。高兴之余，刘三堂果断地做出了他人生中最具有转折意义的事情，那就是开始培育小香米。

（三）小香米之父

1996 年，清水河县的一位县长去延安地区参观学习，回来时给刘三堂带回一包小米种子，为检验其在当地的适应性，他将种子按旱地与水浇地、清明节前后与谷雨前后、覆膜与露天六种情况分别播种。到秋天，一个穗大粒满、秸秆挺拔的优良品种诞生了。良种选育出来了，刘三堂继续精益求精。经检测，这种秸秆挺拔的"优良品种"糖分大，容易招虫害，会影响作物生长。如果采用传统农药杀虫方式，就会对作物造成化学污染。此时，刘三堂的中医师本领又派上了新的用途，他突发奇想，用中草药浸泡种子，竟取得意想不到的效果。

刘三堂培育的小米，不施化肥，只用农家肥，不打农药，采用中草药除虫，可谓是纯天然绿色食品，正顺应了当今人们崇尚绿色环保，由温饱转向保健的食品消费观。该新品种不仅产量高，而且颗粒小，颜色金黄，米质细腻，精黏度强，入口碱味浓。因其抗病能力强，熬出的粥香醇味美，口感极佳，刘三堂将其命名为"小香米"。

为了进一步确立小香米的"身价"，刘三堂带着小香米的样品来到内蒙古农科院做科学鉴定。实验证明：小香米营养价值极高，不仅富含蛋白质和钙、铁、锌、硒等多种微量元素，还具备人体必需的17种氨基酸，是不含任何化学污染的天然绿色食品，从此"小香米"品牌一炮打响。

在内蒙古自治区九届人代会上，刘三堂在会上专门针对小香米作了重要发言。为了让大家认识小香米的与众不同，刘三堂给到会的每位代表送了几袋小香米。从此，小香米就以礼品的形式在内蒙古推广开来。同时小香米的大丰收得到了当地县政府、县科技局的重视，小香米从1998年开始在全县范围内推广。

（四）人大代表

作为清水河县高茂泉村党支部书记、"蒙清小香米"之父，2009年，刘三堂当选为全国第十一届二次会议人大代表。当选为全国人大代表，用刘三堂的话说，不仅意味着光荣，而且意味着肩上的责任更重了。

刘三堂有着多年自治区人大代表资历，对代表履职有着丰富的经验。当选全国人大代表后，他一刻也不敢休息。他说：春节过后我每天都在整理建议，了解农民心声，这次带到大会的9个建议都被列入了大会答复建议，特别是"关于大力支持能人返乡创业创新建设社会主义新农村的建议"，得到了许多农民代表的支持。刘三堂说，作为一名人大代表，自己就是政府和人民之间的"传声筒"，把群众的呼声带到会上并把"两会"的精神传达给群众是他的责任和义务。

三、蒙清的多元化发展

蒙清小香米有限责任公司成立于 2000 年。成立之初其研发、种植、生产、加工、销售一条龙的产业化经营模式已形成，拥有小香米种植基地和小香米精加工厂。在 10 余年的发展过程中，公司主打产品由刘三堂"蒙清"小香米延伸到莜麦、荞麦、糜子、山茶等 9 种有机杂粮系列产品，在农业产业化过程中硕果累累，并进一步将目光锁定于养殖、餐饮、新农村旅游开发贸易等方面，致力于打造一个农业立体式发展的综合企业。2010 年，蒙清小香米有限责任公司正式更名为蒙清农业科技开发责任有限公司。

目前，公司下属企业有：蒙清绿色有机农庄；谷之味绿色餐饮管理有限责任公司；呼和浩特蒙清农畜产品专业合作社；呼和浩特市小香米专业技术协会；天津明讯产品创意设计有限公司。

（一）蒙清绿色有机农庄

蒙清绿色有机农庄成立于 2007 年，拥有 5 万亩有机农场和 5 万亩一年转换期有机农场。农庄依托高茂泉新农村得天独厚的地理环境，采用轮耕换茬、三年轮作的有机种植标准体系，保证农作物充分吸收土壤养料，确保杂粮品质。蒙清农庄主要用于种植蒙清小香米及其他有机杂粮产品，并建立了反季节性蔬菜瓜果种植基地。随着公司市场及影响力的扩大，目前，蒙清农庄已成为一个集特色餐饮、垂钓、住宿、农业种植采摘、休闲旅游于一体的多功能生态基地，真正体现了自我参与、自我体验的特色，是都市大众感受乡村野趣和纯朴民风，在休闲娱乐度假中了解自然科学的好去处。

（二）谷之味绿色餐饮管理有限责任公司

2008 年，首家谷之味餐饮连锁店正式开业。
2010 年，谷之味餐饮旗舰店成立。
谷之味绿色餐饮立足于蒙清农庄基础之上，是内蒙古第一家绿色餐饮公司，它率先实现了从农庄到城市餐桌的餐饮安全管理理念，餐厅的谷物原料全部来自蒙清农庄生产的绿色、有机食品。豆腐、粉条由清水河当地农民使用的蒙清农庄原料做成。猪、羊等肉类产品全部是清水河县农民养殖的。蒙清小香米公司与农民签订协议以保证其所提供的猪、羊等农副产品均绿色无公害。在菜品选择上，提倡"平衡膳食，均衡营养"。致力于打造"城市人的绿色厨房"。以小香米及有机杂粮为主料的营养膳食粥，是"谷之味"营养餐的一大特色。

2010 年，蒙清集团·谷之味绿色餐饮旗舰店应邀参加了"2010 首届国际餐饮低碳环保经济论坛"即"中华餐饮文化美食表演赛"。大赛中，由谷之味绿色餐饮旗舰店总经理关应秋先生带领的参赛人员均获大奖，获奖菜品有小米皇扣辽参、茶香绿豆糕、雀巢南瓜球等。而获奖菜品中，主料均来自于蒙清农庄，包括小香米、荞麦、燕麦、绿豆、黄豆等系列杂粮。

谷之味绿色餐饮旗舰店本着"五无、三优"的原则面向广大市民。"五无"即：无荤油、无味精、无化学色素、无化学香料、无污染；"三优"即：首家引入多层过滤水、更安全、更卫生。

（三）呼和浩特蒙清农畜产品专业合作社（友联养殖有限责任公司）

公司坐落于呼和浩特市赛罕区金河镇，是集肉牛良种养殖基地、屠宰加工、市场营销及相关休闲旅游服务为一体的肉牛产业化龙头企业。公司拥有 1300 亩优质牧场，牧场采用现代喷灌设施，养殖西门塔尔、夏洛莱、利木赞等优良品种肉牛。同时以牧场的肉牛加工为龙头，带动绿色饲料加工、畜牧产品研制的现代牧场园区。友联肉品都经严格的检疫，其营养、卫生、安全、鲜嫩。

友联牧场农家乐餐饮是依托于赛罕区金河镇独特的地理条件和牧场的资源而兴建的集特色餐饮、垂钓、住宿、自然科普、绿色作物种植、休闲于一体的多功能生态科普教育和休闲旅游区。该项目体现了自然参与、自我体验、自我享受的农家生活理念，是一个在休闲娱乐度假中了解自然、感受农家、牧场生活乐趣的理想场所。

（四）呼和浩特市小香米专业技术协会

小香米专业技术协会主要致力于小香米的发展推广。目前，该协会有会员62 人，拥有办公及精加工厂房 400 多平方米，固定资产 32 万元、流动资金 35

万元。产品"蒙清"小香米销路畅通，不仅在内蒙古，而且在山西、上海、成都、北京、深圳等地都打开了销路。

蒙清人秉着尊重自然、以人为本、和谐发展的发展理念，以"创导生命健康，倾注绿色生活"为己任奉献社会。凭借精致的产品和贴心的服务，志在将"蒙清"打造成为绿色、营养、健康的百年绿色品牌。

四、蒙清产品营销策略

（一）产品策略

1. 中高端市场的现代有机食品定位

有机食品市场划分为三个层次：一是低端的用户，该类用户首先看中的是产品的性价比，价格占主导地位，其次才是其营养价值；二是中端的用户，这类用户比较注重产品的营养价值，希望获得放心的无污染产品；三是高端的用户，该类用户除具有中端用户的特点外，还对产品的品牌有一定的需求，希望可以通过使用品牌来彰显自己的身份。由于蒙清有机食品的生产特点决定了其价格无法满足低端用户的市场的低价需求，因此蒙清产品主要致力于占领中高端消费者的心智资源，将蒙清打造成集营养价值和品牌影响力于一体的现代有机食品。

2. 蒙清的产品系列

（1）刘三堂"蒙清"小香米。

刘三堂"蒙清"小香米由内蒙古自治区优秀农艺师、医师刘三堂先生经多年专业育种培育而成。农场采用三年轮作换茬耕种，从种植到加工每道工艺都有农艺专家的精心指导，以确保每一粒小香米颗粒饱满，馥郁可口。蒙清小香米营养丰富，富含人体所必需的多种维生素、氨基酸、矿物质、蛋白质等，其色氨酸含量在所有谷类物中独占鳌头。

刘三堂"蒙清"小香米与其他小米的区别：

生长环境独特：内蒙古清水河地处黄土高原北缘，海拔高，温差大，日照时间长，为典型的温带大陆性季风气候，是世界上最适宜小香米生长的环境。

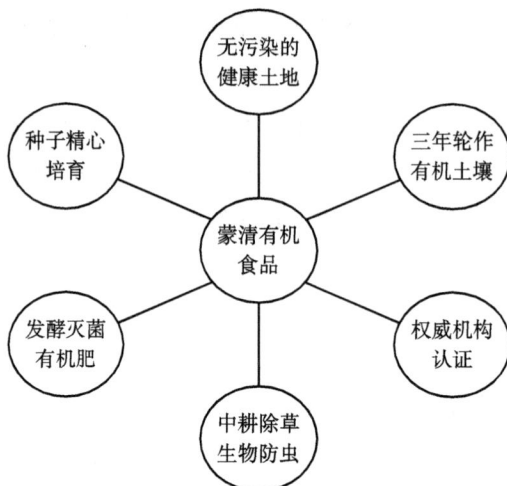

图 8-2　蒙清有机食品的特点

生长周期长：普通小米生长周期仅为 80 天，而"蒙清"小香米生长周期为 145~150 天，日照时间长，因此米质更细腻，口感更香甜，营养价值比普通小米高 2~3 倍。

采用有机农场种植：不施化肥、农药，不使用激素、转基因技术，不采用辐射处理，保证了小香米的纯天然原汁原味。

加工设备一流，免淘洗。小米的营养大部分集中在胚芽上，而"蒙清"小香米的胚芽是普通小米的 2~3 倍。蒙清小香米采用国内一流的加工设备，最大限度地保证小米的胚芽和粗纤维，营养更丰富、更全面；同时一流的加工设备保证了产品的质量和清洁度，食用时尽可免淘洗。

（2）其他杂粮食品。

精致系列：蒙清红小豆、蒙清有机绿豆、蒙清八宝米、蒙清有机豌豆、蒙清黑米、蒙清有机黄豆、蒙清黑豆、蒙清有机玉米糁子（黄）、蒙清薏米、有机山茶、蒙清玉米、蒙清糯玉米、蒙清马铃薯、蒙清豇豆、蒙清黄米面、蒙清黍子、蒙清糜子、蒙清莜麦、蒙清荞麦、蒙清金米……

（3）高档礼盒系列。

蒙清·谷之味中秋礼——团圆、蒙清·谷之味中秋礼——吉祥、蒙清·谷之味中秋礼——富贵、蒙清·谷之味中秋礼——至尊、一品豆面、蒙清清凉——夏礼盒、蒙清农庄特蔬基地绿色蔬菜、蒙清绿豆膳、杂粮礼盒……

刘三堂"蒙清"有机食品中的每一种食物，都有明确的身份证明。具体什么时候生产的，产自哪个农场等信息都有详细记录，且每种食品都经过专门的独立机构认证。其中，小香米被农业部中绿华夏认证为有机食品，被中国绿色食品发展中心认证为"AA+"级绿色食品，使消费者买得放心，吃得放心。

（二）定价策略

"蒙清"有机食品的价格处于中高档水平（见表8-1），其主要原因是由于蒙清有机食品自身的产品定位以及其特殊的培育工艺所带来的高成本。"蒙清"有机食品遵循自然的生长规律，生长时间比普通食品要长得多；"蒙清"有机食品不用化肥、激素催生助长，产量比普通食品要低很多；"蒙清"有机食品对生产、加工条件限制苛刻，设备、物料投入比普通食品要大得多；"蒙清"有机食品在除草环节要使用人工，人力成本比使用除草剂的普通食品要高许多；"蒙清"有机食品在防虫上要采用土地轮作和中草药预防，成本要高于普通食品。

表8-1 "蒙清"有机食品部分产品价格

产品系列	产品名称	规格（克）	价格（元）
"蒙清"小香米	"蒙清"小香米（500克）袋装	500	8.5
	"蒙清"小香米（1000克）袋装	1000	16
	"蒙清"有机小香米（900克）	900	18
"蒙清"礼盒	"蒙清"面面俱到礼盒（杂粮面）	4400	92
	"蒙清"健康组盒（杂粮）	3200	138
	"蒙清"香米礼盒（香米）	3600	196
"蒙清"杂粮	"蒙清"绿豆袋装	360	12
	"蒙清"红小豆袋装	360	10
	"蒙清"燕麦米袋装	360	7

（三）渠道策略

早在2005年，蒙清有机食品上市之初，首先采用了进驻实体卖场终端的策略。由于蒙清有机食品的独特品质和科学产品分类策略，产品一经上市，就打开了销路。但是，蒙清不满足于只在实体卖场进行产品的销售，在营销渠道上，还进行了大胆的探索。

蒙清早就注意到网络对于一个品牌的宣传作用和销售促进作用，并且很早就在网上销售自己的产品。蒙清在网上的销售除了零售以外，还进行批发销售。这样的销售尝试，不仅给企业打开了一条新的销售渠道，而且很好地宣传了本公司的产品，成为蒙清在实体卖场的销售助力。

除了对网络销售进行探索以外，蒙清还开辟了另一种销售渠道，即自办体验农庄和餐饮公司，将消费者请进来做客。这是一种十分新颖的销售渠道，将蒙清的有机食品烹饪销售，使消费者既体验到了有机农场怡人的风土人情，又增加了蒙清有机食品的销售渠道。

（四）促销策略

蒙清有机食品紧紧抓住产品的高营养、无公害的特点大做文章，针对不同的消费需求进行了良好的宣传。

（1）丽人篇。刘三堂"蒙清"有机食品在生长过程中，不使用化肥、激素催长，保证其充足的生长周期和日照时间，甚至连土壤的酸碱度都有限制。正是这样严格的生长要求，一方面，保证了产品的高品质、高营养，例如女人吃了，能起到美白、补水、去皱纹的效果；另一方面，人不会受激素和化肥中的氮素、亚硝酸、氯唑磷等有毒物质的侵害，保证正常排除体内毒素，使人吸收更多、更全面的营养，并有效防止皮肤老化。

（2）有机篇。刘三堂"蒙清"有机食品，是用心种植出来的安全的食品、营养的食品、美味的食品。目前，我国食品分为无公害食品、绿色食品和有机食品三个类别，其中有机食品是最高级的食品（见图8-3）。而无公害食品、绿色食品就是我们生活中常见的普通食品，与有机食品有着本质的区别（见表8-2）。

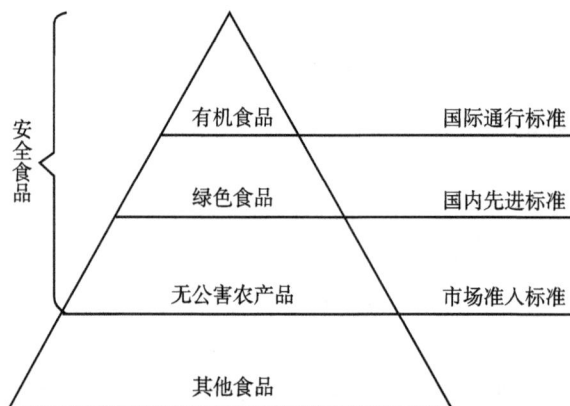

图8-3　食品金字塔分布图

表 8-2　绿色食品、无公害食品与有机食品的区别

	种植、养殖过程	认证机构	对人的健康影响
有机食品	不使用任何农药、化肥、激素、食品添加剂和转基因种子	由国家认监委批准的独立认证机构，经严格调查合格后，方可给予有机认证证书，是食品的最高级别	非常安全，非常营养，非常美味
绿色食品	使用较少农药、化肥、激素、允许食品添加剂和转基因种子	由各省绿色食品机构委托下属管理机构调查、颁发绿色食品证书	安全、营养、口感均一般
无公害食品	使用一定农药、化肥、激素、不限制食品添加剂和转基因种子	由县级农业主管部门调查检测，是食品准入市场的最低标准	基本上能防止急性中毒，但会造成慢性中毒

（3）长寿篇。食用刘三堂"蒙清"有机食品可有效消除疾病隐患，预防疾病发生。

农药、化肥中的氮素、亚硝酸、氯唑磷等物质会导致癌症、高血压、冠心病、脑中风、偏瘫等疾病。普通食品中的铅、汞等重金属，更会引发老年人常见的痴呆、耳聋、耳鸣、白内障等神经系统疾病。而经常食用刘三堂"蒙清"有机食品的老人，不用再受农药、化肥、重金属的侵害，也不用担心那些恼人的病痛缠身了。

刘三堂"蒙清"有机食品富含钙、铁、锌、硒、维生素等营养物质，其含量通常是普通食品的好几倍。比如有机蔬菜中的水杨酸含量是普通蔬菜的 6 倍。多吃刘三堂"蒙清"有机蔬菜，能获取足够多的水杨酸，有效防止动脉硬化、肠癌及各类炎症。有机鸡蛋中的卵磷脂含量是普通鸡蛋的 5 倍，常吃刘三堂"蒙清"有机鸡蛋就能获取更多卵磷脂，有效清除血液中有毒有害物质，延缓器官老化，消除细胞病变，降低中风、心脏病、高血压、心脑管及癌症等疾病的发生。

（4）妊娠篇。医学证实：孕妇对维生素、微量元素和矿物质的需求量是常人的 2~3 倍。因此，普通食品根本不可能满足孕妇对营养的需求。刘三堂"蒙清"有机食品营养物质含量比普通食品普遍高出 80%，孕妇吃刘三堂"蒙清"有机食品，不仅母体不会缺乏营养，还能充分供给婴儿。

（5）成功篇。刘三堂"蒙清"有机食品保证动植物的自然生长规律，所以绝对安全且营养充足，对于繁忙工作、疲劳作业、压力过大的人来说，无疑是难得的健康食品。比如，多食刘三堂"蒙清"有机蔬菜、刘三堂"蒙清"有机柑橘，能摄取充足的维生素 C。多吃刘三堂"蒙清"有机糙米、刘三堂"蒙清"有机豌

豆和刘三堂"蒙清"有机腰果，能补充充足的维生素 E 和维生素 B1。当然，普通食品里也含有这些营养物质，但是含量少得多。

五、关于蒙清的思考和探讨

（一）品牌定位与传播

品牌定位的目的是有效地建立品牌与竞争者之间的差异性，在消费者心中占据一个与众不同的地位。"蒙清"的定位以绿色、健康、安全为主，与其他有机食品的定位基本一致，那么，如何使蒙清脱颖而出呢？

品牌传播就是利用传播媒体进行品牌资讯传递的过程。主要方式有广告、公关、销售促进等。"蒙清"的广告宣传比较贫乏，没有标志性的广告语，整个品牌给消费者的印象缺乏活力；"蒙清"产品几乎没有促销活动，这也使得"蒙清"不能拉近与消费者之间的距离。蒙清应考虑在品牌的定位、宣传语以及促销传播上加大力度。

（二）品牌延伸是否合理

2005 年，"蒙清"小香米问世。接下来，"蒙清"推出了一系列有机产品。除此之外，"蒙清"还建立起以休闲娱乐为一体的旅游区和餐饮公司，这无疑加大了蒙清品牌清晰定位的难度。在"蒙清"有机食品品牌形象还没有完全建立的时候，如此的品牌延伸步伐是否稳妥？应如何调整蒙清品牌延伸的结构？值得"蒙清"接下来进一步探索。

附录：企业荣誉

2006 年，中国绿色食品 2006 上海博览会畅销产品奖。

2006 年，呼和浩特市农牧业产业化重点龙头企业。

2008 年，内蒙古绿色产业发展中心评为绿色产业示范基地。

2007 年，评为内蒙古著名商标。

2007 年，呼和浩特市保护消费者权益联合会评为消费者信得过单位。

2007 年，获得呼和浩特市重点民营企业称号。

2011 年，被评为第七届首府百姓最满意的农产品品牌。

第九章　现代牧业
——走出乳业新模式

　　2011 年 5 月，现代牧业是入选《环球时报》全球 50 家"最受关注的中国企业"中唯一一家食品类企业，一时间国内大众对其关注陡增。当它悄然展现在大家的面前，已然形成了独特的现代牧业模式。本部分共分三个板块对现代牧业的企业成长、先进的运营管理技术以及现代牧业自有品牌建设的独特营销方式进行详细阐述，力争全面描摹出现代牧业传奇的发展脉络。

一、公司背景

　　2011 年 5 月，《环球时报》评选出全球 50 家"最受关注的中国企业"，其中有 30 多家是国字头的大型央企。而在仅有的十几家民营企业中，现代牧业集团作为唯一一家食品类企业悄然入选，引

图 9-1　现代牧业

发了国内大众的广泛关注。现代牧业并不是国内大众十分熟悉的企业，却不可思议地在国际上拥有着如此强大的影响力，它是一家什么样的企业？帷幕渐渐拉开，当这家略显神秘的企业从台后走到台前时，已然形成了独特的现代牧业模式。

　　有人说，现代牧业的产生是一个偶然，因为现代牧业是蒙牛的"墙外之花"。2004 年，蒙牛乳业上市，2005 年蒙牛集团总收入达到 108 亿元。上市给蒙牛带来了雄厚的现金流，却也在一定程度上束缚了蒙牛的发展方向。2005 年，蒙牛

日需牛奶已达到 10000 吨，如此一个乳业的巨无霸，其奶源地自建几乎为空白。蒙牛不是没有意识到这种状况的潜在风险，但境外投资者反对蒙牛涉足奶牛养殖业，原因是奶牛养殖业投入大、风险高。一般来讲，建一个像样的牧场，投资要 7 亿多元，年产牛奶却只有 300 多吨，而只要拿 2.5 亿元，就可以做一个年加工 800 吨的工厂。对于利润最大化的追逐和对风险的趋避促使投资者打碎了蒙牛发展自有牧场的构思。这也为三年后，蒙牛陷入"三聚氰胺事件"埋下了隐患。

时任蒙牛集团副总裁的邓九强对此表示出深深的忧虑："国内乳品的加工能力在世界上都是一流的，但这么多年做下来之后，我们感到压力最大的就是奶源，这方面与国外的差距太大。一个大品牌，把自己放在脆弱的奶源基础上，是件很危险的事。"

一个偶然的机会，使得邓九强得以顺延着他的这个思路走了下去，现代牧业也从此诞生了。2005 年，蒙牛进军安徽，负责蒙牛马鞍山项目的正是邓九强。建新厂需要解决奶源问题，而安徽奶牛养殖业却欠发达。有人提议，由蒙牛从国外引进良种奶牛，再交给农户去养。邓九强果断地否决了这个提议。他认为，集约化的养殖才是最好的解决办法。邓九强提议建设万头级牧场，但是，提议一经提出，就遭到了专家以及投资机构的一致反对。面对一片反对声，邓九强并没有动摇，他说：美国 1 万头的牧场有，2 万头的牧场也有，而且都建设得很好。由此他断定，建设万头级牧场是可行的。为了建设起牧场，邓九强在蒙牛中高层管理人员、销售商和供应商中募集到 6800 万元资金，又争取到马鞍山地方政府的各方面支持。于 2005 年 9 月，在马鞍山注册成立了领先牧业——现代牧业的前身。

2008 年，一场"三聚氰胺事件"使大牧场一夜之间成名。事件发生后，国家发改委和工信部联合发布了《乳制品工业产业政策 2009 版》，修改了奶源地建设门槛，明确指出，进入乳制品工业的出资人必须具有稳定可控的奶源基地；新建乳制品加工项目稳定可控的奶源基地产生鲜乳数量，不低于加工能力的 40%；改扩建项目不低于原有加工能力的 75%。在这种趋势下，2008 年 5 月，"马鞍山现代牧业"注册成立，邓九强出任公司法人代表。"毒奶粉"事件使得大家对奶源的安全问题空前地关注，投资者的目光开始转向乳业上游，这成就了现代牧业。2008 年以后，现代牧业接受了多项投资，进入了快速发展阶段。2010 年 11 月 26 日，现代牧业在香港上市。媒体称现代牧业是中国最大的奶源生产基地，这其实是一种非常谦虚的说法。真实的情况是，以奶牛的规模数量计算，现代牧业在全球范围内都是最大的。

二、"万牛阵"的质疑与解决

现代牧业在创建万头牧场之初，受到来自各方面的质疑。一位专家就曾经在杂志上公开提出两点质疑：①国际上最适宜的单一牧场规模是 500~1000 头；②万头牧场一年将产生超过 50 万吨排泄物，这相当于 1.2 万节火车车厢的载重量，如此大量的废物会引发严重的环境问题。对此，现代牧业通过三个方面的措施回应了相关质疑，成功地使"万牛阵"成为可能。

要使"万牛阵"成为可能，第一个方面就是解决万牛集群带来的疫情危险。在这方面，现代牧业引进美国先进的全封闭的饲养方式，以防止从外面带来疫情，保证奶牛的生命安全。现代牧业牧场工作员工的日常作息流程实行"全封闭"：早上上班洗一次，换工作装，工作；中午吃饭洗一次，换生活装，午饭和午休；下午上班洗一次，换工作装，工作；下午下班洗一次，换生活装，下班。从中我们发现，一个现代牧业牧场员工一天要洗四次澡，可见现代牧业完全封闭饲养方式的卫生管理层次。

要使"万牛阵"成为可能的第二个方面就是先进的管理技术。一个万头级的牧场，如果没有先进的管理技术，其工作量的巨大是难以想象的。现代牧业采用以生产性能测定为代表的奶牛生产数字化管理的 ERP 系统。系统涵盖了现代牧业牧场每一头奶牛的各种重要信息。每头奶牛都会配备一个识别器械，即耳朵上装有一个独一无二的耳号，耳号中植入芯片，记录着该奶牛所有的生长、饲喂、产奶等情况，并有计步装置，可以用来检查奶牛的健康、饮食、产奶量以及发情育种等情况。扫描芯片就能读出里面的所有信息。这样，保证了牛群的科学养殖、精细管理和规模效应。

要使"万牛阵"成为可能的第三个方面是精细化的工作流程。现代牧业的工作人员以周为单位进行奶牛的初检记录（产后 40 天开始）、复检记录（产后 90~120 天）、牛只磁铁投喂记录（防止牛只疫病的发生）、兽医的发病记录、治愈记录、产后护理记录、修蹄护理记录、犊牛的产犊记录、断奶记录,去角、去副乳头记录等各项信息记录,各项记录都非常翔实,以确保万牛牧场的安全运营。

三、打造自主乳业品牌,以品质找寻蓝海

现代牧业与蒙牛乳业订立了从 2008 年 10 月开始的为期 10 年的承购原料奶的供应协议。按照协议规定,现代牧业有权将 30%的奶源供应给除伊利和光明以外的其他公司,也可用于打造自主的乳业品牌。现代牧业主要将这部分奶源用于自主乳业品牌的建设。

目前,打造一个全国性乳业品牌已经困难重重,经过几年的运作和发展,现代牧业品牌却已经渐渐具备了逐鹿全国乳业名牌的实力。现代牧业抛却了蒙牛先做市场,再做奶源的运作方式,反其道而行之。先做好牧场,生产出好牛奶,以其卓越的牛奶品质作为其核心竞争力来参与群雄角逐。现代牧业品牌并不急于全面进入市场,而是稳扎稳打,逐步对市场进行蚕食。虽然现代牧业还是一个新品牌,但是其在品牌打造以及营销方式上,已经逐步显示出其独到的一面,可圈可点之处比比皆是。

卓越的产品品质是现代牧业的核心竞争力,其背后包含了现代牧业难以被效仿的先进的生产运营流程。凭借这些先进的行业技术,现代牧业的牛奶品质超过国内产品,领先欧盟标准,是其顺利进入市场的“尚方宝剑”。现代牧业没有参与到与现有品牌的价格竞争中,而是将目光瞄准市场上的中高端消费者,准确地将产品定位于高品质、高价格牛奶。

(一)高品质的产品是现代牧业的核心竞争力

现代牧业的产品口号是我们的牛奶与众不同!那么,现代牧业的牛奶是如何与众不同的呢?窥斑识豹,我们从现代牧业与国内外牛奶质量标准的对比中就可以了解一二。

表 9-1 现代牧业与欧盟以及国家的牛奶质量标准对比

国内外标准对比	体细胞标准	微生物标准
现代牧业标准	体细胞≤25 万/毫升	微生物≤2 万 CFU/毫升
欧盟标准	体细胞≤40 万/毫升	微生物≤10 万 CFU/毫升
国家标准	没有制定体细胞标准	微生物≤200 万 CFU/毫升

从表 9-1 中可见，现代牧业对自己产品的要求不仅仅远远超过国内其他牛奶，还超过了欧盟标准，那么，现代牧业的牛奶是怎么样达到如此高的标准的呢？这与现代牧业的现代化标准的养殖和灌装运营流程是分不开的。

现代牧场的养殖运营流程实行"五星级牛舍"标准，无论从硬件和软件上都达到了先进的养牛标准。首先，现代牧场为奶牛建设了完备的硬件设施，包括"四厅一院一房三系统"，即待挤厅、挤奶厅、奶牛采食厅、奶牛休息厅、兽医院、奶牛病房、奶牛采食送风系统、奶牛卧床送风系统、放热应激喷淋系统。这一整套的先进的硬件设施保证了奶牛的生活质量，其待遇绝不亚于五星级宾馆，因此，现代牧场形象地被称为是"五星级牛舍"。其次，现代牧场的软件管理也同样卓越：奶牛每天三次挤奶的同时，坚持三次整理卧床、三次清理粪便、真正做到"牛走粪清"、"粪清床净"、"床净料到"、"料到牛回"的全方位服务。奶牛受到如此好的待遇，自然会生产出高质量的乳汁。

除了有先进的饲养技术作为保障外，现代牧业先进的生产运营流程也是其高品质牛奶的必要保证。首先，现代牧业采用德国进口的封闭式机械挤奶技术。封闭式挤奶保证了原奶完全不接触空气，挤奶员在可以转动的环形挤奶台上进行流水作业，每小时可挤 480 头奶牛，并可全自动清洗、检测，全自动打奶到 2~4 摄氏度的储奶罐。其次，牛奶通过储存罐进入巴氏杀菌生产线，经过净乳、配料、均质等预处理，采用同行业最先进的杀菌方法巴氏杀菌法进行低温杀毒，不添加任何添加剂，直接灌装。灌装印刷完成后，再经无菌通道送入理瓶机进行理瓶，用国际公认的最有效的杀菌方法双氧水喷雾加紫外线灯照射对包装瓶及瓶盖进行杀菌处理。最后，经喷码机喷码后，传送至包装车间，用聚苯箱进行包装。由于现代牧业采用的是集中圈养模式，节省了牛奶从散户到加工厂的运输时间，因此，整个生产流程从挤奶到成品只需要 2 个小时，这是目前国内外最快的乳业生产加工速度。国外最快的也需要 10 多个小时，国内则没有 40 个小时以内的。包装好的现代牧业成品奶不入库房，直接用福田欧曼冷藏车运往市场。因为现代牧场都是毗邻销售地建设的，所以运往市场的时间相当短。例如，从张家口塞北牧场运往北京消费者手中，仅需要 4~5 个小时。一位现代牧业的高管自豪地说："早上 2 点挤奶，4 点之前加工完毕，9 点成品鲜奶送达消费者家中。"如此神奇的生产运营流程是现代牧业牛奶卓越品质的保证。

现代牧业产品的高品质是可以被消费者直观感受到的，其乳品一上市就受到了众多消费者的追捧。很多消费者表示，仅仅是品尝一小口，就能明显感觉出现代牧业牛奶的与众不同，那浓浓的乳香味使他们回想起小时候喝牛奶的感觉。

卓越的牛奶品质为现代牧业品牌营销提供了天然而有力的产品诉求，如表 9-2 所示。

表 9-2 现代牧业的产品诉求点

诉求点	详细介绍
现代牧业的牛奶最安全	①现代牧业的原料奶全部来自于现代牧业自建牧场的澳洲的荷斯坦奶牛泌乳，从源头上保障了牛奶的安全 ②现代牧业的乳品不含任何添加剂（包括增稠剂、增香剂）、防腐剂 ③挤奶与加工一体全封闭、全自动运行，杜绝了中间环节的污染
现代牧业的牛奶最优质	①现代牧业牛奶采用巴氏杀菌技术进行低温杀菌，保证了牛奶的品质纯净，避免了营养的流失 ②现代牧业的产品标准高于国内和欧盟标准，蛋白质含量≥3.2%
现代牧业的牛奶最新鲜	①现代牧业的牛奶从挤奶到成品仅需要 2 小时，成品运送时间仅需要 4~5 个小时，保证了乳品的最高新鲜度和最强的免疫细胞活力 ②现代牧业的牛奶从生产完成到送达消费者手中，全程采用低温冷藏技术，保证乳品新鲜
现代牧业的牛奶配料精良	①现代牧业酸奶选用科汉森公司优选菌种后发酵而成，使酸奶含有丰富的活性益生菌 ②选用进口优质果酱，采用果酱分层工艺，目前国内罕见

（二）高定价区隔出现代牧业消费者的心理空间

现代牧业的产品品质卓越，但是如何才能将这个特质传递给消费者呢？其中一个关键的步骤就是定价。定价既是保证利益空间的关键因素，又是直接传递给目标消费者产品适用人群的一个标志。在消费者的心理中，一直都有这样一种声音，一分价钱一分货。因此，适当的高定价能体现出现代牧业产品的卓越品质，这是现代牧业取得成功的要素之一。

目前，现代牧业的产品和定价主要有以下几类，如表 9-3 所示。

表 9-3　现代牧业的产品列

产品类型	产品名称	产品定价（元）	产品特色
牛奶	鲜牛奶	7	口感纯正，奶香自然，原汁原味
酸奶	凝固型酸奶（草莓味）	9	质地稠厚，含有丰富活性益生菌 草莓含有丰富 VC/胡萝卜素/膳食纤维，有助于明目养肝和帮助消化
	凝固型酸奶（黄桃味）	9	质地稠厚，含有丰富活性益生菌 黄桃有通便、降血糖、祛除黑斑、提高免疫力等功效
	凝固型酸奶（蓝莓味）	9	质地稠厚，含有丰富活性益生菌 蓝莓包含丰富抗氧化物、靴酸、抗菌成分和食用纤维，对保护视力、延缓衰老、增强记忆、消炎和抗癌有很好的疗效
	凝固型酸奶（木糖醇）	9	质地稠厚，含有丰富活性益生菌 木糖醇酸奶适宜糖尿病患者、防止蛀牙以及爱美的人士食用，具有改善肝功能、防止蛀牙、减肥、防止血糖升高的功能

（三）渠道上另辟蹊径

在进入市场初期的营销渠道的选择上，现代牧业没有选取传统乳业全面且迅速地抢占零售终端的营销渠道模式，而是审慎地选取了电话和网络订购直销、进驻中高档蛋糕店以及自建形象门店等几种营销渠道形式。

如此精选渠道有几方面的好处：

（1）与消费者适当拉开距离。现代牧业的定位为中高端消费人群，这决定了其价格并不是每个普通消费者都能接受的。现代牧业通过电话和网络订购直销方式以及进驻中高档蛋糕店和自建门店实体销售方式，在充分接触到目标顾客群的同时，与普通的消费者拉开一定的距离，尤其是在其进入市场的初期，更有利于其通过适当的区隔来提高其高端的品牌形象。

（2）节约渠道成本。现代牧业审慎选取营销渠道，选取电话和网络订购直销方式，一方面贴近目标顾客群体的生活习惯，另一方面这种订购直销方式渠道短，节约了大量花在渠道上的费用；进驻中高档蛋糕店和少量自建形象店的实体营销模式，一方面能够拓宽销售渠道，另一方面有利于现代牧业牛奶的推广以及提高现代牧业的高端品牌形象。

（3）保持产品新鲜。现代牧业的牛奶没有添加任何防腐剂和添加剂，保质期短。这样的产品特点对保鲜条件的需求较高，精选渠道有利于保证产品的品质，维护现代牧业的高端品牌形象。

（四）品牌推广不走寻常路

现代牧业从未做过大量的传统广告，但是其知名度却是与日俱增。上市不到两年的时间内，却已经在北京、呼市、包头、赤峰、太原等地打开了市场。那么，现代牧业在品牌推广上有什么过人之处呢？

1. 注重用户体验，卖奶卖到网上去

网络推广不仅能够贴近新生代消费群体的日常生活习惯，同时也是营销成本相对较低的营销渠道。现代牧业十分注重网络营销，注重通过团购、网购等销售渠道，通过折扣体验的促销方式，吸引消费者体验其产品。这一推广方式不仅能够带来一定的收益，更是增加对其目标顾客展露的行之有效的方式。

2. 新颖的 Vip 卡促销

现代牧业打破传统的零售方式，推出了新颖的 Vip 奶卡的促销方式。用户可以通过网站填写订奶计划或者致电至指定电话来选定配送产品、数量并约定送奶日期、时间，现代牧业将每隔 3 天从牧场直发送奶到用户家中（见表 9-4）。

Vip 奶卡的促销方式，能够给消费者倍添尊贵的消费体验以及一定的实惠（Vip 卡不仅能享受到 Vip 单价，还能享受到相应的积分折扣），并且有助于增添现代牧业牛奶的一个新的营销诉求点——礼品。现代牧业敏感地抓住了一些消费者的送礼需求，提出了"送什么都不如送健康"的营销口号，开辟了乳品市场中的一块全新的领域。

表 9-4 现代牧业的 Vip 卡

Vip 卡种类	价格	Vip 权限说明
月卡	180 元	①每三天配送一次奶品 ②以 Vip 价格消费 180 元的鲜奶、酸奶制品
季卡	540 元	①每三天配送一次奶品 ②以 Vip 价格消费 540 元的鲜奶、酸奶制品 ③赠送 1%等值积分
半年卡	1090 元	①每三天配送一次奶品 ②以 Vip 价格消费 180 元的鲜奶、酸奶制品 ③赠送 2%等值积分
年卡	2190 元	①每三天配送一次奶品 ②以 Vip 价格消费 180 元的鲜奶、酸奶制品 ③赠送 5%等值积分

3. 潜移默化的软文投放

现代牧业从未做大量的传统广告，但是对新颖的软文营销方式却情有独钟。现代牧业品牌通过生动的软文潜移默化地进驻到消费者的品牌集中，达到了很好的营销效果。如其在《妈咪宝贝》2010 年第 12 期中，运用幼儿的观察视角描述现代牧业的现代化生产流程，文字充满了童真童趣，吸引了众多妈咪的关注。

4. 现代牧业注重公关展示

现代牧业十分注重企业网站、形象片以及企业相关新闻报道对提升品牌形象的重要作用。现代牧业的网站条理清晰，注重对其生产流程、新闻资讯以及对卓越的产品品质进行展示；网民只需在视频中搜索现代牧业，就能看到很多关于现代牧业公司、运营管理流程以及其生产细节的展示影片，大大增加了消费者对现代牧业的介入程度，有助于现代牧业品牌形象的提升；现代牧业注重运用各大媒体对品牌进行传播，通过不断地制造新闻积极与媒体进行互动，确保了现代牧业品牌的曝光率。

现代牧业以其独特的运营管理模式和独辟蹊径的营销思路迅速打开了市场，开辟了现代牧业模式的乳业新纪元。公司成立以来，已陆续投资 40 多亿元，在国内建设了 10 多个存栏万头规模的牧场。预计到 2015 年，现代牧业牧场数量将达 30 个以上，全部牧场达产后，奶牛存栏数达 25 万头以上，奶牛牛奶平均单产达 9 吨以上，年产鲜奶突破 180 万吨。

现代牧业制定了比欧盟标准还要苛刻的现代牧业乳品标准，体细胞低于 25 万个，微生物低于 2 万个，这在中国食品行业安全隐患频发的现状下，无疑给脆弱的社会打了一针强心剂。现代牧业摆出"万牛阵"，就是要让中国有自己的放心奶，并且标准更高，品质更好。

四、关于现代牧业的思考和探讨

（一）超级牧场的超级隐忧

俗话说，家有千万，带毛的不算。现代牧业在快速扩张的同时，"万牛阵"

也带来了一定程度上的环境问题。有媒体报道，一些现代牧业万头大牧场对周边环境造成了一定的污染，引发了当地群众的不满。这有两个方面的隐忧：一方面，这可能将现代牧业陷入一系列由环境污染引发的民事纠纷中，不仅会给企业带来经济上的损失，还不利于建立现代牧业良好的品牌形象；另一方面，快速扩张引发的管理脱节使大牧场发生疫情的危险系数增大。因此，现代牧业在发展大牧场的同时，是否能在防止大牧场污染方面做更大的努力？是否应在防污标准和流程的制定上更细化，以使防污治理工作更有效？

（二）品牌知名度仍待提升

现代牧业品牌自有产品上市时间还短，虽然其在国内市场上已经拥有了一批客户，但是离全国知名品牌还相差很远，前方的路还很漫长。如何扩大现代牧业的知名度，尽快地打造出其全国牛奶高端品牌的知名形象，是今后一段时间内现代牧业需要重点考虑的问题。目前，现代牧业集团正在大力招聘高级营销策划人员，相信不久就会在广告宣传上加大动作。在现代牧业的品牌宣传上，应该如何动作？诉求点如何避免雷同，如何打动人心？这些都是加大现代牧业品牌知名度不可回避的问题。

附录1：企业概况

现代牧业（集团）有限公司成立于 2005 年，是一家专门从事奶牛养殖和牛奶生产的企业。公司于 2010 年末在香港联交所主板上市，股票代码 01117。截至 2011 年 12 月底，公司已建成运营的万头规模牧场 16 个，奶牛存栏 12.8 万头，日产高品质牛奶近 1300 吨。公司计划 2015 年前完成 30 个万头规模牧场的建设与运营，奶牛存栏超过 26 万头，日产高品质牛奶 3000 吨以上。公司已开始自有品牌牛奶的加工生产，制定了全球最严格的原奶标准，努力成为奶牛规模化养殖与牛奶加工一体化的全球行业引领者。2012 年 1 月，公司被认定为农业产业化国家重点龙头企业。

附录 2：企业大事记

2008 年 7 月，现代牧业注册成立并收购本集团业务。

2008 年 12 月，公司收购内蒙古和林格尔澳亚示范牧场。

2009 年，乳业发展专题会议指定饮用乳品称号。

2010 年 11 月，现代牧业在香港联合交易所主板挂牌上市，股票代码为 01117。

2010 年，《中国企业家》杂志评选位居 "21 未来之星" 百强企业之首。

2010 年，凤凰财经资讯 "年度中国最具投资价值和发展潜力企业排行榜" 的第一名。

2011 年，《环球时报》评选的中国最受关注企业中唯一的乳品企业。

2012 年 1 月，现代牧业被认定为农业产业化国家重点龙头企业。

第十章 永 业
——农产品品牌的佼佼者

"如果你在 2009 年买了永业国际的股票，结果会是什么呢？425%的回报！"Motley Fool 的全球收益顾问蒂姆·汉森（Tim Hanson）在《新年第一号投资秘籍》中这样说。永业集团，一家来自中国的农产品企业，是如何受到华尔街的青睐，成为最具影响力的中国农业产品品牌的呢？

一、公司背景

永业集团创建于 1994 年，是集生物工程、沙草产业、文化旅游开发等为一体、资产近百亿元的高科技产业集群，旗下拥有永业生物技术有限责任公司、永业农丰生物科技有限责任公司等 12 家子公司，现有员工2000 多名，其中 80%具有本科以上学历。

图 10-1 永业集团

"科技兴企，科技强企"是永业一直秉承的发展理念，集团拥有一个与世界接轨的科研中心，研发团队涵盖多个学科，技术力量雄厚，可承接各类科研项目及课题。现已完成各类科研成果 60 余项，项目涉及化工、机械、农业、畜牧业、医药、保健品、食品、日化、文化等诸多产业领域，30%的科研成果填补了国家空白。

"生逢其时，永不放弃"，是永业坚持不懈的文化内核，永业集团植根于中国的"三农"事业，依托最广袤的市场，通过现代生物高科技技术和国际资本的强有力支撑，汇集社会各方面的资源和力量，把"做人类健康的保护神"作为永业的企业使命和历史责任。

2009年9月3日，永业集团下属永业国际成功登陆纳斯达克市场，成为内蒙古第一家在美国上市的农业生物高科技公司，股票代码：YONG。

（一）从电子产品代理到沙草产业

1994年，身为内蒙古审计委公务员的吴子申与他的妻子尹萍创立了永业公司。成立之初，永业是一家彻头彻尾的夫妻店，妻子尹萍主要负责公司的日常运营，吴子申则有了公务员和生意人的双重身份。创业初始的永业以"倒腾"各种物资为生，先后售卖过日用品、保健品、石油及化工产品、白糖、化肥等。公司在漫无目的的经营活动中勉力维持了半年多，直到开始代理电子产品才有所发展，这也是吴子申的第一桶金。1994年底，永业通过代理电译通进入电子行业。1995年开始，永业陆续代理名人、文曲星、诺亚舟等品牌，成为电子词典、电子记事本产品在内蒙古地区最大的经销商。一年之后，永业包头分公司成立；三年之后，吴子申通过电子产品代理总共赚了80万元。不经意间，吴子申摇身一变成为呼和浩特市小有名气的富人。

在做电子产品代理的时候，吴子申显示出了比一般生意人更敏锐的市场嗅觉和商业眼光。比如对于售后服务，许多经销商觉得麻烦，吴子申却觉得这是商机。他在销售时用心做了顾客的数据库，当手里积累了数千上万个顾客数据时，他就雇两个人给顾客打电话："××先生，你的PDA该换电池了，别丢失资料"，于是顾客两个月来换一次电池。这项看似简单的服务一年竟然给他带来近20万元的收益。吴子申对于服务、营销和商业模式的独特理解与永业日后的成功有着必然的联系。

2001年，吴子申离开了内蒙古审计委，毅然决然地辞职下海了。投身商海的吴子申是靠做代理完成的资本原始积累，但是在他的心中却有着更为远大的理想——服务三农。由于内蒙古当地地域和气候特点，沙产业被政府认为是当地重点扶植产业之一。内蒙古幅员辽阔，从东到西分布有五大沙漠、五大沙地，沙区总面积11.2亿亩，占全区土地面积的63.3%。在别人看来荒无人烟的沙漠在吴子申眼中却是座有待开掘的"金矿"，他提出将"沙地增绿、资源增值、农牧民增收、企业增效、地方增税"作为永业循环经济的新路，并将其视为创业、发展的神圣使命。

吴子申在内蒙古阿拉善地区签下 50 万亩沙地，之后又与敖伦布拉格镇合作，希望把该镇打造成为沙漠里的生态小镇。阿拉善地处内蒙古最西端，黄沙蔽天，气候干燥，但是这种低温、干燥、沙质的土地却是梭梭木、苦豆、白刺、胡杨等中草药植物的绝佳生长环境。这些植物除了具有防风固沙的生态作用外，还有极高的商业价值。肉苁蓉等中药材价格连年看涨，虽然生长周期较长，但是一旦种植成功，七八年后就可年年获益，按照当时市价，每亩投入 800 元成本就可收益 3 万多元。吴子申就这样满怀憧憬，以沙产业和沙漠旅游为基础，发展肉苁蓉、苦豆的生产加工基地。吴子申秉承了蒙商的果敢与决意，他是第一个在三农产品领域把品牌理想变为现实的企业家，以贩卖电子产品起家的他其实骨子里有着对品牌的崇拜，以品牌最大化为经营企业的矢志图腾。

（二）从生命素到农业生物高科技

失败是每一个成功企业家必然经历的过程，对吴子申和他的沙产业也不例外。2004 年 7 月，就在沙草试验田如火如荼进行时，种植的中药材出现生长速度慢的情况，中药种植园遭遇鼠疫，大面积移栽的梭梭木根部腐烂。原来阿拉善和敖伦布拉格镇的生物链早已被严重破坏，环境恶化导致骆驼数量锐减。梭梭木的叶子是骆驼的美食，吃得越多，梭梭木的根系越发达，根系发达了才会长出丰盛的肉苁蓉。没了骆驼，外加鼠患增多，梭梭木长势不佳，50 万亩的沙草种植园不得不撂荒。祸不单行，由于银行融资出现问题，贷款迟迟不能到位，永业瞬间陷入资金断链的险境。

在永业最为困难的时候，吴子申想起了他的农业化学顾问——高静教授。早在 2001 年，吴子申就投资高静教授的叶儿肥生物技术研发项目。叶儿肥是营养元素施用于农作物叶片表面，通过叶片的吸收而发挥其功效的一种化肥，具有吸收快、作用强、用量省、效率高四大特点。经过几年的研发，该产品已经可以产业化、商业化。叶儿肥救活了濒临枯萎的沙草，更救活了深陷困境的永业，这种肥料后来有了一个更广为人知的名字——永业生命素。

2005 年 4 月 1 日是永业公司最有意义的一天，植物生长液（后更名永业生命素）和动物营养素产品在这天正式下线。永业生命素是永业的研发团队历经多年科技攻关，以风化煤、褐煤为主要原料，利用现代生物技术萃取而成的植物叶片肥料。使用永业生命素能使产量增加 30%~50%，长出的果实瓜甜、果香、菜有味。更重要的是，内蒙古地区的褐煤、风化煤储量占全国的 78%。永业拥有了大量生产生命素的得天独厚的优势。

永业依靠农业生物高科技研发起死回生，而富有远见的吴子申并没有止步于此。在产品不断改良、产品线不断丰富的同时，吴子申对内优化了公司治理结构，广纳贤才，对外开发出针对农民的营销策略和商业模式，使公司发展进入了快车道。2005~2008 年，永业旗下主力产品生命素的销售收入基本按照每年 300% 的速度在增长。2008 年 4 月，生命素获得国家发明专利。2008 年 9 月，在经过了数年的田间实验之后，永业投产万吨永业生命素生产线，完成了 10000 吨生命素扩建工程，可实现产值增加 7 亿元，利税可达 1.5 亿元，这使得永业能够在未来几年内帮助中国农民获得上千亿元收益，生命素将成为农牧民致富的摇钱树。

（三）从依靠本土资源到纳斯达克的钟声

永业占据着得天独厚的自然资源，掌握着生产生命素的核心技术，但是企业资金的捉襟见肘极大地限制了其进一步发展。当初永业最困难的时候就是因为资金链出现问题，再加上人力成本的增长、贷款压力，中小民营企业的融资矛盾在永业身上集中体现，而这种矛盾又是企业自身无法解决的。回想当初的情景，吴子申仍唏嘘长叹："资金对于一个企业来说，如同人体的血液一样重要，一旦缺失就会陷入濒死的绝境，永业人永远铭记资金对我们生存的重要性。"

尽管永业生命素的销售取得了不小的成功，但是永业的资金困局直到 2008 年也未能彻底解决。那时的永业沿袭了中国绝大多数企业的运营模式，即生产上依靠本土资源，资金上依靠银行贷款。由于农业行业的特性，生产周期较长，对资金的需求也很大，企业如果没有足够的资金储备，就很难谈到产能扩建。在依靠银行融资的过程中，吴子申遇到了很多困难，他坦言："从 2003 年开始，对于公司在国内外获得的每一笔融资都记忆犹新。"2007 年，永业获得内蒙古农业发展银行 4000 万元政策贷款，暂时缓解了资金带来的压力，但吴子申没有停止对企业融资的思索。资本运营？上市？吴子申有了更大胆的想法。谈到为什么上市，吴子申说道："农资行业的特点决定了永业对资金的需求非常大，由于生产要与农业季节完全吻合，导致企业资金周转率上不去。永业是一家身在内蒙古的农资企业，地方金融部门对永业的商业模式缺乏兴趣和热情。"至于选择海外上市，则是深思熟虑，再三权衡的结果，"永业的商业模式虽然足够优良，但是如果选择在国内上市，需要地方政府的审批，还要长时间的等待，届时能否成功都是未知。走向美国资本市场，知难行易，效果却立竿见影，永业当即就能如愿融到资金"，吴子申如是说道。

2008 年吴子申首次与国际资本会面，当时的国际资金经理人并未对永业的产品产生十足的兴趣。面对国际机构苛刻的要求和挑剔的问题，吴子申将永业生命素的价值精炼概括为"帮助中国农民解决增产增收的问题"。他列出的事实是，中国人口近 14 亿人，人均土地面积紧张，耕种土地质量减少，增加亩产量和提供健康的农业产品是农业发展的关键，而这也是永业生命素的使命。永业生命素在获得国家发明专利后，经过反复的调研论证和过硬的业绩指标，最终使永业公司获得了华尔街苛刻投资人的信任。

2009 年 12 月 18 日，美国东部时间 9 点 30 分，吴子申带领永业高管团队赴美参加纳斯达克上市敲钟仪式，永业国际成功登陆纳斯达克主板市场，成为中国第一家在美国上市的农业生物高科技公司（股票代码：YONG）。永业当日成为华尔街的焦点和宠儿，吸引了包括高盛、瑞银、老虎基金、三菱东京瑞联在内的全球 80 多家知名基金超限额 3 倍的认购，前后在美国股市成功融资近 1 亿美元。更重要的是，永业国际给中国国内的农业企业提供了新的思路，中国作为农业大国，其在农业产业的发展，也受到经济领域和国际投资者的密切关注。

二、创新，永业的成长基因

永业集团，作为内蒙古企业的代表，在开拓沙草产业，生产生命素的进程中形成了"资源+资本+高科技+市场手段+精细化管理+草原文化背景"的品牌经营战略。长期以来，永业致力于科技创新、管理创新、组织创新和文化创新。创新，成为永业高速成长的基因。

（一）善用资本，占据独特资源

内蒙古是一个资源大省，内蒙古的企业多是利用资源优势加上产业工人的辛勤劳动而形成资本，用资源慢慢积累成本，积累到一定程度再与资本市场融合。永业运用资本做大资源，用资本的杠杆效应快速把优势资源的优势放大。而且同资本的融合对接使得永业视野愈加宽广，在纳斯达克上市后，永业正在用全世界的钱开发内蒙古的资源。

在对资源的使用上，永业努力占据独特资源而不是普遍资源。在进军沙草产业的过程中，永业公司一度陷入危局，但经过多年积累，其在内蒙古阿拉善和山西经营开发的肉苁蓉、苦豆、黄芪等特色资源经过一轮市场化的深度冲击后，价值得到充分体现。而随着科研的深化，永业生命素也呈现出独特的科技优势和资源优势。

（二）人本管理

永业集团拥有一支由各行业精英所组成的堪称豪华的、超高规格的经营管理团队：吴子申，集团董事长；孙陶然，集团副董事长，公司创始人，商务通奇迹的缔造者，与李泽楷、丁磊等人一起被评为"2000年IT十大风云人物"；程坦，集团总裁，高级经济师，高级政工师，经济学学士，硕士和高级工商管理EMBA在读硕士；赵强，集团董事、副总裁，中国首届十大策划人，中国十大营销管理专家，中国营销人最高荣誉"金鼎奖"得主；仝宝生，研发总裁、科学院院长、首席科学家，中国农业大学动物营养学硕士，中国人民大学工商管理学院MBA；谭钧，运营总裁，化学专业学士、工商管理学士、工商管理硕士MBA，高级工程师，国家一级注册建造师；喻越，首席财务官，美国斯坦福大学工商管理硕士MBA，北京对外经济贸易大学经济学学士。此外，公司还聘请了内蒙古大学经济管理学院院长郭晓川教授，南京大学工程管理学院院长李心丹教授，中国农业大学饲料生物技术实验室主任张日俊教授和美国注册会计师加拿大籍华人邵孝恒作为公司的独立董事，完善了公司的治理结构。

中国的民营企业习惯于随机应变、野蛮生长，重战术、轻战略，重资源、轻人力。但吴子申明白，在新财富时代，战略决定了企业的生存，人才决定了企业的发展。吴子申具有超强的组织才能和领导魄力，口才并不出众的他善于以情动人，以利诱人，用理想和价值观吸引大批才俊精英追随效力。能够吸引人才，更要能利用人才，吴子申通过公司内部权力让渡，分化充足经营团队，使所有权与经营权有效分离，企业领导各归其职、各谋其政，激励了经理人的发展，培育和发展了企业的领导力，真正实现人本管理。

对于普通员工的选拔管理与激励，吴子申也使用了很多创新的管理模式。在人员选拔上，他提出人品第一，逆境识人。"两诚两实"，即对事业忠诚，对人真诚，诚实做人，踏实做事，更是成为了永业的行为准则，企业文化的精髓。在员工激励问题上，永业提出了奖励前置原则。这种激励模式是对传统奖励后置做法的颠覆，是永业创造的一次大胆的革命。这个制度规定，员工在年初作营销计划，签这个目标的时候即视同任务已经完成，公司会把年底的奖金提前发给你，这对吸引和激励出色人才非常有号召力。永业还十分重视本土化知识库建设。多一点欣赏，少一点挑剔；多一点尊重与鼓励，少一点批评与指责。永业对员工多层次的呵护既提高了员工的忠诚度，又激发了员工的创造力，为企业积累了大量的知识资源。

（三）生产产品，更生产商业模式

永业不仅仅生产生命素，还实行"客户员工化、员工客户化"，"给农村送财富、给城市送健康"的致富商业模式。在国内市场的开拓过程中，永业建立蓝海思维，不把竞争精力放在竞争对手上，而是进行整合市场空间运作。永业努力带动员工、客户、社会上所有合作伙伴乃至整个产业链里的利益相关者共同致富。永业将合作伙伴视为"小永业"，进行全力支持，从而实现农民致富，合作伙伴盈利，永业也因此得到了长久的发展，同时在市场中快速提升和放大了永业的品牌价值。对于渠道经销商，永业也视其为合作伙伴，在每一个村建立一个支农的永业服务站，这样解决了上上下下共创共建共享的问题。在这些"小永业"的支持下，永业集团带着所有的合作伙伴共同发展。

永业不仅仅销售产品，还销售服务。早在吴子申做电子产品代理的时候，他就对客户和服务非常重视，也正是服务使得永业有别于其他企业。吴子申说："永业的长远规划，一个词就是服务，用你心贴心的服务让农民富起来。永业是使农民富裕的方案和工作的提供者，是农民致富问题的解决者，就像咨询公司一样。"目前为止，永业已经建立了超过 26000 个科技服务站，永业向农民销售永业生命素等农资产品，同时向当地农户提供了切合实际的科普种植知识、养殖技术，并为当地农民提供产品供求信息，帮助农户实现农产品销售，协助农户实现增产增收。吴子申的愿望是，要用"永业致富模式"让一亿中国农民先富起来。

三、永业的营销策略

（一）逆向营销，用实效创造品牌

从产品到商品，企业最难过的一关就是销售。永业的目标顾客群是农民，农民不轻信广告，对营销反应迟钝，只相信眼见为实。因此，在进行市场开拓时，永业坚持"眼见为实，逆向营销"的推广策略，即先通过样板田的建设让农民看到生命素的真实效果，再通过空中广告地毯式的轰炸，让当地农民了解生命素产品，最后在当地销售产品。

农民见过的肥料很多，尝试使用过的肥料也是多种多样，当然上当受骗的也不在少数。生命素是一个好产品，但如何让农民接受，大面积推广成为眼下最迫切的问题。永业没有在农村大做广告，而是把钱省下来，在村子里建立样板田、样板店。最开始时，永业免费向农民赠送生命素，并与农民签订协议，土地种坏了全价赔偿。随着农民将信将疑地按照公司员工的指导喷洒生命素，永业的营销效果逐渐显现出来，农民看到使用生命素的试验田里瓜肥叶大，表示出对生命素的认可。经过一段时间的推广，农民对生命素有了一定的认识，也逐步建立起对产品的认可和信任。

当样板田取得成功，生命素的效果得到农民认可后，永业会采取地毯式的广告轰炸，让生命素产品在短期内达到家喻户晓。在广告宣传上，永业一方面组织当地村委会及一些村民参观样板田，让用户直接看到生命素的效果；另一方面永业采取空中广告进行信息轰炸。永业在基层的广告投放主要分为三个方面：一是每天黄金时间长时段的电视广告；二是位于各乡镇的公路两旁、乡间街道、集市周边的醒目位置粉刷墙体广告；三是在合作区域设置了流动车体广告，所到之处都能起到宣传作用。

有了前期的宣传和实实在在的效果后，永业开始在区域市场进行经销商网点的布局。这种"眼见为实"、"先推广后销售"、从产品出发的逆向营销方式是永业成功的重要因素之一。

（二）渠道管理

在进行经销商网络布局方面，永业不是将经销商简单地作为公司产品的销售网点，而是将市县级的代理商作为公司的区域平台进行建设，把他们当作一个个小的永业公司进行对待。

永业集团将理念的认同作为经销商选择的首要条件。在永业的销售网络中，市县级，尤其县级经销商是网络建设的核心。永业将市县级经销商称作管理平台，而不是代理商，因为这些经销商承担着对区域市场进行管理的职能，每个层次都有相应的管理权限，这些平台所获得产品的价差就是他们的管理费用。只有双方的经营理念达成一致后，经销商才会真正执行永业的决策，防止串货、恶性压价和代理权混乱等损害品牌形象的现象发生。在进行经销商选择时，经销商的网络资源、资金实力和对生命素产品的关注度是永业最为关注的三个方面。经销商的网络资源能够显示出其营销能力，可以更好、更快地将产品及服务传递给下一级平台。充足的资金保证了永业要求的现款现货的营销理念，有效杜绝了农资行业普遍的赊欠现象。当两个经销商的理念、资金及网络实力相当的时候，永业

图 10-2　永业集团的渠道管理层级

公司会依据选小不选大的原则进行选择。因为规模较小的经销商由于发展空间比较大，他们会拿生命素作为其规模发展的一个契机，此外他们代理的农产品种类较少，会对生命素产品更加关注。

（三）销售交给平台，服务交给永业

吴子申对服务的重视从他做电子产品时就开始了，优质服务也是永业能够迅速取得成功的根本保证。永业在一个区域建立销售网络以后，各个平台主要负责销售方面的工作，而在服务方面，永业则为各个平台提供了从管理到宣传的全方位服务。

永业在每个平台都配备了相应的管理人员，帮助平台进行市场建设。永业对合作伙伴的支持采取区域经理负责制，在每个县级以上的合作区域都配备经验丰富的高级区域经理，他们是由永业集团总部指派，会帮助平台进行网络建设及管理，为平台建立一个过硬的管理团队。另外，永业还会为平台派驻农技师，协助平台为当地农户提供农技服务，提高生命素用户的田间种植管理技能，使农户享受到产品之外的增值服务。永业每年还会定期举行针对全国合作伙伴的年度培训会议，对合作伙伴的营销、管理能力进行分析，对行业市场现状和前景进行分析展望，为经销商提供系列的免费培训服务，帮助经销商提高经营能力。

在进行渠道建设的时候，永业在一些重点区域进行科技服务站的建设，这些科技服务站不仅承担着货物销售的职能，更重要的是负责对区域农户进行科技服务的工作。永业科技人员到科技站常驻，帮助农民解决种植过程中遇到的难题。永业还对客户信息进行搜集，实现与客户零距离亲密接触。

永业指导农民"生产健康，销售健康"，以健康的产品换取高额回报。同时在城市里设立健康农产品专营店，作为销售终端，把使用生命素的绿色无公害农产品提供给城市消费者。永业集团用实效打动农村，用健康回报城市，树立了良好的品牌形象，推动"三农"问题的解决，为永业的持续经营播下种子。

四、思考与讨论

中国是一个农业大国，中国却不是一个农业强国；中国缺乏农业产品品牌，中国需要农业产品品牌。"三农"问题是中国经济社会最具挑战性的战略主题，而这正是永业近些年来倾心、倾力、倾情所做的事情。永业集团正在成长为中国最具影响力的农产品品牌，而成长的道路，总是崎岖与坎坷的。

（一）永业如何成为著名品牌

永业的成功源自产品力和营销力。但是如果永业要在未来取得更大的成功，就必须从"销售取向"的浅品牌阶段向"品牌导向"的深品牌阶段推进，以期在竞争日益激烈的市场上巩固领导品牌的地位。在品牌的背后，应当是一支忠诚于客户、不断满足客户需求的决策团队以及执行团队。

（二）永业的企业文化如何塑造

文化是永业发展的价值导向体系，是永业快速发展和良好运营的保证。吴子申深刻认识到企业文化的强大力量，对于那些不认同永业文化的人，永业拒绝其进入。但是企业文化不是静态的，而是动态、可变的。企业的文化建设绝非一劳永逸、一蹴而就的，而是需要长期建设、持久创新。随着永业集团规模的扩大，企业文化的再造与重塑是一个不得不面对的问题。

（三）永业如何实现永续

永业的生长与成长的价值在于，长期处于阴暗、压抑的"蘑菇"状态，始终坚持正直、纯良的商业伦理，并且特别能吃苦、特别能生存的商业智慧。永业集团敢于在困顿之时选择突破，寻找蓝海将差异化演绎到极致，在遭遇生死之劫时不离不弃、异常坚定。永业的特性很简单，一言蔽之，就是专业主义的胜利，数十年如一日"只做一件事"。然而一家企业成长壮大后，为了更全面地满足和适应消费者的需求，不得不面对多元化的抉择。永业如何永续，永业如何选择未来的发展战略，我们拭目以待！

附录：永业大事记

1994 年 4 月 16 日，永业公司成立。

2001 年 10 月，成立以教授级高工高静为首，多位科学家参与的生物技术研发中心。

2002 年 12 月 22 日，内蒙古沙草产业协会正式成立，著名科学家钱学森担任顾问，董事长吴子申先生担任该协会的副秘书长。

2003 年 9 月 16 日，永业生物技术有限责任公司正式成立，注册资本 6000 万元。

2005 年 4 月，植物营养液和动物营养素产品（生命素）正式下线。

2006 年 5 月，永业与蒙牛、伊利、小肥羊等企业共同荣获首届"内蒙古 50 家最受尊敬企业"称号。

2007 年 8 月，在"2007 首届中国生态小康论坛"上，永业与蒙牛、农夫山泉、纳爱斯等著名企业一同获得了"十大贡献企业"的称号。

2007 年 9 月，获得"中国最具社会责任感企业"的荣誉称号。

2007 年 10 月，集团董事长吴子申被授予"中国诚信企业家"的荣誉称号。

2007 年 10 月，永业植物营养液正式更名为永业生命素。

2008 年 4 月，生命素产品获得国家发明专利，专利号为：ZL 200610131953.7。

2009 年 1 月，董事长吴子申获得"内蒙古自治区优秀中国特色社会主义事业建设者"荣誉称号。

2009 年 1 月，董事长吴子申荣获 2008 年度中国突出贡献企业家奖。

2009 年 9 月 3 日，永业集团下属永业国际成功登陆纳斯达克市场，股票代码：YONG。

2009 年 11 月 21 日，在由《商界》传媒联合长江商学院等多家机构举办的"2009 最佳商业模式中国峰会暨年度最佳商业模式评选颁奖"活动上，永业集团荣获"年度最佳商业模式大奖"。

2010 年 3 月 28 日，永业集团董事长吴子申被评为"2009 年度第七届内蒙古十大经济人物"。

2010 年 5 月 25~26 日，纳斯达克代表团走进内蒙古，了解快速增长的内蒙古经济情况，并实地参观永业集团。

2011 年 1 月 16 日，永业集团副总裁、永业科学院院长仝宝生当选"2010 年度三农人物"，接受荣誉奖项。

2011 年 5 月 13 日，永业全国营销中心荣获"第八届中国营销论坛暨中国杰出营销人金鼎奖"年度"杰出营销团队奖"。

2011 年 11 月，国家科技部火炬中心发布 2011 年国家火炬计划重点高新技术企业评审结果，内蒙古永业农丰生物科技有限责任公司被评为"2011 年国家火炬计划重点高新技术企业"。

第十一章 《北方新报》
——百姓身边的生活向导

2010 年 8 月,《北方新报》救助贫困大学生爱心捐赠活动在内蒙古首府呼和浩特市隆重举行,50 多名贫困大学生代表和上百位爱心人士共同见证了这场爱心捐助活动。这已经是《北方新报》爱心捐赠活动的第八个年头。短短几年的时间里,《北方新报》与当地大学、知名企业等单位联手共募集爱心款 660 多万元,累计救助贫困大学生 900 多人。《北方新报》救助贫困大学生特别行动已经成为当地每年最具亮点的新闻事件之一,同时还引来多家平面媒体的竞相报道,加之互联网的快速传播,很快让《北方新报》救助贫困大学生特别行动的影响力波及其他省市,北京、广州、江苏等地一些爱心人士也通过《北方新报》向内蒙古的贫困大学生伸出了援助之手。通过这种大型活动,《北方新报》的知名度在全国范围内得到了迅速提升,"《北方新报》是一份充满人文关怀的报纸"这一定位很快深入人心。

《北方新报》作为快速发展的平面媒体,获得了广泛的消费者认同和理想的市场收益,已经成为内蒙古地区信息最全、发行量最大、广告经营收入最高,最具发展潜力的主流都市报。

一、公司背景

《北方新报》创刊于 2001 年 3 月 20 日,是内蒙古日报社主管主办,由北方新报社出版的面向内蒙古城镇居民的一张综合性日报。它以政治家办报、企业化

管理、市场化经营、社会化服务为总办报方针，紧密
贴近生活、贴近群众、贴近实际，充分发挥了新闻舆
论的传播作用。2001 年《北方新报》创刊当年发行量
为 6 万份，2004 年发行量上升到 8 万份，2005 年发
行量达到 9 万份，2006 年发行量超过 10 万份，2007 年《北方新报》发行量突破
11 万份。

图 11-1　北方新报

　　创刊初期，《北方新报》定位为"内蒙古日记"，每天忠实地记录内蒙古城镇
居民生活的每一个细节，记录内蒙古社会发展变化的点点滴滴，将其市场定位锁
定在"新"上，提出的口号是"每天都是新的"。首先，在唱响时代的主旋律，
倾听百姓心声，体察民间冷暖，服务千家万户的同时，传播新知识、新观念、新
思想；其次，"新"体现在其报纸和新闻风格的别具匠心上，如头版头条重大新
闻的特色策划等，迅速反映都市生活，提供丰富的生活咨讯，引导生活时尚，得
到了读者的肯定，已经成为内蒙古的主流媒体。从创刊之初为每天 16 版的容量，
短短几年时间里，报纸版面不断扩大，内容不断丰富，截至 2008 年 1 月 2 日，
《北方新报》扩为 48 版，全彩印刷，平均期印数 11.2 万份。而其广告业务，仅用
了短短 5 年的时间，截至 2006 年，广告收入已经突破 5000 万元大关。当年，内
蒙古广告收入接近 5 亿元，其中 52 家报社的广告收入为 1.15 亿元，《北方新报》
以 5100 多万元的广告收入占据了内蒙古平面媒体广告收入的半壁江山。同时，
在广告收入增幅方面，以高于 50% 的广告收入增幅位居全国平面媒体前列，成为
内蒙古广告市场的主力军，抢占了内蒙古报业市场的制高点。内蒙古市场营销学
会调查显示：《北方新报》是内蒙古影响力最大、基本读者最多、阅读时间最长、
读者最满意的都市报。

二、《北方新报》的营销战略分析

内蒙古报业现状及竞争优势分析

　　目前内蒙古自治区"都市类"报纸主要有《北方新报》、《内蒙古晨报》、《内

蒙古商报》、《纳税人报》，其中《呼和浩特晚报》、《包头晚报》、《红山晚报》，它们尽管号称"都市类"报纸，但它们的生存发展并不单一依靠市场竞争，真正依靠市场竞争生存发展的主要是《北方新报》、《内蒙古晨报》、《内蒙古商报》、《纳税人报》、《北方经济报》、《北方家庭报》、《家庭周报》、《北方劳动时报》。

在内蒙古首府呼和浩特，都市报业呈现出激烈的竞争态势，以《北方新报》、《内蒙古晨报》和《呼和浩特晚报》为主要竞争者（见表11-1）。

表 11-1　内蒙古三种主要都市报纸竞争优势对比

《北方新报》	《内蒙古晨报》	《呼和浩特晚报》
"信息量最为全面丰富的报纸"、"最能贴近百姓实际需要的报纸"、"情感上最能与读者沟通的报纸"	"内容好看、可读的报纸"、"最能大胆地接触和报道社会现实问题的报纸"及"最能敏锐地追踪社会时尚与潮流的报纸"	"历史悠久的报纸"、"信息的可信度最高的报纸"

三、报纸——独特的市场双重定位

（一）报纸二重性介绍

由于报纸不同于其他商品，有其自己的产品特点，所以它在多方面具有二重性。从市场营销的角度来分析，主要表现在目标顾客、产品、价格、渠道、促销和盈利等方面都具有二重性。

（1）目标顾客二重性，即消费群体包括读者和广告客户两大不同类型的人。报纸一方面提供给读者新闻资讯，供读者阅读了解身边的事情；另一方面广告客户会购买版面发布广告信息，通过报纸广告的方式推销自己，促进商家的销售。因此，报纸的目标顾客群体包括读者和广告主。

（2）产品二重性，即包括读者购买的新闻资讯和广告主购买的版面。在分析报纸这种特殊产品时，我们既要考虑读者的信息需要，也要考虑广告客户的版面需要。

（3）价格二重性，即发行价格和广告价格。前者是将报纸出售给读者的价格，即发行价格，它只是读者为购买报纸而支付的货币；后者是广告客户购买报纸广告版面所支付的价格，我们称之为报纸的广告价格。

（4）渠道二重性，即报纸发行渠道和广告版面的销售渠道。首先，报社的任务是要将报纸卖给读者，完成报纸的第一次销售。其次，还要将报纸的广告版面卖给广告客户，也就是将读者的阅读时间卖给广告客户，完成报纸的第二次销售。

（5）促销二重性，即报纸向读者促销和向广告客户促销。向读者促销是宣传报纸的信息价值，即信息是准确的、及时的、全面的；向广告客户促销是宣传报纸读者的价值，即我们要展现给广告主的是我们的目标读者是怎样的一个消费群体，覆盖面是否广等。

（6）盈利二重性，即通过出售报纸信息和报纸版面的方式获得双重盈利。一是通过发行市场获取利润，而不进入广告市场，在计划经济时代大多数报纸都是这种盈利模式；二是在发行市场上"低价倾销"，在广告市场上盈利，这是目前大多数经营状况较好报社的盈利模式。

由此可见，报纸营销的二重性，决定了都市类报纸有两种定位战略选择的模式：一是以读者为目标顾客的定位战略选择模式；二是以广告主为目标顾客的定位选择模式。两个定位的战略选择有着不同的战略内容，但也不是完全割裂的，使两者密切联系起来的"胶合剂"是报纸的目标读者和广告客户目标受众的一致性。报纸的目标读者选择必须与广告客户目标受众相吻合，否则，发行量很大，也不会有理想的广告收入。这构成了报纸定位战略选择的两个互相独立又互相联系的模式。

（二）《北方新报》市场定位一体化分析

市场定位战略是定位分析的有效工具之一。其建立的依据是：定位的范围主要包括产品、价格、分销和沟通或传播等方面，定位的内容则从属性（构成利益定位的要素）、利益（满足目标顾客的利益点）和价值（为目标顾客带来的精神价值）等层面来描述，定位的步骤主要包括找位、选位和到位等阶段。通过这种方法，我们可以对一种产品或一个品牌进行清晰的定位分析。下面我们就依据这种方法，对《北方新报》这种特殊的产品进行实例研究。

1. 找位——确定目标顾客群体

报纸的目标顾客包括目标读者客户和目标广告客户。

（1）《北方新报》是一份覆盖面广、面向大众的综合类都市报。它的目标顾客以内蒙古城镇居民为主，以呼包鄂经济金三角为主市场，辐射全区 12 个盟市，101 个旗县市区。

《北方新报》的目标读者以大专以上中高等学历的中青年为主要阅读对象；月收入 800 元以上的读者所占比重大；职业分布上没有明显特征，各行各业的人群都是《北方新报》的读者。

（2）《北方新报》目标广告主的确定。广告客户是报纸的特殊消费者，是报纸收入的主要来源，是报纸盈利的根本保证。广告客户在报纸上进行广告宣传的目的是提升产品知名度、树立品牌形象，从而促进销售，实现利润的增长。广告商在对报纸进行选择时会考虑报纸的覆盖面，即有效受众、发行量及千人成本（即指在某一媒介发布的广告接触 1000 个受众所需要的费用）等因素。《北方新报》的目标广告客户是以下行业的经营者，包括医疗保健、房地产、酒店、邮电通信、汽车、名品购物中心、家用电器等行业。

2. 选位——确定满足目标顾客的利益需要

选位的具体方法包括两方面的工作：一是找到目标顾客关注的利益点；二是避开竞争对手的优势点。

（1）满足目标读者客户的利益点。可以看出，目标读者客户对都市类报纸的利益诉求主要集中在以下几个方面：报道及时、时效性强；信息量丰富、内容充实、贴近现实；分析深刻、有启发力（见表 11-2）。依据前述的市场定位战略分析法，我们可以确定《北方新报》的属性定位是全面贴近百姓生活的实用信息和知识，利益定位是增长知识、拓宽视野、放松心情、休息消遣，最后的价值定位是读者足不出户就能尽知天下事。

表 11-2　读者购买都市类报纸最看重的因素

要素	占比（%）
报道及时、时效性强	56.8
信息量丰富、内容充实、贴近现实	68.2
知识量大、有保存价值	18.2
紧贴潮流、引导时尚	11.4
分析深刻、有启发力	34.0
订阅方便	4.5

（2）满足目标广告客户的利益点。在广告经营方面，由于《北方新报》是内蒙古地区强势信息传播平台之一，因此成为当地和外地众多优秀企业的重要广告

载体之一。根据调查，内蒙古当地著名企业和产品的平面广告在《北方新报》的广告占其总投放量的 40%，其中 20% 的广告客户只选择《北方新报》一家媒体投放广告。

根据广告客户的利益取向，我们总结出《北方新报》目标广告客户的属性定位是平面广告的吸引力，利益定位是提升品牌形象、招揽顾客和增加销售，价值定位是生意的成功。

3. 到位——营销要素的有机组合

在选择了目标市场和制定了定位战略后，需要通过产品、价格、渠道和促销等要素的有机组合实现定位，围绕着目标读者和目标广告客户，同样也有两个相互联系的到位组合模式。

（1）针对目标读者的到位组合进行产品策略。在呼和浩特报业市场上，《北方新报》以版面众多、信息量大著称；《北方新报》还采用国际流行黄金报型，版面比同类报纸高出 4 厘米。虽说扩版等增加版面容量的方法并不一定是增大信息量的有效途径，但这无疑使得《北方新报》承载信息的版面空间得到了增加。

从内容上看，《北方新报》力图详尽报道小到首府、自治区，大到国内、国际，发生在各个领域的大事小情，尽量贴近百姓，报道和老百姓生活息息相关的楼市、家居、汽车、健康和消费等方面的内容。

价格策略。同其他产品市场一样，报纸的发行，价格策略是一个较为有效的手段。读者购买的不是低价，而是物有所值，甚至是物超所值，如表 11-3 所示。

表 11-3　内蒙古各主要都市报价格

报刊名	零售价（元）
北方新报	1.0
内蒙古晨报	0.5
呼和浩特晚报	0.5
北方家庭报	0.5
内蒙古商报	2.5

渠道策略。在渠道方面，《北方新报》选择了自办发行、邮局零售、新兴媒体三种方式。

自办发行：在发行方面，《北方新报》坚持"全年发行，全员发行"的发行战略，加密发行网络，缩小发行半径。报纸发行网点已经全部覆盖了内蒙古地区，更遍及了呼和浩特市市区的每一个角落。在呼和浩特市建立了 10 个发行站，350 多名员工、400 多个发行片区，成为本土发行网络最密集、发行规模最大的强势媒体。

邮局零售：内蒙古各盟市、旗县区邮政局（所）已成为《北方新报》报社友好合作伙伴，并且均把《北方新报》作为最畅销报纸积极发行。

新兴媒体：《北方新报》借助网络媒体的优势扩大传播。2005 年北方新闻网的开通，使读者可以在网上读报，给人们生活带来便利；《北方新报》利用新媒体进行传播。2006 年内蒙古第一张手机报——《北方新报·手机报》诞生，2007 年 40 个多媒体视频阅报栏开播，《北方新报》与主流媒体结成战略联盟。2007 年《北方新报》与内蒙古电视台经济生活频道缔结战略联盟，双方达成协议：本着优势互补、资源共享的原则，对重大突发和新闻线索共同策划，统一行动，体现媒体公信力。

沟通策略。《北方新报》会定期举行一些公益活动，与热心的忠实读者进行面对面的交流。《北方新报》走进社区表演节目，向市民送上近期的报纸，培养市民读报习惯。此外，通过爱心捐赠活动，不仅帮助很多贫困考生圆了大学之梦，还为《北方新报》赢得好的口碑，树立了良好的品牌形象，更拉近了与读者之间的距离。

（2）针对目标广告主的到位组合。

产品到位。《北方新报》广告的版面数占总版面数的 1/4，广告涉及的行业种类繁多。《北方新报》广告优势行业包括房地产、汽车、能源类企事业形象以及服装行业等。作为内蒙古地区的龙头媒体，《北方新报》致力于发展当地经济和文化建设，其广告行业的强势发展与内蒙古地区经济建设构架是必不可分的。

价格到位。《北方新报》广告版面费高于当地同类都市类报纸，是因为其强大的产品优势和品牌影响力。广告主选择《北方新报》主要是看中了其发行量大，有效受众面广等优势。

沟通到位。《北方新报》为广告客户提供具有参考价值的信息，帮助他们进行广告媒体、版面和内容选择，以及广告效果的评估与检测。

渠道到位。《北方新报》广告中心实行广告代理与自营双向经营模式，进行专业化运作，实现与客户双赢。他们拥有一套严谨、规范的广告审查和刊发机制，确保了广告的专业刊发流程与直接信息保障。因拥有固定阅读群体，《北方新报》

的广告目标受众诉求更为准确，广告效果得到了更好的体现。

四、《北方新报》的整合营销传播策略分析

报纸整合营销传播策略是报业组织在经营实践中构建新型媒介市场营销体系的一种积极探索，是对营销与传播的有机整合。

所谓"整合营销传播"，是将与企业进行市场营销有关的一切传播活动一元化的过程。整合营销传播一方面把广告、促销、公关、包装、新闻媒体等一切传播活动都涵盖于营销活动的范围之内；另一方面则使企业能够将统一的传播资讯传达给顾客，从而使企业实现促销宣传的低成本化，以高强冲击力形成促销高潮。那么在报纸这个特殊行业里，企业就是通过建立与报纸受众和广告客户之间的共识而达成价值转移的所有要素的总和。

（一）营销出发点由报纸转向广大受众群众

《北方新报》以受众需求为基本出发点，树立起读者需求第一的价值观念，其营销活动的核心环节是发现需求进而满足需求。因此组织强化了与读者的双向交流与互动、沟通协调以及建立共识的过程。通过调查了解目前受众群体对报纸的需求，企业的目标是要报纸的内容及形式与读者的各种需求实现完美的契合与统一。消费者对报纸的认同感好，信任度高，忠诚度强，报纸对读者的覆盖密度自然稳步提升。

（二）营销传播对象由目标读者转向利益相关者

《北方新报》突破了单纯的目标读者的局限，将营销对象扩展到了相关利益群体，比如同业者、投资商、股东、发行商等，这些利益相关者或多或少、或大或小从不同层次不同方面对报纸品牌建设产生影响。报社员工的形象和业务素质、发行商的专业水平和服务质量、政府及其他媒体的政策性调控与监督等，往往能对报纸的品牌建设产生效应，对直接受众的交易行为产生影响，他们也是进行品牌传播沟通的重要渠道。通过读者与利益相关者之间的良性互动，有利于全

面培养社会公众对报纸品牌的情感认同感和品牌忠诚度。

（三）营销目的由产品销售转向品牌建设

《北方新报》的终极目标是提升报纸竞争力，树立品牌形象，创造品牌价值，而不再仅仅是注重短期效益，现实业绩，提高报纸发行量和广告业绩等。报纸品牌更多的是报业精神和报业文化的象征，是个性和品位的体现，是质量和信誉的保证，是报纸产品竞争力和创造超值能力的载体。在报业经营实践中，以品牌经营和运作为核心，整合各种资源要素，不断提高报纸的品牌知名度、品质认同度和品牌忠诚度，努力构建与利益相关者之间特殊的品牌关系，如此必将为报业创造出不可多得的品牌资产价值，造就出全新的消费关系和消费文化，从而构建报纸的竞争优势和品牌强势。

此外，《北方新报》在强化核心产业建设的同时，还注意挖掘报纸产品的价值增值能力，进行跨媒体、跨行业的延伸、转移、分流和扩展，形成多元并进，协同提升的报业发展新格局。

五、关于《北方新报》的思考和探讨

（一）如何做到本土化与差异化的完美结合

首先，亲和力问题，一般来讲，本地报纸亲和力的精髓不在于表现外面的世界有多精彩，而在于更多地贴近当地的百姓生活，这是地方媒体安身立命之本；其次，深度报道问题，读者渴求一些有深度的报道和财经类新闻。《北方新报》是以呼包鄂经济金三角为主市场，辐射整个内蒙古的报纸，但其内容却以首府呼和浩特的新闻事件居多，没有兼顾到更多地区更多读者的需求。同时，当地也有几家比较有影响力的报纸，如《呼和浩特晚报》、《内蒙古晨报》等，它们也是立足本土的报纸，怎样使《北方新报》与其他同类报纸区别开，在读者心目中形成差异化，这是《北方新报》必须思考的一个问题。

（二）怎样应对来自其他媒体的竞争

除了来自报业本身的竞争压力，《北方新报》还面临着当地其他媒体的竞争和挑战。内蒙古的广播和电视节目都有贴近百姓生活的相应栏目，如内蒙古电视台的经济频道经过不断改革创新，确立了"关注经济热点，引领百姓时尚生活"的办台宗旨，推出了《都市全接触》、《百姓热线》、《雷阵雨》、《点经内蒙古》等一系列深受观众喜爱的栏目，在观众中有着较高的知名度和美誉度；内蒙古人民广播电台几个盟市旗县台也以频率密集、信息量大、播出时间长、互动性强、播出及时、收听便利等特点，占据着消费者的心智资源；对于年轻人而言，网络媒体的优势也日益凸显。这些来，自媒体的竞争给《北方新报》带来了巨大的压力。

（三）树立品牌意识由资源竞争型向品牌竞争型转变

内蒙古报业市场普遍缺乏品牌意识，这在一定程度上导致了同质化竞争，尤其是在都市报行业，这种竞争更激烈。在呼和浩特大街上曾发生过这样的一幕：1元就可以买到三份报纸。《北方新报》+《内蒙古晨报》+其他报纸，《呼和浩特晚报》、《内蒙古法制报》、《内蒙古商报》可任选一种。事实上，单《北方新报》和《内蒙古晨报》加起来，定价就超过了1元。除价格竞争外，《北方新报》在短短四年时间里，从16版扩到24版，从24版扩到32版，从32版扩到48版，这对于报业欠发达的内蒙古市场而言，可谓是真正的资源竞争型。而促进报业经济发展的根本方法是倡导良性竞争，将资源竞争型转变为品牌竞争型。这是《北方新报》持久发展的动力和源泉。

《北方新报》要想在高层次的竞争中取得胜利，必须将品牌理念引进报业的整体发展思路，实施品牌战略，培育强势品牌，挖掘品牌价值，扩大品牌影响力，将品牌资源优势转化为市场优势和经济优势，最终提高知名度，提升《北方新报》在内蒙古报业甚至是全国报业市场中的品牌竞争力。

六、《北方新报》栏目设置

表 11-4　栏目设置

一版： 星期一：要闻	二版： 星期一：内蒙古新闻（综合）	三版： 星期一：内蒙古新闻（都市） 星期二：精彩大草原 星期六：特别策划	四版： 星期一：内蒙古新闻（视点/新闻调查） 星期二：精彩大草原 星期六：特别策划
五版： 星期一：关注（特别报道）	六版： 星期一：都市 星期二：健康 星期三：车市 星期四：声音 星期五：面对面	七版： 星期一：特稿 星期六：都市心情	八版： 星期一：体育新闻 星期六：开心超市
九版： 星期一：娱乐新闻 星期六：娱乐圈	十版： 星期一：中国新闻（综合） 星期六：中国新闻	十一版： 星期一：中国新闻·重点（背景） 星期六：钩沉	十二版： 星期一：连载 星期六：个案
十三版： 星期一：社会新闻 星期六：连载	十四版： 星期一：世界新闻 星期六：新报宝贝	十五版： 星期一：世界新闻·重点（背景）/博览世界 星期六：特稿	十六版： 星期一：生活 星期二：读图 星期三：内蒙古地理 星期四：开心超市 星期五：摄影新闻/摄影 星期六：环球
十七版： 星期一：首府新闻	十八版： 星期一：首府看点/社会记录	十九版： 星期一：读者热线	二十版： 星期一：摄影新闻/摄影 星期二：名人 星期三：人与自然 星期四：商街/理财 星期五：读图
二十一版： 星期一：时尚 星期二：休闲 星期三：楼市/职场 星期四：家居 星期五：鉴赏	二十二版： 星期一：生活提示	二十三版： 星期一：健康 星期二：声音 星期三：钩沉 星期四：阅读 星期五：科学发展	二十四版： 星期一：青城故事 星期二：车市 星期三：IT 星期四：美食 星期五：家庭

第十二章　小肥羊
——火锅的味道

2008 年 6 月 12 日，中国领先的全套服务连锁餐厅营运商内蒙古小肥羊餐饮连锁有限公司（以下简称小肥羊）在香港联交所主板上市。小肥羊执行董事兼主席张钢表示："在香港上市是小肥羊发展过程中的一个重要里程碑"。小肥羊执行董事兼首席执行官卢文兵认为："小肥羊在香港成功上市，是小肥羊向世界级的中餐领袖企业迈出的关键一步，是小肥羊 2006 年成功引进 3i 集团和普凯基金战略投资后又一次战略性的转变和提升。"中国连锁经营协会的评价是："小肥羊上市将确立它在中餐连锁中的领袖地位，也为众多连锁品牌做出了榜样，必将给投资者带来丰厚的回报。小肥羊产品的标准化和连锁经营方式不仅打破了中餐向外扩张的'瓶颈'，也为餐饮行业积累了可贵的经验。"

小肥羊上市当天仪式后，在港股疲软的大背景下，小肥羊股票跳空以 2.90 港元的价格低开，最终尾市收于 3.18 港元，使股价保持在了发行价以上。市场认为小肥羊的表现令人满意，也让张钢和他的团队松了一口气。

截至 2008 年 12 月 31 日，小肥羊拥有 375 家连锁店，其中包括 127 间自营餐厅及 248 间特许经营餐厅，并在美国、加拿大、日本、迪拜、印度尼西亚、中国香港、中国澳门等地拥有多间餐厅。此外，小肥羊还拥有两个工业化流水线的羊肉加工基地，一个以生产火锅底料为主的调味品加工基地，另一个以羊肉冷链运输为主的物流配送中心和一个专业外销机构。小肥羊已经成为在中国居于领先地位的全套服务连锁餐厅运营商。

一、公司背景

图 12-1　小肥羊

　　小肥羊于 1999 年 8 月诞生于被誉为草原钢城的内蒙古包头市。当时张钢（小肥羊公司执行董事兼主席）和陈洪凯（小肥羊公司非执行董事）共同创立的小肥羊只是开了一家规模不大的火锅店，营业面积不足 400 平方米，店里只有 30 张桌子、50 名员工。但是很快小肥羊凭借其在产品和价格等方面的优势，使得小肥羊在包头市出现了排队等候的火爆场面。很快，小肥羊业务拓展到北京、上海，并通过公司自营店和加盟店形式迅速在全国铺开，小肥羊品牌获得市场认可，知名度大增。经过多年的发展，小肥羊的总资产已经达到 11.6 亿元，单店年销售额达 580 万元左右，单店年利润 70 万元。2012 年 2 月，百胜餐饮集团以协议计划方式私有化小肥羊的交易顺利完成。小肥羊自 2012 年 2 月 2 日起正式在香港联交所除牌，并成为百胜餐饮集团旗下一个新的餐饮品牌。作为百胜餐饮集团旗下的餐饮品牌，小肥羊将秉承百胜餐饮集团的饮食健康及平衡膳食精神致力为顾客带来高品质食品。目前，小肥羊的餐饮店面已遍布全国，而且连锁店已经进入美国、加拿大、日本、中国香港、中国澳门等国家和地区。截至 2011 年 12 月底，小肥羊在中国大陆拥有 469 家连锁餐厅，是家喻户晓的中国餐饮连锁品牌。

　　小肥羊在急速发展的 13 年里，经历了三个主要阶段：

（一）以加盟为主迅速扩张阶段（1999~2002 年）

　　传统的火锅都需要麻酱小料蘸着吃。这种做法百年一贯制，使得羊肉原有的味道被掩盖。在追求个性化的今天，传统火锅也会面临众口难调的问题。小肥羊的创始人张钢成功研制了口味独特、营养丰富、口感极佳的火锅底料，并创造性地提出了"不蘸小料涮肥羊"的理念，使小肥羊一经出现就受到食客们的普遍认可。

　　小肥羊创立的初期是小肥羊公司快速占领市场的阶段。当时小肥羊公司制定了"以加盟为主，重点直营"的连锁加盟发展模式。在全国各地设立了省、市、县级总代理及单独加盟店。这种"个体户＋个体户"的经营模式以及"不拘一格占领市场"的方式，最大限度地利用社会所有的资源，迅速提高了市场份额，对小肥羊公司早期的快速发展起到了积极作用。在这一阶段，小肥羊不仅满足了市场、加盟者、消费者三方面的需求，也创造了良好的品牌效应。小肥羊的加盟方式除了直营方式和加盟方式外，还有总代理等方式。按照当时"快速地占领市场，先人一步、快人一步"的经营理念，小肥羊实现了快速发展。截至2002年，当内蒙古餐饮企业开始出现仿冒小肥羊商标名称的时候，小肥羊品牌已经有了很大的影响力。小肥羊加盟店最多时达到725家，通过加盟店的增多扩大了对小肥羊品牌的宣传力度，使小肥羊品牌知名度迅速提升。但是，这种"以加盟为主，重点直营"的经营政策同时也产生了许多弊端，如加盟者的素质、服务以及管理水平等参差不齐，从而损害了消费者的利益和小肥羊的美誉度。小肥羊在成为餐饮新现象的同时，也因为迅速扩张带来了更多的质疑。这时张钢开始面临新的挑战，他在思索小肥羊如何才能走出困境。

（二）规范加盟阶段（2003~2007年）

从2002年底开始，为了扭转加盟市场的混乱局面，小肥羊调整了企业战略，"以直营为主，规范加盟"成为这一时期的发展特点。同时，小肥羊成立了加盟中心，负责与加盟商的接洽、管理以及服务。2003年初，在加盟中心调查的基础上，董事会做出暂停加盟业务的决定，开始分阶段、有重点地对加盟市场进行一系列的规范和整顿。截至2007年5月前，强行关闭了300多家加盟店，留下247家经营管理比较好的加盟店，并且将直接收购的40多家店改成直营店。从2007年5月起，为了满足市场需求以及加盟者要求加盟的呼声，小肥羊公司重新有规划地开设高质量加盟店面，进入"不为数量重质量"的发展阶段，即在国内市场，一二线城市以直营为主，二三线城市以加盟为主，形成相互补充、相互促进的格局，且不再设任何形式的总代理；在国际市场上，采取形式灵活多样的政策，以全面打开国际市场。规范的重点主要体现在以下几个字上：第一个字是"关"，就是坚决取缔在清查中发现的不合格店面，以维护小肥羊品牌形象不受伤害；第二个字是"延"，就是对那些虽然经营情况较差，但是能积极配合公司进行整改的店面予以保留，限期整改；第三个字是"收"，一方面对检查中发现的一批经营有序，盈利能力强的店面进行收购，纳入公司直营店的规范管理体系中，另一方面逐步收回各级到期总代理的代理权，并且不再续签合约；第四个字是"合"，与好的加盟商、代理商以参股、控股等方式合作。通过切合实际的整改，小肥羊因其良好的成长业绩，于 2006 年被评为中国十大最具成长力的驰名商标之一。随后，各种赞誉扑面而来。

截至 2007 年 5 月，小肥羊基本完成经营体制转型和收编，原则上一线城市和省会城市不设加盟店，其他可加盟城市的管理办法也发生重大改变。截至 2008 年底，小肥羊全国连锁店收缩到 375 家，虽然比最高峰时候减少了一半多，但营业额却增长显著。

（三）成功上市、走国际化道路阶段（2008 年 6 月至今）

在小肥羊业绩快速增长的良好背景下，小肥羊于 2008 年 6 月 12 日在香港成功上市，迈出了小肥羊走向世界级的中餐领袖企业的关键一步，使企业实现了战略性的转变和提升。

二、小肥羊的营销策略

（一）产品策略

在产品方面，小肥羊以优质的内蒙古锡林郭勒盟的羔羊肉和秘制配方的小肥羊火锅底料实现了天然营养美味的诉求。

为满足不同目标顾客的需求，小肥羊在羊肉和火锅底料的把关上更加严格，保持了"肉品鲜嫩，香辣适口，回味悠长，久涮汤不淡、肉不老"的特点。在各细分市场，小肥羊根据不同的店面设计了不同的产品。在精品店，小肥羊引进了很多高端产品，比如鲍鱼、海参等海鲜产品。同时还推出了一种叫"3D 至尊"的极品羊肉。"3D 至尊"来自于小肥羊自己的养殖基地白音希勒牧场羊的身体的第三根到第五根肋骨之间的肉。与一般的羊肉 24 小时排酸不同，"3D 至尊"要进行三天大排酸，可以说"3D 至尊"是以高品质贯穿了羊肉整个生产过程。小肥羊非常重视新产品开发。2008 年冬天，小肥羊推出一款茶香火锅；2009 年夏天，推出一款清凉火锅；2009 年秋季，需要进补的时候，还推出一系列具有滋补功能的火锅。可以说，小肥羊一年四季都在推出新的锅底。小肥羊不断拓宽产品线，上市后，隐身在火锅行业背后的羊肉产业正在成为小肥羊整个产业链中的次主业和新的利润增长点，小肥羊重点开发了"羊王"、"今美"两个品牌的羊肉系列产品，并于 2008 年起拓展外销市场，在全国 20 多个省，70 多个地级市设立了销售网点。目前，小肥羊的主要产品有小肥羊火锅、调味品厂生产的火锅底料和自建基地生产的高品质羊肉。

（二）价格策略

在价格方面，小肥羊初期推出适合工薪阶层的大众价位，20 元的锅底，10元一盘羊肉，让顾客感受到货真价实，物有所值。为品牌的推广奠定了广泛的群众基础。

小肥羊的价格不是全国统一定价，只在每个区域实现价格统一。一般根据当地的消费水平及经营的人力资源成本、房租、物流运输等费用确定价格。不同档次的店面价格不同，不同地区的店面价格不同，以满足不同顾客的需求。

小肥羊主流店的目标是要做到当地最好的火锅店，定价目标为当地中等的价格。精品店的价格走的是高端路线。如在小肥羊上海连锁店里，一盘（250 克）"3D 至尊"售价是 188 元，羊肉卖出了海鲜的价格。在便利的社区店，由于地段相对偏僻租金较低，价格比主流店稍低，而且采取灵活的就餐策略，顾客可以根据自己的实际需求点半份菜。

（三）促销策略

过去，在促销宣传上，小肥羊每开一家新店都做一定的回馈活动，甚至会打出横幅"吃一百送一百又来了"让消费者一目了然。这种方式尽管简单、原始，却行之有效。在小肥羊发展初期起到了积极有效的作用。

现阶段，小肥羊采用形式多样的赠送活动进行促销，如到店消费一定金额赠送现金券、赠送菜品等。到 2006 年之后，随着公司品牌进一步国际化和品牌价值的提升，回馈餐券这种手段用得越来越少，而是更加注重节假日的亲情回馈。比如像护士节、母亲节、父亲节、中秋节、国庆节，凡是这样的节日，小肥羊都会设计一些很有亲情关怀的小礼品送给忠实顾客。目前，小肥羊每年大约有六七千万人到店进行消费。

（四）其他

1. 服务要素

小肥羊初期由于开店速度太快、服务人员素质差异较大，很难实现服务的标准和统一。随着小肥羊的规范化管理的实施，小肥羊火锅在服务的流程化、标准化方面做出了规定，对每一个环节都进行了科学规范，对每一个环节都制定了服务质量标准。做到环境美观整洁，服务真诚友善，供餐准确无误，语言行为得体。在对服务的考核方面，小肥羊设立了系统化的雇员定期评估计划，包括神秘顾客调查和使用均衡记分卡。神秘顾客的监督检查方式是对店面的卫生状况、菜品创新、餐具摆设、员工的服务态度等进行综合打分，并与员工的考核奖惩挂钩。原来小肥羊的主要标准是看收入和利润，现在这一部分的考察系数为 60%，环境和服务则占 40%。通过第三方评判经营管理能力，目的是提升小肥羊的服务水平。

2. 选址要素

初期选店址时由于没有管理方面的经验，小肥羊创始人张钢主要是凭借个人的经验和感觉。据说，他到任何城市转一圈，就能找到小肥羊在这个城市中的定位、选址，立即能拿出基本正确的方案。正是通过这种经验式的管理和做市场的眼光，小肥羊当时基本上做到了"开一家火一家"。

随着小肥羊的规范化和科学化，小肥羊开始通过运营部门选址。每一次选址前都要经过严格深入的市场调研，充分了解人流、客流、地段、位置、交通、环境、商圈等各种情况和因素，做到全方位、多角度、周全化、立体化的掌控。现在开店选址时，一般会提供一倍以上的备选地址，即如果在某个城市要开 10 家店，市场开发中心会预先选定 20 家以上的备选店面。

在店面设计上，小肥羊根据消费人群的不同设计了主流店、精品店和社区店，不同的店面装修设计特点不同。但小肥羊品牌的标志和总体风格基本统一，同时也经济有效地实现了小肥羊的品牌传播。

3. 环境要素

在环境上，为消费者营造了整齐、优雅、洁净的环境，让消费者吃得舒心。

与小肥羊公司的天然、健康以及小肥羊引领的草原文化的元素相匹配，小肥羊从装修元素上来说，一直提倡的以绿色草原风情的装修特点和风格来体现草原文化，希望顾客感受到大草原的清新气息。但是，在2007年以前，在每个区域开店，都是各地分店自己找设计师，虽然都能按照集团的标准做，但是风格难以达到统一，顾客看到后没有鲜明统一的印象。现在，小肥羊所有的店面都请香港的设计师统一设计，店面设计正逐渐朝着统一化的方向发展。同时餐厅室内环境的温度和湿度保持一定的标准，使消费者有一个良好的就餐环境。

根据目标顾客的不同，小肥羊的环境设计在统一的前提下店内设计各有侧重。在主流店的店面设计上，既有大厅，也有包间，但是以大厅为主，包间为辅。包间大约占整个面积的1/3。在餐位的设计上，两人台、四人台、六人台，同时，所占比例也越来越大。所以小肥羊的装修风格、菜品等也努力靠近这一消费群体。在精品店设计上，聘请了香港优秀的设计师进行店面设计；注重环境优雅、舒适的店面风格，注意排风系统的设计，小肥羊自己研发了吸味宝装置，不容易让就餐的顾客身上有火锅的气味，使顾客感到舒适满意。在社区店的设计上，从外表上来看，与主流店的差异不是很大，但是它的装修材料在环保的前提下相对比较便宜，并且针对家庭就餐做了一些特殊的店内设计。考虑到适合家庭就餐环境的特点和中国孩子的特点，设计了孩子的空间，孩子们吃完饭，可以到自己的空间去写作业或看电视。

三、小肥羊的品牌管理

（一）小肥羊的品牌战略三步曲

第一步（1999~2003年）：主要是强调产品的差异化，以"不蘸小料涮羊肉"颠覆人们以往对涮羊肉吃法的认知，打造了涮羊肉新吃法，突出了具有浓厚的蒙古民族餐饮文化特色的小肥羊火锅品牌。

第二步（2003~2005年）：以草原文化占据消费者的心智资源，提出"天然美味，快乐共享"的广告语，强调产品的纯天然、无污染和绿色环保，锅底汤料精选了几十种上乘滋补调味品；羊肉选自 6 月龄左右、纯天然、无污染的内蒙古草原肉羊——"乌珠穆沁羊"和"苏尼特羊"。两者珠联璧合，形成了诱惑难挡的天然美味。

第三步（2005 年至今）：强调小肥羊产品的国际化路线，将广告宣传语变更为"中华美食，世界共享"。其实早在 2004 年 6 月，小肥羊在香港铜锣湾店的隆重开业就标志着小肥羊连锁店拉开了国际化之路帷幕。从 2005 年开始，小肥羊加快了国际化的进程，在稳固国内市场的同时，大力拓展国际市场。目前，小肥羊在美国、加拿大、日本、印度尼西亚、迪拜、韩国等国家大约有店面 20 家，如表 12–1 所示。

表 12–1　小肥羊 2007 年与 2008 年店面数量变化及分布区域

单位：家

地　区	截至 2008 年 12 月 31 日		截至 2007 年 12 月 31 日	
	自　营	特许经营	自　营	特许经营
华北	32	110	20	114
华东	44	54	32	49
华南	29	22	20	24
东北	5	5	4	8
西北	11	46	5	44
特别行政区	5		5	
海外	1	11	4	8
其他				10
总计	127	248	90	257

（二）事件营销

小肥羊成立初期在品牌方面最突出的问题是小肥羊没有自己的注册商标。因此，一时间假店横行，全国最多的时候有 5000 家假店，这些假店还曾上诉工商总局要求共享小肥羊的商标，小肥羊只能靠《反不正当竞争法》来打官司。结果是小肥羊在打官司的过程中善于利用媒体进行事件营销，反而增加了小肥羊品牌的知名度。

2008 年，小肥羊利用餐饮业第一家境外上市公司这一重要事件作了大量的宣传，进一步扩大了小肥羊品牌在国内外的影响力。2009 年，小肥羊品牌资产价值达到 75.79 亿元。小肥羊在品牌塑造方面以优秀的经营业绩获得了同行业和消费者的认可，连续五年入选由世界品牌实验室评选的《中国500最具价值品牌》。小肥羊品牌连续两年获得品牌中国最高奖"华谱奖"、中国十大最具成长力驰名商标、中国最具影响力品牌、消费者最喜爱的火锅品牌等荣誉。根据AC尼尔森调查显示，小肥羊是国内被提及率最高的火锅餐饮品牌，如表12-2所示。

表12-2 小肥羊品牌资产价值一览表

单位：亿元

年 份	品牌资产价值
2005	55.12
2006	56.77
2007	59.16
2008	60.22

与中国银行合作。小肥羊和中国银行合作每年要发放一定的会员卡。会员卡可以积分、兑奖，同时还会组织会员搞一些活动。这项活动从2007年开始，每年7月、8月组织会员草原游。2007年的主题是"我和草原有个约定"，2008年的主题是"陪你一起看草原"。

与中国登山队合作。2009年3月，小肥羊和中国登山队合作，启动"巅峰梦想快乐共享"计划，旨在提升小肥羊品牌的知名度和美誉度，与消费者产生品牌共鸣。因为中国登山队是一个冠军品牌，它与小肥羊一直追求的致力于做业内的冠军品牌相一致。同时，中国登山队象征着两种精神——永不停歇的攀登精神和精诚合作的团队协作精神，这也和小肥羊的理念相吻合，小肥羊与中国登山队的核心价值匹配。通过两个冠军品牌的联合作为品牌宣传突破口，不断强力传播小肥羊冠军品质形象，以营销活动提升销售业绩。活动主题通过三个概念体现：概念一，吃羊肉与登山运动同样能达到强健体魄的目的；概念二，小肥羊的冠军品质=登上巅峰的冠军精神；概念三，天然美味、强健身体、步步向上、快乐共享。通过这三个概念把小肥羊的核心价值和中国登山队的核心价值有机地契合在一起。小肥羊与中国登山队的合作形式：小肥羊是中国登山队餐饮服务赞助商，小肥羊肉品是中国登山队专用产品，中国登山队队长王勇峰为小肥羊公司的形象代言人。

四、当前小肥羊的行业地位和竞争分析

(一) 小肥羊的行业地位

近年来，中国人均年餐饮消费额每年以 15% 以上的速度增长，而大中城市的人均年餐饮消费额更是全国平均水平的若干倍。可见，餐饮企业的需求空间逐年大幅增长，为餐饮企业的持续发展带来了极大的动力。但是随着餐饮行业竞争愈演愈烈，企业盈利出现两极分化。中小型餐饮企业，特别是没有特色和品牌知名度的企业，盈利变得越来越少。突出的表现是供应链采购系统中间成本过高。而大型的连锁和品牌餐饮企业，由于产生规模效应，不仅成本低而且价格也偏高，盈利水平相对比较高。加之火锅这一餐饮方式在中国有着良好的群众基础。2006年小肥羊在中国连锁餐厅市场占有率排名中仅次于百盛集团和麦当劳，排在第三位。截至 2010 年 4 月底，中国火锅餐饮的网点大约有 20 万家，年营业额达到1400 亿元以上。2009 年度百强餐饮企业中，火锅企业营业额已经占到近三成。

小肥羊在 10 年的时间里，几乎年年蝉联中国餐饮百强企业的前三名。小肥羊曾经一度成为涮羊肉火锅的代名词。小肥羊还先后取得了 "中国企业 500强"、"中国驰名商标"，几度入选由世界品牌实验室和《世界经理人周刊》联合主办的 "中国 500 最具价值品牌"。这些荣誉不仅提高了小肥羊公司的知名度和美誉度，也确立了其在中国餐饮业企业第一阵营的地位。

(二) 小肥羊品牌的优势分析

(1) 品牌知名度高。根据 AC 尼尔森的调查数据显示，小肥羊是目前被提及率极高的火锅餐饮品牌。作为首家在香港上市的餐饮企业的品牌，小肥羊被誉为中华火锅第一股，构筑了强大的规模和品牌优势。在品牌形象方面，小肥羊特有的品牌标志和它来自草原的绿色健康的理念与消费者追求健康的生活理念极易产生共鸣。

(2) 小肥羊是国内领先的全套火锅餐厅运营商。从上游来看，小肥羊在内蒙古有两个重要的肉源基地，其中，一个是被誉为国际四大牧场之一的锡林郭勒盟，另一个是具有北方羊城之称的巴彦淖尔市。两基地都设有羊肉加工厂，为小肥羊提供了优质的肉源，小肥羊实现了产品质量的标准化和服务的标准化。

（3）强大物流配送系统。小肥羊餐饮连锁有限公司下设物流配送公司，主要负责小肥羊餐饮经营的集中采购、配送、仓储和后勤保障。目前已成为中国最大的羊肉仓储、羊肉冷链运输和餐饮集中采购企业。

（4）强有力的资金保证和扩张能力。小肥羊上市后，通过资本市场实现更高速的扩张。2008年是小肥羊成立以来新增分店数目最多的一年。年报显示，2008年小肥羊新增门店共计74家。其中33家直营餐厅，41家加盟店。

（三）小肥羊的竞争分析

目前小肥羊在国内火锅餐饮企业中的竞争对手主要是东来顺、台湾呷哺呷哺涮涮锅（以下简称"呷哺呷哺"）、海底捞等几家火锅餐饮企业。本案例通过大众点评网上的数据，对小肥羊、东来顺、呷哺呷哺、海底捞四家企业在北京的所有店铺的得分进行了统计，我们选用了口味、服务、人均消费和环境等几个要素进行分析，并画出消费者感知图，如图12-2所示。

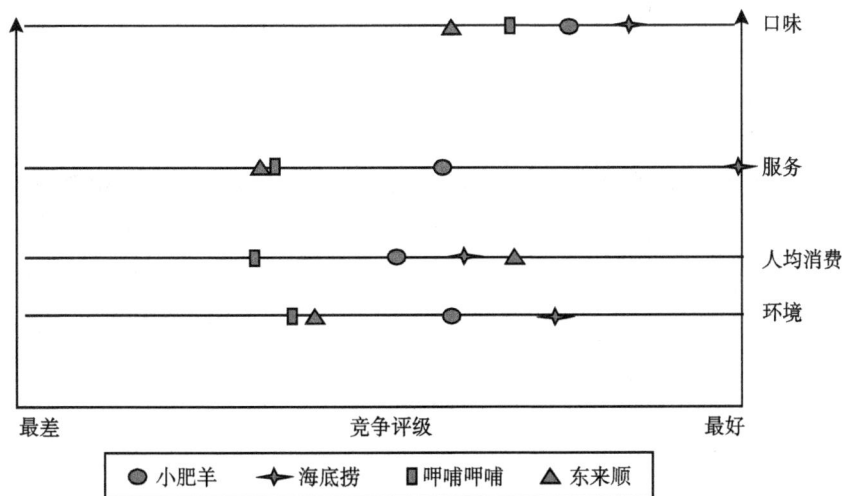

图12-2 消费者感知图

由图 12-2 可知,小肥羊在服务、口味、环境三个要素上都不处于领先地位,在人均消费上属于中等水平。与之相比,最有竞争优势的是北京的海底捞,它以其特色服务赢得了众多喜欢吃火锅的消费者,并以服务接近满分的优势遥遥领先于其他企业。呷哺呷哺虽然在环境和服务这两项指标中排分相对靠后,但人均消费较低,在短短的时间里,呷哺呷哺就以其明显的价格优势和便利性迅速地占据了北京各大超市的出入口附近,品牌知名度蹿升。可以看出,在激烈的竞争中小肥羊的优势已不太明显,小肥羊面临着来自竞争者的威胁。

五、关于小肥羊的思考与探讨

从 1999 年至今,在 10 多年的时间里小肥羊实现了高速成长的神话。它的连锁店不仅遍布中国,还延伸到了海外市场。小肥羊凭借着独特的加工基地和专业外销机构,在中国餐饮业中居于领先地位。但是今日已不同往昔,市场竞争越来越激烈,小肥羊在做大做强之后,提高消费者的满意度、不断提升小肥羊品牌的价值的关键在哪里?小肥羊如何提升品牌美誉度?如何避免品牌延伸错误,打造世界顶级品牌?这些都是小肥羊管理层需要积极面对的问题。

(一) 服务问题

在实地到店体验中,消费者会感觉小肥羊的店面服务不能达到预期,从大众点评网的评价上看,小肥羊的服务与竞争对手相比存在一定的差距。这里面涉及了人员素质和服务意识两个方面的因素,标准化只能解决服务的规范化问题,并不能控制顾客的心理感受。因此,为消费者提供真诚、贴心、周到的服务影响着消费者对服务的满意程度,进而影响到顾客对小肥羊品牌的忠诚。

(二) 定位问题

准确的定位会提高消费者对这一品牌的认知,提高品牌的传播效果。小肥羊的定位点始终放在美食这一属性定位方面,但是从它的广告语看,"品味小肥羊、感受大草原"、"天然美食,健康享受"、"有太阳的地方就有小肥羊"、"中国美食,世界共享"和"天然美食、快乐共享"等始终没有确定小肥羊的品牌核心价值，没有一个可以一直沿用的品牌箴言。天然、绿色、营养、美味、健康、世界的、快乐等究竟是哪一个？好像小肥羊自己也无从定夺。

（三）品牌提升问题

小肥羊在发展初期曾经历过品牌知名度很高但是美誉度低的阶段，后来经过打假、规范化等一系列工作，品牌价值不断提升，但是作为一个与消费者广泛密切接触的餐饮企业，提高品牌知名度的同时，提升品牌美誉度，拉近同消费者的亲近感，是小肥羊在今后要面对的工作。比如从 2008 年底开始，小肥羊已经开始筹办"小肥羊公益基金会"，将专门致力于企业社会责任事业。这项工作能否做到让公众认同，是对提升小肥羊美誉度的重要考验。

附录：大事记

1999 年 8 月，小肥羊酒店成立。

1999 年 10 月，小肥羊物流公司成立。

2002 年 1 月，内蒙古小肥羊餐饮连锁有限公司北京分公司成立。

2003 年 1 月，小肥羊调味品基地建立。

2004 年 5 月，小肥羊肉业有限公司在锡林浩特破土动工。

2004 年 9 月，小肥羊公司跻身中国企业 500 强。

2004 年 11 月 12 日，小肥羊"LITTLE SHEEP 商图"被认定为中国驰名商标。

2005 年 8 月，以品牌价值 55.12 亿元入选 2005"中国 500 最具价值品牌"金榜，排名 95 位。

2005 年 10 月 12 日，北美地区第一家直营店——多伦多分店在加拿大的多伦多开业。

2005 年 12 月，入选"中国质量 500 强"位列"服务行业"第一名和"中国十大质量品牌"第一名。

2006 年 5 月，小肥羊"商标侵权案"最终胜诉，小肥羊商标得以注册。

2006 年 6 月 2 日，公司总裁卢文兵作为内蒙古民营企业代表向温家宝总理汇报工作。

2006 年 6 月，第四次入选"中国餐饮百强企业"，为第二名。

2006 年 9 月，入选"中国服务企业 500 强"，位列第 157 位，餐饮业第 1 位。

2006 年 9 月，入围"全国食品安全十佳供应商"。

2006 年 9 月，小肥羊家装火锅汤料获"内蒙古名牌产品"称号。

2006 年 11 月 24 日，小肥羊调味品公司获"标准化良好行为企业"最高级别的 AAAA 级殊荣。

2007 年 3 月，获由包头市委、市政府评比的"包头市民营企业 20 强"，位列第一名。

2007 年 3 月 12 日，小肥羊入围"全国重点保护品牌"。

2007 年 4 月，获"2006 年中国十大优秀特许品牌"称号。

2007 年 6 月，第三次入围"中国 500 最具价值品牌"，品牌价值 59.16 亿元。

2007 年 7 月 1 日，小肥羊入围"21 未来之星——年度最具成长性的新兴企业"。

2007 年 7 月，入围内蒙古民营企业 100 强，排名第 4 位。

2007 年 8 月 8 日，获得"品牌中国金谱奖——中国餐饮行业年度十佳品牌"。

2007 年 9 月 1 日，小肥羊再次入围中国服务业 500 强，排名第 172 位，餐饮业第一名。

2007 年 9 月，"小肥羊"入围"内蒙古十大名牌产品"。

2007 年 9 月，调味品公司成为包头首家顺利通过 QS 的调味品企业。

2007 年 11 月 1 日，小肥羊荣膺中国营销 2007 年度标杆企业。

2007 年 11 月 11 日，在美国纽约第四届年度中餐百佳评选活动颁奖典礼上，荣获中餐百佳地方菜，中餐百佳新秀店和中餐百佳健康菜三项荣誉。

2007 年 12 月，调味品公司荣获"中国调味品十强企业"、"中国优质名牌产品"两项殊荣。

2007 年 12 月 2 日，公司喜获"2007 年度包头市餐饮名店"荣誉。

2007 年 12 月 5 日，小肥羊美国公司获世界日报金冠杯最佳信誉奖。

2007 年 12 月 7 日，公司成为中国餐饮业百城万店迎奥运活动首批著名参与企业。

2007 年 12 月 28 日，公司喜获世界品牌实验室（WBL）颁发的"2007 中国品牌年度大奖 NO.1（餐饮）"和"中国最具影响力品牌"（TOP10）两项殊荣。

2007 年 12 月 29 日，公司首次入围北京市 2007 年度在京外埠商业品牌。

2008 年 1 月，小肥羊肉业公司荣获"中国著名品牌"殊荣。

2008 年 1 月 14 日，总裁卢文兵获"包头市杰出青年企业家"称号。

2008 年 1 月 28 日，公司荣获广州地区年度"十佳火锅名店"、"最佳连锁餐饮品牌"、"最佳品牌餐饮企业"三项殊荣。

2008 年 1 月，公司喜获"江苏消费者信得过 AAA 级品牌会员企业"。

2008 年 2 月 1 日，公司荣获 2007 年"包头市对外经济合作先进企业"称号。

2008 年 2 月 4 日，公司入围中国品牌研究院发布的"中国最有价值商标 500 强"。

2008 年 2 月 29 日，公司入选"2007 年度影响北京外埠商业品牌"。

2008 年 3 月 28 日，首届中国最具竞争力品牌权威发布，小肥羊榜上有名。

2008 年 3 月 28 日，内蒙古小肥羊餐饮连锁有限公司再次入围中国连锁百强，综合排名第 46 位，中餐企业排名第 1 位。

2008 年 4 月 2 日，内蒙古小肥羊餐饮连锁有限公司荣获"2007~2008 年度中国十大优秀特许品牌"荣誉。

2008 年 5 月 10 日，内蒙古小肥羊餐饮连锁有限公司荣获"中国餐饮十佳企业"称号。

2008 年 5 月 14 日，内蒙古小肥羊肉业有限公司位列 2008 中国肉类行业强势企业榜单第 90 位。

2008 年 6 月 2 日，"小肥羊"入选 2008 年度中国品牌价值 500 强。

2008 年 6 月 12 日，内蒙古小肥羊餐饮连锁有限公司香港成功上市。

2008 年 6 月 12 日，内蒙古小肥羊餐饮连锁有限公司入围中国品牌研究院公布的第二届中国行业标志性品牌，成功蝉联。

第十三章 北奔重卡
——敢问路在何方

在 2009 年中华人民共和国成立 60 周年国庆阅兵仪式上，北奔重卡作为此次阅兵中空军机动雷达方队的车辆供应商参加了此次阅兵。可以说，北奔重卡借助此次阅兵向消费者及客户对其高端重卡品牌的形象做了一次成功的推介，完成了从中低端向高端的转型。但转型并没有带来销量的显著提升。在高端重卡市场上，北奔重卡似乎止步不前了，是什么原因导致了这种停滞？难道是北奔的高端定位思想不符合市场需求？对此，北奔集团内部展开了一场关于北奔国庆阅兵后市场定位的激烈讨论，旨在通过讨论找出解决北奔重卡目前销售停滞的原因及解决办法。

一、北奔重卡概况

包头北方奔驰重型汽车有限责任公司是由中国兵器工业集团公司、中国北方工业公司、内蒙古第一机械制造（集团）有限公司、中国华融资产管理公司、重庆铁马集团公司、包头市工业国有资产有限公司、山东小峰实业有限公司共同出

图 13-1 北奔重卡

资组建的国有股份制汽车企业，是20世纪80年代后期，国家为改变汽车工业"缺重"局面，打造国内重车品牌，实施"高起点、高标准、高品质"战略决策，全套引进德国奔驰许可的重车生产技术建设重点项目。从1988年建立之初，北奔重卡一直致力于开发高水平、高质量的重型卡车，但其销量一直徘徊在千余台左右，到2002年，北奔集团终止了与德国奔驰集团的合作，根据当时的市场形势分析，将北奔重卡定位于中低档重卡，并向市场推出其自主知识产权的重型卡车。当年，其销量突破了10年来一直过不去的1000台的销售大关，完成了其发展阶段的重要蜕变。与此同时，在经过深入的市场调研和分析之后，北奔集团奉行"产品差异化战略"，在这一战略的指引下，北奔集团实力不断增强、产品不断丰富、其市场占有率也有了显著的提高。但是，随着时间的推移，北奔重卡的市场份额趋于稳定，企业的发展又遇到了新的"瓶颈"，如何突破"瓶颈"，实现企业更高层次的发展，是北奔重卡自2008年以来的重要研究课题。

二、北奔重卡行业竞争分析

重型卡车，在国外已经发展成一个成熟的市场，但是在国内仅发展了20余年，相对于国际市场还有待进一步完善。目前国内从事重型卡车生产的厂商有将近30家，但市场份额的90%以上集中在销量的前9家，分别是一汽集团、东风集团、中国重汽、陕汽集团、福田汽车、北奔重汽、上汽红岩以及来自安徽的两家汽车公司华菱汽车和江淮汽车。图13-2显示了重卡汽车各品牌1998~2008年的中国重卡生产比率。

通过图13-2的比较分析，我们可以大致将重卡行业分为三个阵营：第一阵营中有三个品牌企业：东风集团、一汽集团、中国重汽，2008年这三个品牌企业生产量占据了重卡行业生产总额的60%以上；第二阵营则由陕汽集团、北汽集团和北奔重卡组成，2008年这三个品牌企业共占据生产份额的25%左右；第三阵营则由其他的20多个重卡品牌组成。北奔重卡处于第二阵营末端，2008年其销量占据约4%的市场份额。

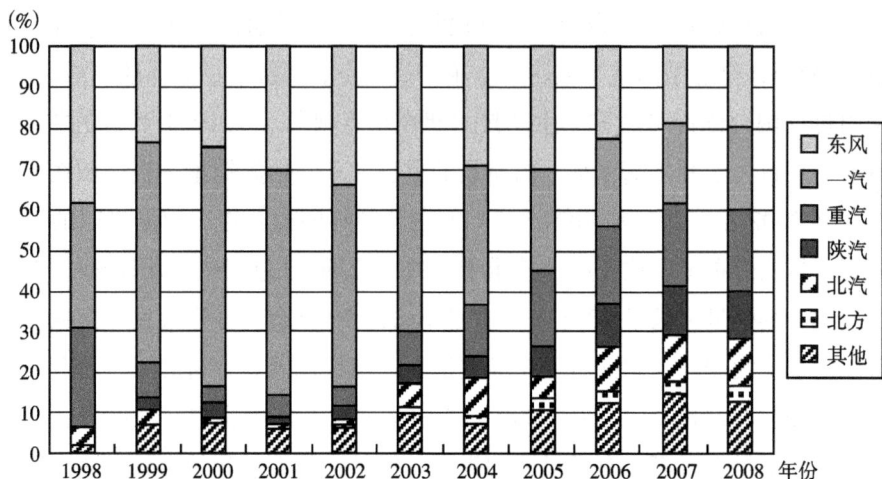

图 13-2　中国重卡生产比率

注：北奔重卡的简称是"北方"。

从整个行业周期来看，重卡行业已经进入到了行业成熟期前期的状态。图 13-3 是中国重卡 2001~2009 年销量增长率的变化。

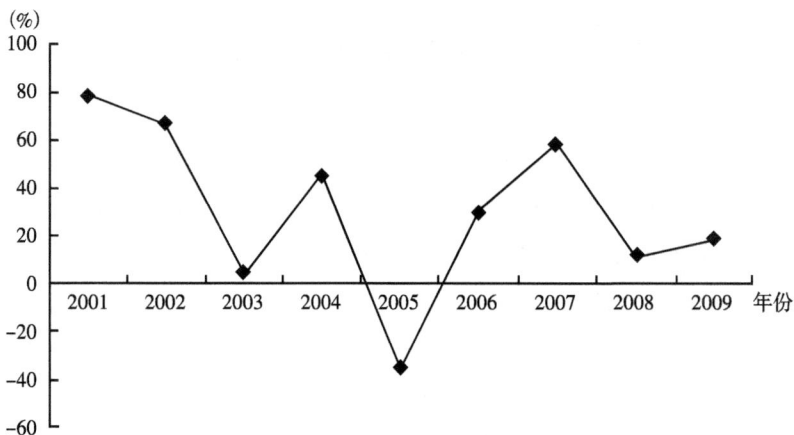

图 13-3　2001~2009 年中国重卡销量增长率的变化

根据行业产销增长率判断法我们可以得出结论，重卡行业的销售量增长率已经稳定在-10%~10%，因此，整个行业进入成熟期前期的状态。

从重卡行业内企业营销的发展阶段来看，目前主要有三个阶段，如图 13-4 所示。

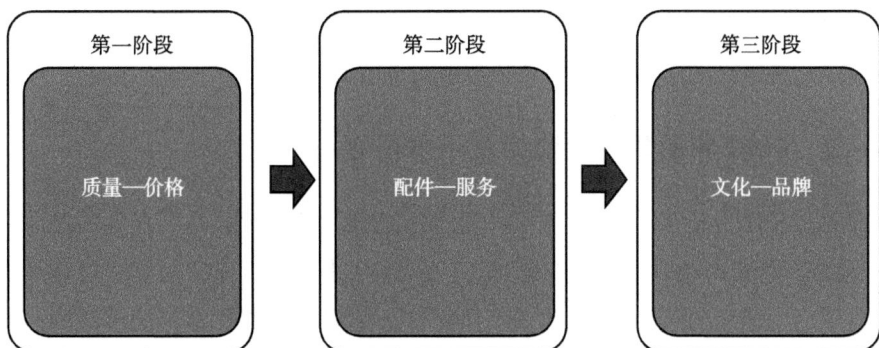

图 13-4　重卡行业发展的三个阶段

　　目前，中国重卡市场已经进入到了第三阶段，即"文化—品牌"这一发展阶段，各个重卡企业都希望通过树立优秀的企业文化，创建良好的品牌形象吸引消费者，带动销量提升。

　　通过分析，北奔重卡的主要竞争对手主要有 5 个，它们分别是东风、一汽、重汽、陕汽和北汽。整个重卡行业经过了 21 世纪前几年的发展，到了 2009 年，已经出现了明显的增长放缓态势，进入到成熟期前期。而从营销的角度来看，质量和服务已经不能带来明显的差异化，整个行业进入到品牌和文化的竞争阶段。因此，对品牌进行清晰的定位并有效传达出北奔重卡的企业文化，成为北奔重卡 2009 年以后突破发展"瓶颈"的关键。

三、北奔重卡品牌定位的变换历程回顾

（一）项目引进时期定位高端

　　北奔集团是 1988 年在党中央建设一大批优秀企业政策的指引下，通过引进德国奔驰公司技术而建成的。在最初阶段，北奔集团依靠全套进口德国奔驰公司的零部件在国内组装生产完成后整车销售。由于在项目最初引进时期，国内市场对重型卡车需求量较少，年需求量仅为 20000 辆左右且大部分都是被政府机构以及事业单位所采购，这些客户所注重的是重卡优良的性能，不过多考虑价格因素，因此，北奔重卡恰好满足了这部分客户的需求。当时北奔主要客户包括军队、邮政、石油、化工、银行、水电、消防等单位。

（二）2000 年后审时度势定位于中低端

经过了 20 世纪 90 年代中国经济的飞速发展，重型卡车的需求量随之急剧增加。然而，随着市场需求的持续扩大，中国重汽集团、东风集团和一汽集团先后进入了重型汽车市场。市场上的重卡品牌越来越多，行业竞争越来越激烈。而此时，北奔重卡的年销量却停滞在了 1000 台左右，相对应地，竞争对手的销量则为北奔重卡的几倍甚至几十倍。

根据这一情况，北奔集团开展了深入的调研工作。经过调查研究，他们得出，随着中国国内经济的腾飞，中国重型卡车市场需求量越来越大，但是，市场的需求从以高端客户为主转变为以普通中低端客户为主。对于像北奔重卡这样的高端产品来说，国内市场没有充足的能力消化。因此，北奔领导做出决定，北奔重卡不能仅仅定位高端市场，而应该将产品深入到中低端市场。市场定位确定后，公司迅速调整产品结构，下调北奔重卡产品价格，做普通中低端用户能够承受得起的品牌。同时在全国范围内构建营销网络体系，凭借着北奔重汽产品的优良性价比以及其品牌在国内的固有影响力，北奔重卡的销量开始稳步提升。

（三）2009 年后重塑高端品牌

2001~2009 年是中国重卡行业发展的黄金 10 年。中国经济的飞速发展带动了重卡行业的市场需求量迅速增加。林林总总、各式各样的汽车企业纷纷进入到重卡市场，由最初的几家发展到了现在的几十家，这也使得重卡行业的竞争空前激烈。而市场竞争最为激烈的当属中低端的重卡汽车，这一层面正是北奔的市场定位层，北奔在这个层面上的竞争并不占优势，低端的价位不仅不能充分体现出北奔的品质优势，反而拖低了北奔重卡的单位利润，桎梏了北奔的长远发展。针对这一市场新情况，北奔领导经过分析得出，虽然重卡的市场竞争激烈，但是却远远没有达到饱和的程度，各个阶层、不同客户对重卡的需求是不同的，北奔重卡应逐步完成从中低端市场向高端市场的转变。重新定位于服务高端客户市场需求并借助于各方面力量以及推广活动，重塑北奔重卡高端品牌的形象。以高端客户为基点，逐渐占领高端重卡品牌领域。

四、国庆阅兵事件营销开启了攀"高"征程

2009 年 10 月 1 日,新中国迎来了 60 周年华诞,举国同庆,盛世欢歌。北奔重卡把握住了这次难得的品牌营销良机。16 台北奔重卡首次在国庆阅兵中亮相。此次北奔重卡系列车型主要装备于受阅的空军机动雷达方队。

2009 年 10 月 1 日 11 点 04 分,第二十二方队——由北奔重卡系列车型作为底盘的空军的机动雷达方队通过天安门广场,这是机动雷达方队首次参加国庆阅兵,也是北奔重卡第一次参加国庆阅兵。空军机动雷达车是我军装备发展史上极为重要的一笔,是我军电子对抗对空打击的主要探测装备,像丛林中的猎人,移动中的城堡,从地面延伸到空中的眼睛,为祖国的领空安全提供坚实的保障。空军雷达装备配备北奔重卡底盘,彰显了北奔重卡卓越的性能品质和可靠的质量保证。随着方队顺利通过天安门,安全到达集结地,标志着北奔重汽公司参与国庆阅兵的 16 台北奔重卡圆满完成任务,如图 13-5 所示。

图 13-5 2009 年国庆阅兵的北奔重卡方队

这一方队的出现引起了媒体的热议，尤其是关于北奔重卡这个品牌的技术性能以及卓越品质，各大媒体纷纷对此争相报道，甚至还有记者在报道中赞叹北奔重卡的出色表现是"扬我国威"，将北奔重卡的地位提升到了民族品牌的高度。因此，可以说，参加国庆阅兵事件，北奔重卡获得了大丰收。这是北奔重卡高端品牌塑造的开始。自此以后，北奔重卡又采取了一系列的有力举措来巩固国庆阅兵的事件营销成果。

五、国庆阅兵后的营销策略分析

（一）结合"奔驰＋军工"技术推出新产品

北奔重卡的前身是中国兵器工业集团公司，拥有生产军用产品的技术与传统，并以此赢得消费者的信赖。与此同时，从 1988 年引进奔驰技术开始，北奔集团就不断地对其所引进的技术进行消化吸收，到 2002 年终止与奔驰集团的合作为止，北奔集团已经能够独立完成从零部件生产、组装到销售的一整条供应链的集约化生产。

在 2009 年的北京国际车展上，北奔重卡隆重地推出了为公路物流运输而研发的高端重卡北奔 V3 系列。北奔重卡此次推出的 V3 系列历经三年时间研发，着眼于世界级高端重卡的发展潮流，致力于提升物流运输的速度与安全性。整车融高效、环保、美观、舒适、科技、安全和人性化七大亮点于一身，体现了细致入微的设计、精益求精的工艺与先进卓越的科技的完美结合。

北奔重卡 V3 系列主要面向重卡的高端用户。这些用户的主要特征是他们对于汽车的马力、速度、扭矩、排量、拉货吨位都有较高的要求，而这些特性正是 V3 系列所具备的。在 V3 系列所宣传的七大亮点中，有三个是最突出的，那就是高效、科技和安全。

高效是重卡类商用车发挥最大功用不可或缺的条件。北奔 V3 以流线型的设计将风阻系数降低至 0.569，节油 5%。超大的进气流量、超小的进气阻力、轻量化的设计、更小的布置空间给货箱有更大的发挥空间，使货箱能够承载更多货物。E500 材料大梁，铝合金轮辋和铝合金气瓶的匹配，断开式平衡悬挂匹配前三后四牌簧等多种轻量化设计，整车自重降低可达 300~500 公斤，达到国内领先水平，耗油量减少达 8%~10%。独家引进的奔驰技术轮边减速桥，可靠性更强、使用寿命达 80 万公里，采用潍柴 WEVB 技术，使得制动系统更可靠，故障率更低。

科技是北奔 V3 的第二个亮点。该车集多项专利产品和国内首创与一身，如四点悬浮式驾驶室和转向专利，国内首家采用液力换挡；采用西门子总线专利系统和西门子独有专利的步进电机控制；采用欧洲技术的车门模，集成升降器、线束、扬声器，可靠性高，噪声小；利用 CAN 总线控制以及通过了 3C 和 E-MARK 认证的大容量数据采集技术和存储技术，多项科技将整车的各项性能引领到国内一流水平。

北奔 V3 还具有超强的安全性。该车采用了超强的安全结构材料，身前围外板料厚 1.5 毫米，前围内板料厚 1.7 毫米，中纵梁为 3 毫米+4 毫米料厚，同时采用国内重卡特有的金属骨架+蒙皮结构，具有欧洲同等车水平的安全性，满足欧洲 ECER29 安全法规要求。该车的各种总成、部件都经过供应商严格的寿命、疲劳测试，其超强的安全性能使车身经受了 100 万次疲劳震动实验，使整车经过 16000 公里的强化坏路实验；在撞击试验中，整车承受了 1.75 吨的铁块，提高到 2.75 米正面碰撞驾驶室的撞击，这相当于以 30 千米/时的车速正面碰撞，而 V3 的车身几乎毫发未损。此外，新车采用全钢结构驾驶室，可靠性更高，充分保障了驾驶者的生命安全。电动调节灯光照射角度，确保空载、满载时夜间行车安全！采用了前防砖技术，同时保证了其他乘客的安全，如图 13-6 所示。

该车型一亮相，就引来了众多与会者的目光。在展会开始之初，其预定量就达到了 1000 台。

（二）精耕细作销售渠道

北奔集团在 2009 年国庆阅兵之后，销售公司采取了一系列措施，加强营销网络建设和精耕细作区域市场，大幅提升了市场运作能力。北奔重卡按照目前在各地区的销量和市场占有率把整个市场分为"三类市场"，即北奔的强势、弱势、空白三类市场，根据三类不同的市场，因时因地地采取不同的方法，如表 13-1 所示。

图 13-6　北奔重卡的 V3 系列

表 13-1　北奔重卡的三个区域市场划分以及相应的渠道策略

区域市场	所包含的省份	渠道营销策略
强势区域市场	内蒙古、山东、辽宁、陕西、新疆	在保持目前的市场份额的基础上，进一步扩大销量，提高品牌知名度和市场占有率
弱势区域市场	上海、四川、山西、江苏、云南、浙江、湖南、江西、湖北、吉林、青海、宁夏、天津、西藏	认真梳理这些区域的经销商网络布局，力争在每个省至少建立1家4S店，并从政策层面扶持1~2家规模较大、操作规范和经营理念与北奔重汽一致的经销商率先做强做大属地市场，保障"北奔重卡"成为当地市场的主流品牌
空白区域市场	甘肃、河北、河南、北京、安徽、福建、贵州、广西、广东、海南、重庆、黑龙江	将商务政策重点向该区域倾斜，利用特殊优惠政策扶持这些区域的经销商营销北奔重卡，提高其销售北奔重卡的热情和积极性，使北奔重卡在当地市场得以逐步推广并占有一席之地

　　优秀产品的销售最终靠的是优秀的产品销售渠道，北奔集团一直致力于铺设完善的销售网络体系和售后服务体系的建设。截至目前，北奔集团已经有260家销售网点，未来的几年，这一数字将达到350家。同时，还要进一步加强4S店的建设，这样北奔集团就能构建一条自北向南、自西向东，覆盖全国的优质销售网络，如表13-2所示。

表 13-2　北奔重卡客户服务中心数量分布

省市区	数量（家）	省市区	数量（家）	省市区	数量（家）
甘肃	0	黑龙江	0	江苏	6
河北	0	西藏	1	山西	7
河南	0	天津	2	四川	7
北京	0	宁夏	2	上海	7
安徽	0	青海	2	新疆	9
福建	0	吉林	3	陕西	9
贵州	0	江西	4	辽宁	16
广西	0	湖北	4	山东	17
广东	0	湖南	4	内蒙古	25
海南	0	浙江	5		
重庆	0	云南	5		

与此同时，北奔集团还践行"用户在哪里，服务和配件就到哪里"的承诺，构建完善的售后服务网络。随着北奔集团在销量上的提升，北奔集团开始注意进一步加强售后服务体系的建设，增加 4S 店和特约维修站的覆盖率。目前，北奔重卡在全国有 135 家特约客户服务中心，但是，主要集中在其强势区域市场和弱势区域市场，客户服务中心还存在着很多盲点区域，对于这类市场北奔集团的策略是重点开发，扶持当地 4S 店的构建，补充完善特约维修站，提高北奔售后服务网络体系的覆盖率。通过在三类市场上的不同运作策略，健全营销网络，以良好的售后服务吸引更多的客户。

（三）加强品牌传播能力

自 2009 年国庆阅兵中的出色事件营销之后，北奔重卡还采取了一系列有力措施推广高端的品牌形象，并收到了较好的效果。

首先，北奔重卡重视行业展会的手段运用。行业展会是一个很好地展现汽车品牌形象的平台，北奔重卡十分重视对这一平台的利用。不仅频频在大型的车展上亮相，还至少每月开展一次用户推荐会，对行业内的各大会议也积极参与，积极地把握各种展示其高端品牌形象的机会。北奔 V3 系列重卡还采取巡展的方式穿越全国 6 大区域 20 多个省份进行巡展，并且在中国卡车网等相关网络开辟专题报道巡展的实况，如图 13-7 所示。

图 13-7　北奔重卡在中国卡车网上的 V3 巡展网页

其次，北奔重卡不仅重视在国内的推广，还积极向第三世界国家推广自己的品牌形象。随着近年来重卡汽车的出口市场日益广阔，北奔逐渐把目光放宽到国际领域，通过对第三世界国家援助汽车等方式来加强第三世界国家对北奔重卡的了解，缓慢构筑北奔重卡的品牌印象。

最后，北奔重卡还非常善于通过舆论造势来提升自己的品牌形象。从 2009 年国庆阅兵开始，北奔重卡屡出奇招，通过造势吸引媒体和公众对其关注。从巡展造势到联手韩国现代汽车，北奔重卡在舆论上定位准确，稳步地占据公众的心智资源。

六、关于北奔重卡定位的探讨与思考

（一）北奔重卡的高端定位

回顾北奔重卡的定位，从最初的高端品牌，降落到了中低端品牌，再到艰难地爬升至高端行列，这是波折而艰险的过程。从 2009 年北奔重卡国庆阅兵开始，北奔重卡对其高端品牌的推广尚未收到十分明显的销售回报，一些人也在质疑北奔重卡的这个转型成效何在。应该说，从目前国内的竞争形势来看，北奔重卡重新定位高端重卡品牌，寻找差异化的路线的思路是正确的。由于一个品牌从其建立品牌形象到形象收效，是要经历十分漫长的过程，因此，投资者和集团领导不能寄希望于这种努力的收效是立竿见影。对坚持这个定位所做的努力应该继续，黑暗之后就会迎来光明。

然而，值得思考的另外一个问题是北奔重卡在定位上的迂回曲折，走了不少弯路，这值得我们深思。北奔重卡在最初进入市场时是以高端重卡品牌的形象，长久以来，这个品牌以其优质的质量和良好的信誉赢得了市场的认同。然而，由于市场格局的突变，北奔重卡开始坐不住了。自毁形象、自乱阵脚，大幅度地改变产品的结构设计降低成本来生产低价位、低质量的产品，通过透支品牌价值来换取短期的销量增长，换来的却是位置的迷失。经过一段时间的摸爬滚打，当重卡市场从最初的混战转入到品牌文化之争的时候，北方重卡发现，自己的优势位置已经丧失殆尽。于是，又回过头来，找定位、找差异化，这种代价是惨重的，也并不是每个品牌都有这样的机会找回自己。因此，这个事件对每个品牌来说，都是一个警示，提醒企业对自身位置的珍视以及对品牌定位的坚持。

（二）品牌推广的多样化

由于与奔驰汽车的合作终止，使得北奔重卡离开了"奔驰"品牌这把保护伞。北奔重卡这个新兴的品牌并不为大家所熟知。值得肯定的是，北奔重卡已经在品牌推广上做出了一系列的努力，尤其是重视产品的巡展以及行业会议的事件推广。但是，值得一提的是，北奔重卡在品牌推广方式上还比较单一。如果能够灵活地采取多种方式进行推介，应该会取得更好的宣传效果。

第一，重视挖掘北奔重卡的内在品牌文化。虽然，北奔重卡在 2009 年起才开始重新定位高端，但是北奔重卡的品牌文化却是丰富多彩的，这是北奔重卡应该深入挖掘的宝贵财富。北奔重卡的前身为中国兵器工业集团总公司，有军工企业的背景，而在消费者心目中，军用产品一直是高品质的象征，北奔可以借鉴悍马以及 Zippo 等国外军用产品的推广经验，结合其与奔驰合作的传奇经历，对其品牌文化进行诠释，对其品牌个性进行塑造。

第二，重视运用多种方式进行整合营销。值得一提的是，北奔重卡已经开始了对网络宣传资源的挖掘，从各种黄页的运用、企业网站的建设到 V3 主题网页的建设，我们可以看出北奔一直在努力。不过，这些宣传还略显粗糙。以北奔重卡的企业网站为例，还停留在比较粗糙原始的网站状态，这样的网站质量很难让人产生与其预期定位相一致的正面联想。因此，北奔的营销传播应该更加注重细节，抓住每一个机会向受众传递其高品质以及高端的品牌形象。

（三）销售和服务渠道的拓宽

应该说，北奔重卡已经开始重视其销售渠道的拓宽，需要强调的是，在此基础上，也应该同样重视售后服务的同步加强。北奔重卡现有的销售特约店已经达到了 260 家，但是，其客户服务点的数量却只有一半左右。可见，相比客户服务，北奔重卡还是更重视销售一些。这并不是一个好的现象。北奔重卡应该将客服终端的建设放在与销售终端建设同样重要的位置上，甚至应该更重视客服终端。因为，任何一个产品，即使质量再好，也难免出现这样那样的小问题，如果客服终端网络没有建立好，那么，北奔重卡的客户服务就难以做到让所有顾客满意，而顾客的抱怨却有可能成为亚马孙流域的蝴蝶，演化成一场风暴，造成企业的危机。企业应该多从"美联航空弄坏歌手吉他"之类的公关危机中得到经验和教训，沉住气，抓好客服终端建设，以人为本的售后服务才能使一个品牌长久地生存发展下去。

附录：企业简介

1978 年初，中央批准了从国外引进重型汽车技术改造中国汽车工业的计划。

1978 年 6 月中旬，一机部汽车局根据这次考察的成果提出引进奔驰公司生产的 NG-80 系列，载重 9 吨、11.5 吨、14 吨、16 吨、21 吨 5 个级别的 17 个基本车型。

1988 年，在党中央建设一大批优秀企业政策的指引下，中国兵器工业总公司（北奔重卡的前身）通过引进德国奔驰公司技术而建成。

2003 年，北奔重汽实现了在兵器系统内部对重型车的整合以及和山东烟台民营企业合资组成大型客车生产企业，实现了包头、重庆、烟台全国范围内的产业布局，形成了北奔重汽、重庆铁马两个品牌的重型汽车，烟台北奔重汽大客车以及客车底盘、车桥、驾驶室等大部件更加完整的全新的产业链。

　　目前，北奔重汽生产的重车品种已发展到 A、B、C 三大系列 40 种基本车型400 多个品种的载重车、自卸车、半挂牵引车、改装车、专用车和全驱动车，它们以其卓越的性能、强劲的动力、大吨位的装载、豪华的外观、舒适的驾驶广泛应用于邮政、铁路、公路、港口、石油、化工、水电、林业、消防、银行、部队等行业和部门，并远销伊拉克、埃塞俄比亚、尼日利亚、土库曼斯坦、哈萨克斯坦等国家。

第十四章　包商银行
——商业模式创新之路

这是一叠手写与打印夹杂的向包商银行申请贷款的文件。

资产负债情况：方便面×箱；纯净水×箱；某品牌香烟×条；啤酒×件。

现金流量表：2010 年收入×元；进货支出×元；家庭日常支出×元；孩子上学支出×元；父亲看病×元。

贷款资金用途分析：贷款用于进货。目前销售状况：某品牌啤酒销售较好，每月销售×件。贷款审核意见：申请贷款 5 万元，分期 12 个月还清。考虑还款压力，销售状况，年收入等因素，给予贷款 3 万元。

上述材料再加上个人银行账户，个人信用记录和一张贷款申请表，银行就可以据此发放贷款了。

对于中国绝大多数银行来说，这种极不正规的贷款申请和近乎原始的贷款信息分析，简直就像"过家家"一样不符合"现代商业银行"的形象。而三五万，甚至三五千的贷款额度更是难以提起这些银行的兴趣。但是包商银行却凭借一套成熟的微小企业贷款技术和低至千分之四的不良贷款率，活跃在内蒙古地区 500 万元以下的小型企业及 3000 元至 50 万元的微型企业信贷市场，并逐渐将触角延伸至北京、成都、宁波、深圳等经济发达地区。

一、公司背景

（一）包商银行发展历程

1. 成立初期的艰难发展（1998~2002 年）

包商银行成立于 1998 年 12 月，是内蒙古自治区最早成立的股份制商业银行，前身为包头市商业银行，2007 年 9 月经中国银监会批准更名为包商银行。包商银行是在中国金融改革和金融安全体系建立的开始阶段，在城市信用社遍地开花、资产不良、效率低下的大背景下，在包头地区 17 家城市信用社改制重组的基础上成立的。成立之初的包头市商业银行规模小，底子差，网点少，设备落后，用现在包商银行董事长、党委书记李镇西的话说，当时小到差点不被批准。包商银行成立初期的总资产仅 7 亿元，不良贷款就占到 2 亿元，亏损近 500 万元，各项指标排名均是末尾。很多人并不看好这样的小银行，认为其最多撑三五年就会垮掉。

图 14-1 包商银行

包商银行成立初期的经营模式与大多数国有商业银行一样，以公司业务为主，采取"傍大款，垒大户"的做法，经营业绩极不稳定，大起大落的现象经常发生。包商银行是一家经营规模极小的银行，议价能力很弱，在与大银行进行同质竞争时，制约其发展的矛盾和问题逐渐显现出来。"人家的贷款利率低，我们的高，人家给的资金支持大，我们的资金支持小。在结算过程中，常常遇到支付的压力。"回忆起那段岁月，李镇西感慨万千。经历了最初四年多的发展，包商银行的经营格局没有大的变化，市场份额排名仍维持原状。

2. 新领导带来新转机 (2002~2005 年)

2002 年，以行长李镇西（现包商银行董事长）为代表的新一届领导班子上任，为包商银行的发展提出了新的管理模式和企业理念。

在管理模式方面，包商银行提出了"一个标准、三个文明、五个方面"的工作思路，即坚持国际化标准，高起点设立目标；全力打造物质、精神、制度"三大文明"；从管理、经营、创新、企业文化、金融生态五个方面着手，根据环境和条件，采取灵活多样措施分阶段组织实施。在企业管理方面，包商银行树立起了"学习、创新、诚信、发展"的企业理念，不断学习，实践先进的经营和管理思想。包商银行采用走出去、请进来的方式，学习其他兄弟银行的先进做法，对银川市商业银行、潍坊市商业银行、恒丰银行等多家银行进行过多次的考察，在经营方式、金融产品、人才引进等方面进行了大量的学习。2003 年伊始，包商银行首次面向社会进行中层管理者招聘，同年 8 月，面向区内高校进行大规模校园招聘，在扩大社会知名度的同时注入了新鲜"血液"，为日后的迅猛发展奠定了坚实的人才基础。

在业务方面，包商银行依旧是围绕传统业务进行巩固发展。虽然通过加大科技创新力度，投入大量资金，进行系统升级和网络改造，并在此基础上确定提供最佳客户服务的工作流程，极大地加快了业务办理速度，改善了全行的服务质量，提高了服务水平，但是包商银行的主要业务范围依旧集中在大型企业上，包头地区的包钢集团、包铝集团等大型国有企业仍是其争夺的主要客户。2005 年 6 月，一家与包商银行合作多年的大客户因为银行不能满足其贷款利率下调的要求，提出不在包商银行继续开户，并迅速将上亿元存款转移至其他银行。虽然银行领导几经挽留，可最终也没能留住顾客。这件事在全行引起轩然大波，也引发了管理层的思考。李镇西意识到，一味与大银行争夺大客户必然会把自己推向"傍大款，垒大户"的独木桥，这只会使包商银行的发展之路越走越窄。

3. "小"定位成就大发展 (2005 年至今)

"改变不了别人，就改变自己"、"思路决定出路"，2005 年 8 月，包商银行召开了战略转型工作会议，提出"不与大银行抢市场、争客户，将全行的业务发展重点转移到服务小企业上来"的发展思路。与此同时，国家开发银行正式与包商银行合作开办微小企业贷款业务，使包商银行成为国内首批实施微小企业贷款项目的城市商业银行之一。2005 年 11 月，包商银行全面引进德国 IPC 公司的小企业贷款技术，并在此基础上不断实践、总结、研究、创新，逐步形成了自己的知识、技术体系，建立了真正适合当地小企业客户群体融资特点的业务体系和独特的信贷文化。包商银行凭借其独具特色的市场定位，胸怀大志却从"小"做起，服务中小企业，实现了自身的快速发展。

（二）包商银行骄人的业绩

由于在微小企业信贷领域坚持不懈地探索和努力，包商银行 2006 年、2007 年连续两年被银监会授予"微小企业贷款先进单位"；2008 年被评为全国支持中小企业发展"十佳商业银行"；2009 年获《金融时报》中国中小企业金融服务十佳机构奖、《银行家》中国营销奖最佳企业社会责任奖；2010 年获得内蒙古自治区政府"金融优质服务奖"，被《银行家》杂志评为"最佳城市商业银行"，获得全国大型城市商业银行竞争力第一名，被《亚洲银行家》杂志评为亚洲银行第十位，被《理财周报》评为"2010 年中国十大最佳城市商业银行"。

截至 2010 年末，包商银行总资产达到 1141 亿元，是成立初（7.12 亿元）的 160 倍；各项存款余额 933 亿元，是成立初（4.6 亿元）的 203 倍；各项贷款余额 341 亿元；五级分类不良贷款余额 1.57 亿元，不良率为 0.46%；实现利润 17.5 亿元，资产利润率 1.44%，资本利润率 27.25%，资本充足率 11.21%，拨备覆盖率 239.46%。

二、包容乃大，商赢天下

（一）包商银行的企业理念

从包头市商业银行到包商银行，不仅仅是名字的变更，包商银行秉承"包容乃大，商赢天下"的企业理念，以建设现代化、国际化的好银行为企业的战略愿景，希望把自己打造成为全面的金融服务集成商。因此，为自己定下了立足百姓创业，立志国际品牌，做中国最好的小企业金融服务集成商的发展目标。现在已经从一家区域性银行发展为一家全国性银行，并且正朝着全球化的目标迈进。

(二) 独特的行徽设计

包商银行的行徽 LOGO 设计为圆形标志, 形象为马蹄币的形状, 像蒙古帝国的货币 (见图 14-2)。代表了金融业发展的悠远历程, 同时也是对历史的一种传承与延续。圆形表示包容、宽容、容纳的广博胸怀, 是为包容乃大; 圆形表示 "全球经济一体化" 的国际运作、发展、竞争平台, 是为商赢天下; 圆形也可以理解为 "零", 寓意生命的轮回与创新, 更深刻地反映出作为一个国际化的优秀企业所必须具备的 "归零"、"自省"、"再生" 的卓越品格。

图 14-2 包商银行 LOGO

BSB, 包商银行英文缩写, 不仅线条简约流畅, 符合国际化潮流元素, 更大胆舍弃 CHINA 的限制, 足以体现包商银行置身国际平台, 立志做 "国际化好银行" 的品牌使命; 从行徽的整体设计来看, 圆代表世界, 圆形中的 BSB 代表包商银行, 即 "世界的包商银行", 也预示包商银行将成为世界金融行业 "百年包商" 的品牌愿景。

三、包商银行的营销战略

包商银行作为一家金融服务机构, 其营销要素主要包括商品、价格、分销和沟通四方面。在确定包商银行营销要素的基础上, 我们对其市场定位战略进一步分析。首先, 在市场调研的基础上找到目标市场并了解他们对产品、价格、分销和沟通等方面的特征。其次, 细分目标顾客利益并找出他们最为关注的若干利益点，通过分析竞争对手确定自身具有竞争优势的利益点，将该利益点确定为定位点，接着根据这个利益点确定属性定位点和价值定位点。最后，通过进行营销四要素的组合，实现已经确定的定位点和顾客期望得到的利益组合。

（一）选择微小企业为目标市场

"没有担保能不能贷款？能！没有抵押能不能贷款？能！"包商银行喊出的这句口号对于眺望银行大门的小企业主们来说充满了吸引力，对于传统的"找行长，不找市场"的贷款模式也是一个巨大的挑战。尽管有很多银行也加入到小企业客户的争夺，然而与绝大多数银行的界定不同，包商银行的小企业似乎更为"微小"。

包商银行将目标客户定位为城市和城乡结合部从事服务、贸易、生产、运输等行业的个体工商户、微型和小型企业，农牧民、种养殖专业户等群体。"零售商店、小型批发商、服装店、洗衣店、理发店、五金店、食品店、医疗诊所等都是我们服务的对象。"李镇西介绍，这是包商银行基于对外部环境和自身情况的系统研究确立的，这样才有利于与同业进行差异化的竞争，同时可在一定程度上分散经营风险，提高盈利水平。

（二）为微小企业提供全面的金融服务

对于小型、微型企业和个体工商业来说，融资困难是其面临的最大问题，也是制约其快速发展的桎梏。由于这些企业及个人的客观条件限制，采用直接融资的方式几乎是不可能的。而在间接融资方面，小型企业和个人信贷担保方式匮乏，财务制度不健全，抵御风险能力差，有些企业信用观念淡薄，刻意制造虚假报表，随意改变借贷资金用途，甚至恶意逃避债务，导致其通过银行贷款融资受到极大限制。同时微型、小型企业数量众多，但是单次贷款数额很小，还款期限不固定，这也成为大多数银行不愿开展微小贷款的原因。据统计，中小企业虽然有着巨大的融资需求，但83%的融资是通过民间借贷实现的，通过银行融资的部分尚不足20%，获得银行的信贷支持很少。

通过对目标顾客现状的具体分析，包商银行准确地找到了市场定位点：属性定位是微小企业贷款；利益定位是贷款容易，无抵押担保，方便快捷；价值定位是做服务中小企业的好银行。这一定位点与目标顾客的需求和竞争对手的状况相吻合。从顾客方面看，这些中小企业和个人对银行小额贷款需求旺盛，但是由于没有足够的抵押担保，无法从银行获得贷款，而且即使能够获得，手续也较为繁杂，申请周期较长。包商银行提供的微小贷款恰恰满足了他们这种需求。从竞争对手来看，大多数银行虽然希望涉足微小企业贷款这片蓝海，但是由于缺乏相关经验和技术，无法与包商银行形成真正竞争。

(三) 做最好的小企业金融服务集成商

包商银行在确定了定位点以后，把"立足百姓创业，立志国际品牌，做中国最好的小企业金融服务集成商"作为企业目标，通过产品、价格、分销和沟通等因素实现定位。

产品方面。包商银行除了开展传统的银行存款转账等业务，还向目标顾客提供个人非交易按揭贷款、个人小额贷款、债券结算代理业务、包融通——货押业务、商业汇票贴现、信贷资产转让和理财产品等服务，其中微小企业贷款是包商银行的核心业务。包商银行根据贷款客户的需求，针对目标客户群体的生产经营特点，设计推出了"商赢宝、保时节、富农宝、诚信和好贷"五大系列 15 个产品，并根据客户生意的季节性和资金周转特点，制定了满足不同需求的，灵活的分期还款计划。包商银行的微小企业贷款金额从 3000 元至 50 万元，还款方式包括按月等额（或不等额）还款、按月付息按季还本等，还款期限从三个月到两年均可。担保方式多样，个人担保即可，小额贷款只需担保无须抵押。微小贷款的手续十分简便，客户只需携带身份证、营业执照即可申请贷款，贷款决策快速高效，最短仅需 3 天即可办理完毕。

价格方面。包商银行微小企业贷款的月利率为 12‰~15‰。经折算，包商银行的年利率高达 18%，这几乎成为了包商银行的标志。因为在此之前，没有一家银行公开实行如此高昂的利率。最高法院曾经有过法律解释称，凡贷款利率达到年基准利率 4 倍以上的，均属高利贷。基于此规定，18% 可以说是一个能被固定下来的最高贷款利率了。这是一个大胆的定价决策，但并不是没有理由的。新型小企业贷款业务必须要用高利率和高效率战胜竞争对手的低利率和低效率。而高利率正是处于成长期、边际利润率较高的小企业，是需要覆盖小企业贷款高成本和高风险的银行实现商业可持续化发展的市场基础。包商银行正是按照市场化、商业化的原则而确定小企业贷款价格的。贷款利率的确定充分考虑收益覆盖成本和风险，反映了当地市场资金供求状况，又使银企双方在合理交易成本的基础上获得了可持续的利润空间，客户普遍能够认可和接受。一个意外收获是，由于利率相对较高，很多客户学会了精打细算，尽可能缩短贷款期限，按月还款避免了一次性集中还款的压力。

分销方面。包商银行除了已设立的105个营业网点外，还设立了微小企业信贷部作为微小贷款的专营机构。通过专业化队伍、专业化培训和专业化放款能力推进微小企业贷款的整体能力建设，成功打造了"招聘、培训、放款"三驾机器高效运转。包商银行的信贷员从来不是在银行里等客户，而是靠"拿着宣传单、扫街划片、主动上门找客户"的方式进行分销。经过五年的发展和积累，包商银行小企业金融业务进入快速发展阶段，建立了一支1300多人的小企业业务条线专业队伍。

沟通方面。包商银行融入了独特的信贷文化。"解决微小企业融资难题，支持客户创业、成长和发展"的价值文化；"没有不还款的客户，只有做不好的银行"的自省文化；"创造客户，创造市场，与客户携手同行"的营销文化；"为客户量身定制，让客户满意满足"的服务文化；"有章必循、有令必行、有禁必止、有错必纠"的执行文化；"不喝客户一口水，不拿客户一张纸"的自律文化；"重经营、轻抵押，重信用、轻担保（公司）"的风险控制文化；"对客户的不诚信行为和信贷员的职业道德行为零容忍"的诚信文化；"培训注重实践，培训无处不在，培训人人有责"的培训文化。在对借款人的审查过程中重分析，轻担保。重视借款人现金流分析，即强化对客户经营状况和还款能力的分析；担保方式灵活，基本上是形式上的对借款人的心理影响而不是常规的抵押和保证，甚至无抵押担保。这既能够防范风险，又克服了传统信贷条件的障碍，满足了微小客户群体无正规抵押品和银行认可保证人的特点。

截至2010年末，包商银行累计发放小企业贷款208亿元，实现月最高发放微小企业贷款5773笔，累计为5万户小企业、个体工商户、农牧民发放了贷款，支持了近百万人的就业、创业和展业。这一切都是包商银行进行市场定位战略分析的成果。

四、商业模式创新

（一）学习德国 IPC 公司微小企业贷款技术

2005 年 12 月，包商银行与国家开发银行合作引进德国 IPC 公司小企业贷款技术。德国 IPC 公司的技术专家初来乍到就给了包商银行一个"下马威"，他们提出"如果要做，所有与微贷相关的事情必须听我的，必须成立单独部门，单独核算，单独管理"。更让人难以想象的是，德国专家所介绍的微小贷款项目适用的竟然是 3000 元至 5 万元的贷款客户。

于是，内部分歧不可避免地出现了，更多的人抱着否定的想法。长期以来，小企业因为经营管理水平差，没有财务报表，缺乏抵押担保，使其贷款具有笔数多、额度小、频率高、点多面广、成本高、风险大的特性。一笔 1000 万元的贷款和一笔 50 万元的贷款，贷款手续与所费人工都是一样的，但收益却大不相同。自然地，"傍大款、垒大户"也成了银行共识。更何况，包商银行地处包头这座重要的重工业城市，不去营销工业企业上百上千万元的贷款，凭什么要为了几千元贷款去跟街头巷尾的小商小贩打交道呢？这时包商银行董事长李镇西对员工说："外国专家到中国人生地不熟，更不至于是想拿贷款的好处费。他们介绍的情况很好，如果真的能解决小企业贷款难的问题，帮我们赢利并组建一支队伍，我宁愿打破旧秩序，创造新世界。"

德国专家带来了全新的信贷文化和微小贷款技术，但是在技术援助的前一年半中，包商银行在微贷项目上一直处于亏损。由于德国人的严谨苛刻和对中国具体情况的不了解，在能力建设、人员招聘和实际业务中与包商银行员工产生很多矛盾。比如在资金用途上，贷款资金被严格限令不能用于烟酒进货，这使得很多小商小贩不能得到资金；在信贷额度上，德国专家起初坚持贷款额要在 3000 元至 5 万元，虽然此后最高贷款额提高至 10 万元，但综合下来，100 个贷款申请者中间，大约只有 30 人能够得到资金，无法达到"普惠"目的。

（二）消化吸收基础上的本土化调整

针对这些先期合作矛盾，李镇西提出"先固化、后优化"的工作方针和"改变不了别人就改变自己"的理念，较大程度地畅通了合作渠道。同时，包商银行迅速在内部组建了微小企业贷款移植小组。德国专家离开后，包商银行在已经被"固化接收"的微贷技术上提炼总结，进行了本土化调整。目前，这套微贷技术不仅可以适用于3000元至50万元的微小企业贷款，也同样适用于50万~500万元的小企业贷款。当然，"烟酒不贷"的限制也被取消。在还款模式上，不仅保留了原有技术中要求贷款客户按月等额还款的还款方式，还允许借款人按月不规则还款，或按季、按年还本并按月付息。在信贷内容上，原本只能处理单纯的贷款业务，但现在已经增加了票据、贸易融资、保函、代理等产品。在贷款审批效率方面，原来是"5万元以下贷款均在3个工作日内办完，5万~30万元贷款在7个工作日办完，30万~300万元贷款均在14个工作日办完"，但现在已经改为"50万元以下贷款均在3个工作日办完，50万~100万元贷款在10个工作日办完，100万~500万元贷款均在14个工作日办完"。

当然，德国专家带来的微贷技术中核心的内容和理念并未改变。"给一家小企业贷款10万元，却要求20万元的抵押物，这不是金融服务，倒更像抢劫！"在培训包商银行的员工时，德国IPC公司的一位专家说。与国内银行侧重强调抵押担保不同，德国专家提供的微小贷款技术更注重小企业的现金流和盈利能力。包商银行通过摸索和引进吸收国外信贷经验，逐渐打破了对抵押和担保的崇拜，形成了重现金流、重盈利能力、轻抵押担保的小企业信贷评价机制，小企业贷款业务随之呈现出了迅猛发展态势。2006年以来，包商银行的小企业贷款中，信用贷款占比一直保持在50%以上，最高时达到97%，而贷款不良率始终保持在0.4%左右。随着小企业贷款额度快速增大，为防止信贷员"抓大放小"，导致业务发展偏离服务小企业的既定方向，包商银行近年来淡化了对信贷员的单笔贷款额考核，而是重点考核贷款笔数，这有利于引导信贷员将全部心思放在发展小企业客户上。这种制度激发了包商银行小企业信贷员的积极性，他们不是在银行里等客户上门，而是以"扫街"的形式，主动外出寻找想贷款的小企业。

包商银行微小企业贷款在学习借鉴国际先进信贷理念和技术的基础上，不断实践、总结、研究、创新，逐步形成了自己的知识、技术体系，建立了真正适合小企业客户群体融资特点的业务体系和独特的信贷文化，现已建成全国知名的业务品牌。

五、关于包商银行的探讨与思考

"大"的战略目标，"小"的业务定位，是包商银行差异化经营的两个最为显著的特征。包商银行作为中国在小企业金融服务领域的先行者，大处着眼，小处着手，始终把中小企业作为自己的核心客户，致力于成为一家现代化、国际化的优秀银行。但是随着国内金融体制的改革，金融环境的急剧变化，越来越多的金融服务机构将加入到微小企业金融这片蓝海的争夺中。一方面是中小企业融资困难，另一方面是众多竞争者的虎视眈眈，包商银行要想实现其"做中国最好的小企业金融服务集成商"的目标，还有很多的问题亟待解决。

（一）外部威胁

目前，越来越多的银行加入到对中小企业客户这片蓝海的争夺中。招商银行、民生银行、台州银行等股份制商业银行都针对中小企业融资问题设计出专属的融资产品，在解决中小企业融资难的基础上，也给银行带来可观的效益。同时，众多的小额贷款公司也是包商银行业务发展过程中潜在的威胁。尽管包商银行的小额贷款业务在信贷风险的把控、信贷审评的重点、有效的激励机制等方面已经形成了较为成熟完整的体系，但仍然需要警惕这些来自外部的威胁，一心做好自己的优势业务。

（二）发展的困惑

包商银行的微小企业贷款技术很大程度上是基于信贷员个人的技术方法，信贷员自身素质的好坏是决定业务质量的关键。在包商银行，信贷员培训分为两类：一是新员工上岗前 6~12 个月的师徒制培训，二是所有员工每年定期的关于业务和信贷技术的再培训。这种注重"传、帮、带"的师徒制培训有两大好处，首先，这种培训方式贴近实际，易于信贷员的快速成长；其次培训速度虽然慢，但以几何级数倍增的方式，与小企业信贷业务的长期发展相得益彰。

但任何一种培训方式都不是十全十美的。首先，在从业的前几年里，徒弟的能力普遍难以超越师傅，从而表现出随着业务的扩大培训效果逐级递减的现象。其次，学徒制培训也受限于师傅的数量，这在很大程度上限制了包商银行小企业业务的发展速度，也限制了银行异地分支机构开办的速度。

作为一个劳动密集型企业，由于复制速度、人员培训等诸多问题的存在，未来的市场竞争将更加激烈，包商银行微小贷款业务在高速发展的过程中也将接受更多的自身及外来考验。

（三）如何完善人员培训和绩效考核机制

与传统银行业务相比，微小企业贷款着实是一个"体力活"，要想保证包商银行这台"放贷机器"的快速安全运转，员工的数量、质量和工作积极性都是关键要素。经过几年的发展，包商银行的网点分布已经走出内蒙古，迈向全国，但是如何保证员工素质同步发展，这就需要公司在员工招聘和培训上动一番脑筋了。此外，微小企业贷款业务需要信贷员与客户直接、深度的沟通，员工的态度和积极性决定了服务质量和客户的满意度，如何建立一套完整的、公平的、有效的绩效考核机制，充分调动员工的工作积极性也是一个必须思考的问题。

（四）如何控制风险

中小企业对经济形势、市场环境十分敏感，抵御风险能力较弱，是产业链条中最为脆弱的一个环节，这也是中小企业融资难、大型国有银行不愿为其贷款的根本原因。但是中小企业又是国民经济中最为活跃、最具创造力的部分。因此面对中小企业开展贷款业务就成为一把"双刃剑"，既要使中小企业有钱可用，助其发展，又要考虑到风险。包商银行在进行微小企业贷款的过程中，面对的企业数量多、种类杂，如何建立一套完善的风险预警、风险防控和风险化解机制是其良性发展不可或缺的要素。

（五）如何打造品牌

近年来，小额贷款公司如雨后春笋般建立，民间信贷空前活跃，一些大型银行和金融机构也加入到中小企业金融这片蓝海的竞争中。包商银行要想在竞争中脱颖而出,不仅要求资产质量、盈利能力跻身国际一流,更要秉承"包容乃大,商赢天下"的理念,使品牌影响力和市场美誉度持续提升,使包商银行真正成为客户值得信赖的银行品牌。

附录1　2008~2010年包商银行主要监管指标合规性情况

项　目	标准值	2010年（并表）	2009年（并表）	2008年（并表）
资本充足率（%）	≥8	11.34	12.40	12.50
资产流动性比率（%）	≥25	55.30	66.08	45.81
存贷比（%）	≤75	37.14	41.34	48.49
拆借资金比例（%）	—	0	0	0
不良贷款比例（%）(五级分类口径)	—	0.46	0.52	0.53
最大十家客户贷款占资本净额（%）	≤50	35.89	51.03	58.13
最大单一客户贷款占资本净额（%）	≤10	8.96	6.23	7.45
经营活动中产生的现金流量净额（万元）		1090289	959.068	490997
每股经营活动产生的现金流量净额（元）		4.34	5.94	3.04

资料来源:包商银行2008~2010年报。

附录2　2008~2010年包商银行主要会计数据和财务指标

单位:万元

年度主要利润指标（2008~2010年）			
项　目	2010年（并表）	2009年（并表）	2008年（并表）
营业收入	326793	207347	174468
营业支出	151.402	98094	77136
营业利润	175391	109253	97332
营业外收入	1740	326	633
营业外支出	1617	142	201
营业外收支净额	123	184	432
利润总额	175514	109437	97764
净利润	140963	91378	78812
主要会计指标			
项　目	2010年（并表）	2009年（并表）	2008年（并表）
总资产	11484439	8164858	6193560
存款余额	9421641	6760434	4776804
贷款余额	3499316	2794805	2316179
股东权益	692030	356442	303170
每股收益	0.56	0.57	0.49
成本收入比（%）	38.23	38.35	33.95

续表

	其他财务指标		
项　目	2010 年（并表）	2009 年（并表）	2008 年（并表）
每股净资产	2.76	2.21	1.87
每股净收益	0.56	0.57	0.49
净资产收益率（%）	26.89	25.64	31.74

	资本充足率情况		
项　目	2010 年（并表）	2009 年（并表）	比上年增减
资本净额	781594	481306	300288
核心资本	692030	364171	327859
附属资本	119842	117135	2707
加权风险资产净额	6890555	3881377	3009178
核心资本充足率（%）	9.72	9.38	0.34
资本充足率	11.34	12.40	-1.06

资料来源：包商银行 2008~2010 年报。

附录 3　2010 年末包商银行贷款分布情况

单位：万元

贷款的主要行业分布（按母公司口径）	
贷款的主要行业分布	占比（%）
批发和零售业	38.04
制造业	18.15
个人贷款（不含个人经营性贷款）	13.67
建筑业	5.09
住宿和餐饮业	3.47

贷款的客户类型分布（按母公司口径）		
客户类型	金额	占比（%）
大型	333182	9.78
中型	920830	27.04
小型	1686232	49.51
个人	465408	13.67
合计	3405652	100

贷款风险分类方法及各类不良贷款情况					
五级分类	期初数	占比（%）	增减	期末数	占比（%）
正常类	2775648	99.31	705345.68	3480993.68	99.48
关注类	4833	0.17	-2353.9	2479.1	0.07
次级类	6330	0.23	-1190.44	5139.56	0.15
可以类	4199	0.15	3576	7775	0.22
损失类	3840	0.14	-911	2929	0.08
合计	2794850			3499316.34	

资料来源：包商银行 2010 年报。

附录 4　2011 年中国城市商业银行竞争力排名

排名	资产规模 1000 亿元以上	资产规模 500 亿~1000 亿元	资产规模 300 亿~500 亿元	资产规模 300 亿元以下
1	南京银行	贵阳银行	张家口市商业银行	乌海银行
2	包商银行	长沙银行	攀枝花市商业银行	承德银行
3	杭州银行	西安银行	南充市商业银行	莱商银行
4	哈尔滨银行	南昌银行	台州银行	德州银行
5	成都银行	浙江稠州商业银行	日照银行	晋城银行

资料来源：银行家 2011 年中国城市商业银行竞争力排名。

附录 5　中国城市商业银行数量

年份	1998	1999	2000	2001	2002	2003	2004	2005	2006	2007	2008	2009
数量	98	90	100	108	111	112	112	115	124	124	136	143

资料来源：中国金融年鉴。

第十五章　鄂尔多斯 1436
——打造羊绒奢侈品牌

　　羊绒因其产量稀少（仅占世界动物纤维总产量的 0.2%）和品质优良，被人们誉为"纤维宝石"、"软黄金"。内蒙古鄂尔多斯地区因其独特的地理条件，使得羊绒生产具有绝对的优势。1979 年，以补偿贸易形式引进日本羊绒加工技术设备的羊绒深加工项目落户伊克昭盟（现鄂尔多斯市）。1981 年，总投资 3355 万元（国家总共投入 225 万元）的伊盟羊绒衫厂正式投产，年产羊绒衫 30 万件；1989 年，企业更名为鄂尔多斯羊绒衫厂。1991 年，以鄂尔多斯羊绒衫厂为母体，组建成立了内蒙古东胜羊绒实业发展总公司，同年，"鄂尔多斯"商标相继在德国、法国、蒙古、意大利、英国、美国等国家注册，并在德国、日本等国家建立了销售公司和专卖店。1993 年，企业再次更名为鄂尔多斯羊绒集团公司。鄂尔多斯羊绒集团经过 30 多年的发展，把羊绒产业做到了世界第一，成就了盛名远播的"鄂尔多斯"中国名牌。

　　随着国人生活水平的提高，中国消费者的购买能力越来越强，特别是一些高端消费者对国际时尚元素日益敏感，从而涌现出一大批对顶级品牌极具热爱和追求的消费者。鄂尔多斯集团凭借其 30 多年的资源积累，用国际化的手笔，打造了一个可以立足于世界的高端时装品牌鄂尔多斯"1436"。经过一系列严格的审核，1436 成为中华国宾礼品，并在著名的"暖春之旅"（2008 年 5 月 6~10 日，应日本政府邀请，国家主席胡锦涛对日本进行国事访问）中作为唯一的服饰礼品赠予日本天皇和首相。鄂尔多斯 1436 品牌的诞生，标志着中国羊绒制品开始步入时尚化的行列，同时它也是中国羊绒制品品牌中的第一个奢侈品品牌。

一、公司背景

"南有深圳、昆山，北有鄂尔多斯"。鄂尔多斯市作为中国改革开放 30 年 18 个典型之一，创造了区域经济高速崛起的发展

图 15-1　鄂尔多斯

奇迹；鄂尔多斯集团作为鄂尔多斯模式的杰出代表，掀起了一次次的创业风暴。踏着改革开放的步伐，鄂尔多斯自 1979 年母体企业创立以来，经过 30 多年的高速滚动式发展和新世纪初的大规模产业扩张，现已形成"六大事业板块有序推进、十大主导产业协同发展"的战略格局。集团进入全国 520 户重点企业和中国企业 500 强之列。目前拥有总资产逾 341 亿元，成员企业 126 家，员工 26000 余人。2010 年随着全球经济的逐渐回暖，集团实现了销售收入 236 亿元、利润 32.88 亿元的良好业绩。"鄂尔多斯"作为中国纺织服装行业第一品牌，以 303.26 亿元的品牌价值连续十几年位居中国最有价值品牌前列。

"1436"品牌是由鄂尔多斯集团下设的深圳鄂尔多斯创展服装有限公司推出的。贵为极品服饰的 1436，以"半时尚"的服饰文化及简约奢华的新主张，率先引领中国品味衣着的新风尚，锐意成为中国的顶级国际品牌。

（一）品牌名称及标识

1. 品牌名称

全球品质最佳的羊绒都产自经度 105°~115°和纬度 35°~45°地区，内蒙古鄂托克旗正处在这样的地带，它是阿尔巴斯羊绒的诞生之地，也是顶级羊绒品牌 1436 的专有养殖保护区。

鄂尔多斯 1436 品牌精选的羊绒均采自生于头年 2 月至次年 4 月周岁鄂尔多斯白山羊的肩部和体侧，并且只能选用整个鄂尔多斯棋盘井附近的纯种阿尔巴斯小山羊，羊绒的平均细度在 14.5 微米以下，长度达 36 毫米以上，故品牌命名为"1436"。这种羊绒每 100 公斤中才有 1 公斤脱颖而出，为保证 1436 所用材质的

极品标准，鄂尔多斯驻当地的原料分公司在每年收绒季节派出经验最丰富的专业收购人员，对指定牧区的牧民按户进行原绒收购，从源头上严格把关。从而保证了 1436 高贵的天然价值、尊贵极致的服饰等级与精致典雅的独特韵味。

2. 品牌标识

品牌标识"1436"由意大利著名书法家 Francesca Biasetton 撰写，Francesca Biasetton 因获得众多国际书法大奖而闻名于世，并为 2006 年第二十届冬季奥运会书写标语，作品在国际上多次展览。出自 Francesca Biasetton 之手的"1436"，自然洒脱，尽致传达品牌高雅华贵之气息。

图 15-2　鄂尔多斯 1436

（二）品牌设计理念——半时尚 Semi-Fashion

1. 时尚设计师

"1436"品牌总监由顶尖华人设计师杨棋彬先生担任，杨棋彬先生毕业于巴黎高级时装设计公会学院，担任香港设计师协会主席一职已 10 多年，曾多年为海外品牌进行产品开发及管理，也曾担任国内服装企业的资深品牌策划顾问，既具有广阔的国际视野又对中国市场有深入了解。

2. 从保守沉稳到半时尚

以往鄂尔多斯产品的特色是保守沉稳。穿着鄂尔多斯羊绒产品的大多是具有一定经济实力和社会地位的高端客户，比如一些领导、高级白领，他们对羊绒产品的选择比较保守。

"时尚但不夸张，个性而不张扬，精致而不普通"是 1436 打造顶级国际品牌的核心理念。在这一理念下，1436 尽显低调奢华，将时尚的元素融入到"钻石纤维"中，用最好的原料、最先进的工艺手法、最流行的元素设计产品，为有品位、有内涵、有素养的时尚人士提供最合适的选择。1436 着力从产品的每一处细节体现对"半时尚"服饰文化的深刻理解和完美演绎，外观优雅，内敛率真，彰显 1436 的个性品位。

二、品牌定位

（一）目标客户定位

该品牌确定的目标客户群体是年龄在 35 岁以上，中国新兴的有财富、有文化、有修养的消费阶层。这些消费者有足够的购买力，与 1436 的"半时尚"设计理念能够产生强烈的共鸣。同时，奢侈品品牌的定位也满足了高消费者群体自身利益的需求。高贵大方、温暖细腻的 1436 产品不仅使消费者自身爱不释手，也是亲友之间表达情感的馈赠佳品。此外，1436 国宾礼品的身份，也使得达官显贵成为目标客户中极其重要的一部分。

（二）奢侈品品牌的定位

具备高贵的血统、能够打动人心的核心价值和高超的制造工艺是国际奢侈品牌拥有的共同特征。在奢侈品消费中，人们追求的核心价值已不再侧重于商品本身的功能价值，而更看重的是依附在商品使用价值之外的"无形价值"。中国是世界最大、最好的羊绒产地，全球 95% 的优质山羊绒都产在这里。1436 不仅保留了原产地最好的材料，还通过一系列国际化手段，从设计、制作到时装发布，打造属于中国自己的羊绒制品奢侈品品牌。

特色的品牌故事会给品牌带来了一种品牌文化附加值，消费者希望通过使用有文化内涵的品牌来传达他们自身身份和品位的与众不同。1436 的品牌名称就是一个有独特品牌文化的品牌故事。1436 重视在品牌中融入"无形的文化"，正在进行从"中国制造"商品向国际奢侈品牌过渡的探索。

（三）"国礼"的定位

1436 作为创立不久的时装品牌，制造了让羊绒服装作为国宾礼走出国门的创举。2007 年 11 月，胡锦涛同志到鄂尔多斯集团视察时高度赞扬了 1436 羊绒服装的精湛工艺，指示 1436 向国务院办公厅递交作为国宾礼的正式申请。原本羊绒这种服装材料就具有很强的竞争优势，加之 1436 的选材的精益求精以及精湛的工艺，使得产自中国的 1436 的羊绒服装最终成为国宾礼。2008 年 5 月，胡锦涛同志出访日本，1436 成为送给天皇和首相的礼物，这无论对于国内的服装界还是羊绒界，都是第一次。鄂尔多斯 1436 羊绒制品成为继中国传统的茶、瓷、丝、酒等礼品后，又一种能够代表中国的国礼。

三、市场竞争环境分析

（一）优势分析

（1）强有力的资金保证。鄂尔多斯品牌作为家喻户晓的知名品牌，以超过 150 亿元的品牌价值稳居中国最有价值品牌前列。自 2001 年 4 月鄂尔多斯集团上市以来，通过资本市场实现了高速扩张，1436 品牌的出现正是借势鄂尔多斯集团资金优势而站在了更高的起点上。

（2）顶级质量的保证。对原材料生产基地的严格控制和对材料收购环节的层层把关，实现了人们对更高品质的追求。通过出色的工艺和编织缝纫技术，经过上百道严密工序的精细加工程序，使 1436 产品凸显极致尊贵的感觉，完全做到了崇尚自然、崇尚原生态，为消费者打造出天然舒适的羊绒服饰。

（3）定位清晰。1436 品牌创建的目标是打造半时尚的羊绒奢侈品品牌，鄂尔多斯集团从一开始定位便很明确。从目标客户的开发、目标市场区域确定到作为国宾礼走出国门，无一例外都体现了 1436 奢侈品品牌的定位。

（二）劣势分析

（1）品牌影响力不足。2007 年创建的 1436 品牌至今仅仅八年，对于一个奢侈品品牌来说，时间还显得太短，还没有形成有丰富底蕴的品牌文化内涵，这影响了 1436 品牌在国际市场上的竞争力。

（2）缺少属于 1436 的品牌箴言。品牌箴言是一个品牌的核心内涵，也是这个品牌所要表达的最根本的思想。1436品牌虽然可以被看作是一个简洁独特的品牌标志，但是如果缺乏言简意赅的品牌箴言，消费者则不能感受到这个品牌要传递给消费者的信念。

四、围绕1436品牌的营销策略

（一）产品策略

1436几乎苛刻的原材料选择，保证了1436"白如雪，轻如云，软如丝"的极品羊绒的天然价值。

此外，在加工过程中对产品的各项指标都进行严格控制，原绒通过选绒、洗绒、分梳等多道精密工序，经由先进设备从优质的阿尔巴斯羊绒中进一步剔选出符合1436标准的山羊绒，普通羊绒衫一般需要3~4只山羊绒，而1件1436则需要9~12只山羊绒，这种珍稀性正是1436的价值所在。1436所采用的专利技术主要是低温染色新型工艺和高支精纺纱专利技术，从而保证了羊绒纤维的原有弹性及轻柔本质。1436品牌以羊绒制品为基本品类，同时包括其他高级材料制作的纺织服装产品，原材料逐渐向丝、棉、麻、裘皮等种类延伸。

（二）价格策略

与羊绒奢侈品品牌相呼应的，1436的价格走的是高端路线。1436一套内衣的价格为7800元；羊绒衫价格介于4000~10000元；皮草、羊绒大衣等高级款式价值高达10万元左右；棉、麻、桑蚕丝等质地的围巾依其长度和宽度不等，价格定位在1600~3000元。夏季1436的主打羊绒T恤及短袖零售价为4000元左右，其他材质的夏季款式定价1000~2000元。1436实行全国统一定价。

（三）渠道策略

1436把进驻国际顶级品牌商圈作为选址的原则，以每座目标城市的标志性高端商场作为择店目标，通过在国际奢侈品楼层、机场内设店，在高档百货商场内打造店中店、在购物中心或繁华商业地段开设专卖店以及在高档商业活动密集区发展 VIP 会员俱乐部店等方式占据高端人群的视野。

从在北京金融街购物中心开设首家自营店开始，到目前为止，1436 已在国内北京、上海等全国多个一二线城市核心商业区的地标性高端商场和机场中开设了 20 多家专卖店，其产品的卓越品质已赢得了众多高端消费者的青睐。国际市场方面，在美国、日本和欧洲等市场建立了品牌旗舰店，在意大利、日本、美国、中国香港等地建立了产品设计中心，聘请国际著名设计师，融合本土文化进行产品设计和研发，使产品风格、文化诉求与世界文化紧密融合，最大限度地满足了消费者的需求。

（四）沟通策略

1436 借助国际顶尖媒体势力，在著名时尚杂志《VOGUE》和《时尚芭莎 HARPER'S BAZAAR》中展开全面宣传攻势。2007 年，1436 成为"中国杯"帆船赛的全球战略合作伙伴。比赛期间，被邀请的政府领导，商界精英均身着 1436 品牌服装。全国直播"中国杯"开幕式上的发言嘉宾也身着印有"1436"LOGO 的羊绒服装。"中国杯"帆船赛在《时尚》杂志以 1436 船队为素材发布整版广告。1436 总经理接受多家媒体专访。在 2007 年 11 月举行的中国国际时装周上，1436 以"色悦"为主题举行了一场时装发布会。发布会上 1436 全新演绎精致典雅的独特韵味；以半时尚的服饰文化及简约奢华的新主张，率先引领品味衣着新风尚。

此外，作为中华国宾礼唯一服饰品牌，1436 通过对其"国礼"地位进行了一系列的品牌传播活动，使 1436 品牌实现了更加准确的高端客户营销，提升了品牌知名度与美誉度。

五、关于 1436 的探讨与思考

（一）品牌知名度提升问题

对于 1436 而言，品牌的建立不足十年，其知名度明显处于弱势，品牌宣传力度不够，从国内市场来看，比起其他奢侈品品牌，消费者对 1436 品牌的了解程度还有待于提升。1436 应思考如何通过有效的传播和有针对性的营销，将品牌的"尊贵"植入全球消费者内心。

（二）品牌箴言的问题

1436 的产品品牌本身就有渊源，但是，如何结合 1436 产品特色和品牌定位向消费群体传达这一文化，需要精准而又简洁的品牌箴言。这恰恰是 1436 现在缺乏的。1436 需要向他的消费群体传播符合产品品牌文化和消费者认知的品牌箴言，1436 的品牌箴言应该如何编辑？然后如何传播？这需要 1436 在接下来的时间里去考虑。

（三）品牌推广问题

1436 品牌仅采取"奢侈"既少而精的营销方式进行品牌的宣传。例如，在平面宣传方式中，只能在《时尚芭莎》、《罗博报告》这种有较强地域性限制的杂志内看到 1436 的宣传广告，并不能令 1436 为大多数潜在客户所了解。针对国内形势，识别 1436 品牌的客户数量有限，这样不利于品牌的进一步推广。另外，选择与品牌诉求一致的、有国际影响力、有正面形象的品牌代言人，也是奢侈品品牌推广中一个非常重要的问题。

附录 1：鄂尔多斯 1436 渠道细分及名店分布

省级市场	渠道细分	1436 名店	地　址
北京	西城区	北京金城街购物中心	北京市西城区金城坊街 2 号金融街购物中心 L225
	顺义区	北京首都国际机场	北京顺义区北京首都国际机场三号航站楼四层 A4W4
	崇文区	北京内蒙古大厦	北京市崇文区崇文门内大街内蒙古大厦一楼
内蒙古	呼和浩特	呼和浩特维多利广场	呼和浩特市新城区新华东街 8 号维多利广场一层
		呼和浩特世纪天骄羊绒城	呼和浩特市哲里木路 72 号世纪天骄羊绒城一楼
		呼和浩特民族商场	呼和浩特市中山西路民族商场 A 座三楼

续表

省级市场	渠道细分	1436 名店	地 址
内蒙古	鄂尔多斯	鄂尔多斯天骄大酒店	鄂尔多斯市东胜区达拉特南路 102 号天骄大酒店一楼
		鄂尔多斯东胜大酒店	鄂尔多斯市东胜区杭锦北路 1 号东胜大酒店一楼
山西	太原	太原开化寺旗舰店	太原市迎泽区开化寺 81 号
		太原天美名店	太原市新建路 95 号天美名店三层
山东	济南	济南贵和购物中心	济南市历下区天地坛街 1 号贵和购物中心二楼
	烟台	烟台振华商厦	烟台市西大街 8 号振华商厦一层
陕西	榆林	榆林专卖店	榆林市长城南路 135 号
安徽	合肥	合肥瑞景名品中心	合肥市长江路 1104 号瑞景名品购物中心二层
上海	浦东	上海湾旗舰店	上海市浦东南路 1118 号
浙江	杭州	杭州大厦	杭州市环城北路 230 号杭州大厦 C 座一楼

附录 2：鄂尔多斯羊绒衫业务 2005~2009 年产品情况表

单位：元

年份	业务收入	业务成本	业务利润率（%）	业务收入比上年增减（%）	业务成本比上年增减（%）	业务利润率比上年增减（%）
2005	1696984363	1068420048	37	-12	-15	2.07
2006	1910497786	1204196678	17.65	12.58	12.71	12.37
2007	2997957639	2029798113	32.29	4.91	7.98	-5.64
2008	2758722051	1982063693				
2009	2059989228	1556181508	24.46	-34.22	-33.04	-1.33

第十六章 东达蒙古王
——用心铸就辉煌

　　20 年，对一个人来说，正值青春飞扬的季节；对企业而言，足以支撑起一个品牌的构建。东达蒙古王集团始建于 1991 年，正在迈入更加辉煌灿烂的明天。

　　中国是世界羊绒产地的中心，而鄂尔多斯则是中国重要的羊绒产区。现在，羊绒已成为鄂尔多斯广为人知的城市名片。不少羊绒品牌从这里起步，逐渐发展成被市场认可和消费者信赖的知名品牌。东达蒙古王便是其中之一，它是紧随鄂尔多斯、鹿王之后的第三大羊绒品牌。当然，他的成就不仅仅止于此。目前，东达蒙古王集团现已形成了面向市场的包括绒毛产业、路桥产业、沙产业等在内的七大产业。尤其是其中的沙产业工作更是得到了著名科学家钱学森的嘉奖。钱老曾亲笔署名写信道："我认为内蒙古东达蒙古王集团是正在从事一项伟大的事业——将林、沙、草三业结合起来，开创我国西部沙区 21 世纪的大农业！而且实现了农、工、贸一体化的产业链，达到沙漠增绿、农牧民增收、企业增效的良性循环。"这是钱老一生中给唯一的一个企业和企业家回信，让人深受鼓舞、备感亲切。这使得东达蒙古王集团真正享誉全国并引起社会广泛关注。2008 年 5 月 5~16 日，东达蒙古王集团董事长赵永亮参加了在纽约联合国总部召开的联合国可持续发展委员会第 16 届会议，并在会议上做了大会报告。在报告中，赵永亮向与会代表介绍了东达蒙古王集团在发展沙产业、恢复生态、治理沙漠、建设生态文明等工作中取得的经验和成绩，得到了广泛认可。

一、企业背景

内蒙古东达蒙古王集团是在 1991 年由赵永亮等人创建的东达羊绒制品有限责任公司基础上，于 1996 年 4 月组建成立的。集团坚持与时俱进，以人为本的理念，通过科学规划、艰苦创

图 16-1　东达蒙古王

业、诚信经营、有效管理，发展到拥有 52 个成员企业，11000 余名员工，总资产 120 亿元的集团化民营企业。集团已安排 2000 余名下岗职工再就业，累计为国家上缴税费 12.9 亿元。投资 3 亿多元用于生态建设，拉动 12 万户农牧民增收致富。新农村建设资金已达 24 亿元；用于各项社会公益事业资金 2.9 亿元；救治了 100 多名先天性心脏病患儿。现已形成了面向市场的七大产业。

一是以建设和经营为一体的路桥产业。东达集团自 1998 年开始，采用 BOT和 BT 模式，先后建设并经营着 10 条公路及 5 座大桥。其中 2007 年投资 9.8 亿元新建的德胜泰黄河公路大桥，主桥长近 7 公里，为黄河第一大桥，该桥的建成大大缩短了鄂尔多斯与呼和浩特之间的车程。集团投资建设的土默特右旗大城西黄河公路大桥，2009 年全面开工，2011 年 10 月交付使用。遍布城乡的黑色化路面，不仅成为达拉特旗东西部经济发展的交通动脉，并且完善了鄂尔多斯的交通网络，为呼包鄂"金三角"地区的经济交流合作起到了积极促进作用。集团一直居于自治区民营企业道路桥梁建设经营的前列。

二是以满足社会需求为目标的房地产业。东达集团不断开辟新的产业领域，全力打造由房地产开发经营为主的新型产业，依托企业强大的实力和良好的信誉，以过人的地品、楼品、人品作保障，短短几年已列入地方同行业强者之林。集团投资十几亿元开发建设的高层建筑群项目——"东达城市广场"，成为了内蒙古的 CBD、呼和浩特一张精美的城市名片。位于呼市玉泉区分公司开发的内大新校区项目，得到了自治区主要领导及业内人士的充分肯定。呼市分公司与呼市房产局联合开发建设的经济适用房小区"东达景苑小区"项目已全面开工。东达小镇一期工程已具备入住条件。阿拉善盟东达国际物流公司 A 区已投入运营。集团

多达置业公司承建的东胜区街道亮化工程在亚洲艺术节上，该工程受到了各级领导和世界各地来宾的一致好评。鄂尔多斯东达广场、达拉特鄂尔多斯广场、东达特商业广场、新村宾馆、锦园宾馆等大型项目建筑群正在建设中。

三是以新农村建设为主旨的新型农牧产业。通过十几年的总结，赵永亮深刻认识到扶贫工作只是一味地输血，最终难以达到彻底扶贫的目标。必须培养当地的造血功能，有了造血功能就可以走上富民强企的道路。经过反复思考论证，决定建设东达生态移民扶贫村，所采用的是产业扶贫的模式。达拉特经济开发区风水梁生态产业移民示范园区（即东达生态移民扶贫村）位于库布其沙漠东端、鄂尔多斯市达拉特旗白泥井镇中部。风水梁园区规划投入扶贫项目建设资金 100 亿元，占地面积 53 平方公里。规划容纳 12 万人口，其中獭兔养殖户 1 万户，年出栏商品獭兔 2500 万只，打造世界獭兔业的航空母舰。

四是以不断完善社会服务功能为追求的酒店服务业。酒店集群日趋壮大，行业规模不断完善。位于内蒙古首府呼和浩特市的内蒙古锦江国际大酒店是集餐饮、娱乐、住宿、健身、会议等为一体的五星级大酒店，也是西北地区最大的国际性商务酒店，占据呼市高档酒店客源的一半以上；呼和浩特市东达假日酒店是一家按照国际标准建设的四星级商务酒店，与内蒙古饭店和内蒙古新城宾馆仅一路之隔，成三足鼎立之势。正在建设的新村宾馆、达旗锦园宾馆、达拉特鄂尔多斯广场、东达商务广场、东胜鄂尔多斯广场、呼和浩特鄂尔多斯广场、阿拉善国际物流中心等酒店服务群全部建成，将成为覆盖内蒙古中西部的服务功能齐全、服务内容全面、服务手段高超的酒店团队服务体系。

五是以沙柳为原料的刨花板、包装纸品生产及园林绿化为主导的生态林草沙产业。东达集团积极践行钱学森院士创建的知识密集型林、草、沙产业理论，根据当地特殊的气候特征，遵循自然规律，走可持续发展的路子，投资 4.5 亿元建设了库布其沙漠周边地区 300 万亩的沙柳种植基地，拉动辐射当地周边种植沙柳，不断扩大绿化面积，带动当地农牧民大幅度增加了经济收入。1998 年，东达集团开发了沙柳造纸项目，使"次小薪柴"的沙柳变废为宝。现在，利用沙柳造纸改为生产刨花板项目已落户风水梁，使沙柳资源就地转化，实现产销双赢。沙草产业多靓点，和谐治绿写华章。东达集团的沙柳产业化项目，被国家经贸委定为"双高一优"技改重点项目，被内蒙古自治区列入"双百万京（津）北绿色屏障工程"。集团荣获"国家扶贫重点龙头业"、"全国绿化先进单位"等称号。集团董事长赵永亮荣获"全国绿化先进者"、"全国光彩事业奖章"、"2007 全球华商生态文明建设行业十大管理英才"等荣誉。

六是以羊绒加工为龙头的绒毛产业。绒毛产业是东达蒙古王集团的首创产业。创建之初,企业就以优秀的人才、先进的技术、完善的管理等为依托,立足于鄂尔多斯得天独厚的羊绒资源优势,强势发展,迅猛崛起;公司现在拥有洗、梳、染、纺、编织全套国际先进生产设备,生产能力居全国同行业前列。

七是以发展旅游、影视、艺术培训、休闲娱乐等为主要内容的文化产业。积极发展文化产业。与时俱进,科学规划,发掘当地深厚的文化底蕴,挖掘当地丰富的文化资源,发挥当地广博的民族文化优势,利用当地独特的自然环境和浓郁的乡土文化,开发生态旅游民俗文化项目;介入影视领域,百集商战电视连续剧《大盛魁》在东达生态移民扶贫村成功拍摄了沙漠、草原、水源地、俄罗斯等风情外景戏,为建设文化、旅游、影视等内容为一体的朝阳产业奠定了良好的基础。2010 年举办了"东达蒙古王杯"中—蒙—俄—德国际汽车穿越拉力赛暨首届场地越野赛。2011 年全国汽车场地越野锦标赛分站赛中风水梁越野车队荣获八连冠,成为冲击年度总冠军的最大热门车队。

到目前为止,集团公司获得内蒙古自治区"出口创亿元先进乡镇企业"、"内蒙古工业二十强企业"、"全国扶贫重点龙头企业"、"中国最具生命力百强企业"、"全国新农村建设百强示范企业"、"农业产业化国家重点龙头企业"等荣誉称号……内蒙古东达蒙古王集团董事长兼总裁赵永亮获得了"中国十大创业领袖"称号,"光彩事业国土绿化贡献奖"、"优秀中国特色社会主义事业建设者"的称号,并荣获"2006 年 CCTV 中国经济年度人物社会公益人物提名奖"等殊荣。

二、东达的掌舵者——赵永亮

提到东达,就不得不提到东达的创始人——赵永亮。可以说,赵永亮以及东达蒙古王集团走过的岁月是用心谱写的和谐乐章。

（一）创业东达——用心兑现承诺

1957 年 12 月，赵永亮出生在鄂尔多斯市达拉特旗白泥井镇盐店村。初中毕业后，因为家庭贫困，赵永亮就到家乡的供销社干上了赶猪送羊的差事。因为在工作中比别人付出了更多辛苦，比别人更精通业务，不久后他就被调到伊克昭盟羊绒衫厂（鄂尔多斯羊绒集团前身）从事原料采购工作，并很快升任公司副总经理兼原料部长。

1988 年冬天，疼爱赵永亮的奶奶去世了。当时找不到鼓乐班子搞丧葬仪式，赵永亮只好弄了一套音响，想给奶奶放放哀乐送送行，以表达哀思。可是村里没有电，最后赵永亮没有别的办法，只好用汽车蓄电池带动音响为奶奶放哀乐。当晚，赵永亮长跪在奶奶的灵堂里，定下了一个奋斗目标：赵永亮，如果你给村里通上电，你就是英雄；如果通不了，你就是狗熊！

为了实现这个目标，赵永亮毅然从鄂尔多斯羊绒集团副总裁的位置上辞职下海。赵永亮下海经商挣到了第一笔钱——3 万元。他马上用这 3 万元给村里通了电。赵永亮 1990 年创业时，已经是鄂尔多斯集团的副总，主要抓羊绒原料的采购，每年他经手批的原料价值有好几亿元。执拗的赵永亮毅然放弃了优厚的待遇，投身于自己创业当中去。

离开了鄂尔多斯，但作为毛纺高级工程师，他曾经编著了中国第一部羊绒方面的专著《山羊绒毛学》，赵永亮在羊绒界的名气依然很大。1991 年，赵永亮创建了内蒙古东达羊绒制品有限公司，开始逐渐在市场上崭露头角。"东达蒙古王"系列羊绒产品作为国家免检产品，已经跻身中国纺织行业十大名牌，并成为内蒙古的科技名牌。1996 年 4 月，他正式组建成立了东达蒙古王集团，逐步涉足路桥建设、煤炭开采运销、造纸、商贸和工程等诸多领域。

（二）成功东达——用信誉铸就荣耀

"工欲善其事，必先利其器"。为能在羊绒市场持续站稳脚跟，成为消费者心中最具口碑的羊绒品牌，东达羊绒不仅引进国际最先进的生产设备，还积极吸收国际先进科学管理经验，使生产设备、新产品开发和新技术应用始终处于世界领先水平；为进一步增强创新研发能力，东达羊绒公司自 20 世纪 90 年代就确立了以"技术创新、产品创新和标准创新"为核心、以"振兴民族工业、争创世界品牌"为目标的科技兴企与品牌化经营相融合的发展战略，创立了世界一流的羊绒新产品研究开发中心和高产绒山羊育种研究所，并在鄂尔多斯羊绒主产区和各集散地建立了多所绒山羊生态圈养基地，致力于带动我国羊绒行业科技水平和生产规模的整体提升。

质量是产品的生命，也是品牌的生命，追求高品质的产品是东达羊绒制品有限公司永恒的主题。在公司内部，每个人都意识到，高品质的羊绒制品源自于企业完善的质量保证体系。为了使东达羊绒制品有力地占有国内外市场并服务于社会，公司严格按照 ISO9001：2000 标准实施管理，并针对产品的生产流程建立了适合企业实际、科学有效的质量管理体系，同时建立严格的质量检验控制体系，采用国际标准的检验流程和先进的运作机制，通过对产品生产过程监督、产品出厂的定量最终检验、质量问题反馈等工作，实现对各类产品的质量控制，达到产品完全符合国际质量和行业标准要求的目的。依托自身成熟完善的羊绒产业体系，东达羊绒选用鄂尔多斯优质长山羊绒毛为原料，采用国际领先的针织生产设备和成熟的工艺技术，经过 120 多道工序后所生产的"东达蒙古王"羊绒衫具有手感柔软滑爽、光泽自然、富有弹性、穿着舒适、保暖性好、吸湿性优、抗起球等品质。作为东达羊绒制品的强势品牌"东达蒙古王"羊绒衫，凭借卓越的品质、优秀的设计，以及通过不断完善高效的、人性化的售前、售中、售后服务体系来进一步满足广大消费者的各项服务需求。目前，"东达蒙古王"羊绒产品已远销至美国、日本、韩国、意大利、英国、马耳他、尼泊尔、印度等 10 多个国家和地区，体现了东达羊绒一直以来对"创世界品牌、展东达风采"企业宗旨的不懈追求。

（三）革命东达——借绿色再次起飞

凭借"东达蒙古王"品牌打入国内外市场的东达蒙古王集团，是以羊绒服饰迅速蹿红的，并紧跟鄂尔多斯、鹿王之后跻身于北派羊绒加工代表企业之列。然而，让东达蒙古王集团真正享誉全国并引起社会广泛关注的却是企业的一次成功的转型——进军沙产业。

1997 年，全国第三次羊绒大战硝烟又起，各家绒纺企业为争夺原料竞相压价，一时间，羊绒产品的降价幅度达到 20%~30%，有的品牌高达 50% 以上。东达蒙古王也遭遇了"滑铁卢"，企业经济效益大幅下降。为了分散单一产业的经营风险，东达蒙古王集团选择了多元化经营之路。从此，东达的名字不再只和羊绒相关，已经发展到路桥建设经营、造纸、商贸、工程建筑、房地产开发、生态建设、肉奶牛饲养、绒山羊繁育、乳制品加工、社会服务等多个领域，形成纷繁的产业布局。无独有偶，羊绒产业的先行者鄂尔多斯也开始放手一搏：向非主业的房地产、电力、金融领域进军。然而，当你真正走进东达就会发现，眼花缭乱的产业，并不是东达的真正意图。赵永亮大部分的精力都在构建他的"绿色版图"。东达看似纷繁复杂的产业格局，而在赵永亮的眼里非常简单：只有两个是要长久发展下去的，一个是羊绒产业，虽然已进入夕阳产业，但它是东达品牌的象征，人们一提起东达首先想到的还是羊绒；另一个是治沙产业，房地产、路桥建设等只是短期投资，用短期投资的利润来支持两个主业更好地发展。

1998 年，东达蒙古王集团收购鄂尔多斯市达拉特旗造纸厂。从小生长在鄂尔多斯高原的赵永亮早就盯上了那里特有的一种防风固沙灌木——沙柳。沙柳是一种每三年必得平茬一次的灌木。但由于没人进行过开发利用，农牧民虽进行了大面积种植，却因无人平茬管理而成片枯死。沙柳能变废为宝进行深加工吗？带着疑问，赵永亮从中国制浆研究所的专家那里找到了答案：沙柳可作为造纸原料，生产出高档包装纸，而我国的高级包装纸每年缺口达 400 万吨。2001 年，东达蒙古王集团收购的这家造纸厂年产 50 万吨的沙柳制浆箱板纸项目正式立项。2005 年 4 月投产后，一个新的"神话"诞生了。首期 10 万吨的沙柳造纸项目，使该厂当年产值就达到 3.2 亿元。而农牧民根据订单种植沙柳，当年增收 600 多万元。照此计算，50 万吨产能全部投产后，可消化 100 万吨沙柳，农牧民从中收益 3 亿元，企业产值达到 18 亿元，利税近 6 亿元。让农牧民没想到的是，原为保护生存环境的小小沙柳也能变钱。于是，种植热情高涨，生态恢复速度惊人。东达集团利用种植沙柳的行间套种紫花苜蓿、沙打旺等优质牧草，解决了绒山羊舍饲圈养的饲料问题，并由此发展了 70 个养殖小区，建起了 250 万只舍饲绒山羊基地。羊绒加工原料得到了保障，绒纺产业得到空前发展。绒产品的出口量每年以 100% 的速度递增，纺纱规模名列国内前两位。

实现了沙漠治理从生存动力、政策动力向市场动力的转变，使"两退"工程有了新型的后续主导产业，解决了治理沙漠的机制体制问题。赵永亮以科技创新，用沙柳为原料造纸，实现了农工贸一体化的产业链，使鄂尔多斯地区 3 个旗、20 多个乡镇、12 万农牧民脱贫致富，人均增收 2800 元，使农牧民有了"造血"功能。赵永亮说，内蒙古的优势产业之一就是钱学森院士所说的"沙产业、草产业"，这是内蒙古新的经济增长点。

得知赵永亮在沙产业方面的成功实践后，钱学森曾写信给赵永亮说："我认为内蒙古东达蒙古王集团是在从事一项伟大的事业。"有关专家表示，在内蒙古发展沙产业是符合科学发展观的循环经济，对内蒙古老百姓脱贫致富，恢复生态，发展经济，建设北京绿色屏障，改善周边地区生态环境等具有重要意义。基于沙产业对内蒙古经济发展、社会进步和恢复生态的重要作用，内蒙古党委和政府已将大力发展沙产业、草产业写入了"十一五"规划，并进行了具体部署。

渡过羊绒大战的低谷期，东达蒙古王集团已发展成为羊绒加工、治沙产业、房地产、路桥建设、新型农牧业等多业并举的一个大型民营企业。但对于赵永亮来说，治沙产业在他心目中的分量永远是最重的。他的构想也极为高远：随着达拉特旗及周边地区实施退耕还林工作的推进，还有 6000 平方公里的生态恶化区可用于种植沙柳。再加上新村的扩建，完全可以打造一个"沙产业硅谷"。这是企业可持续发展的核心竞争力所在。当然，这其中也蕴含着一个民营企业家带动一方百姓富裕的社会责任感。

（四）生态东达——倾情打造"沙漠中的节能新村"

沙柳产业的成功运作，令东达蒙古王集团乐此不疲，并萌生出一个更大的生态产业计划：以生态产业为龙头，通过"生态扩镇移民，产业拉动扶贫"，建一个生态移民扶贫新村。

在距达拉特旗政府所在地 40 公里的荒原上出现了一个蔚为壮观的现代化农村集镇。20 世纪 50 年代，赵永亮出生在这里。这个地方曾给他留下无数刻骨铭心的记忆："我记得我八岁开始，就用我父亲给我做的两个小桶开始挑水。我每天就愁往回担这两担水，天天都在想什么时候能不要挑水，什么时候能吃饱肚子，还能吃好的。"当地人说，四年前，这里还是有名的风干圪梁，因风多风大而荒无人烟。邻近村庄生态环境恶劣，人畜饮水困难，主要靠放牧养畜和退耕还林的补贴生活，每户年收入不足 1 万元。2005 年，东达集团出资 6000 万元在风干圪梁实施生态移民村建设试点项目，当年即建成 28 户高标准养殖示范区。对这个看似和企业发展联系不大的新村，赵永亮亮出自己的新观点："新村不是独立于企业发展之外的，农牧民必须加入到企业的生态产业链中，在产业链上谋生存、求发展。"这其中，东达蒙古王集团还为新村注入了新的主导产业——獭兔养殖。赵永亮的想法是："实现小兔子，大产业，小商品，大市场，打造中国獭兔养殖的'航空母舰'。"

与其他生态移民不同，东达集团采取的是"企业筑巢，政策吸引，自愿入住，产业拉动，服务保障"的措施，即企业三年内无偿为申请入住农牧民每户提供价值 16 万元的住房、獭兔养殖设施和种植大棚、沼气池等，农牧民每户只要拿出 3000~5000 元购买种兔和兔笼，就可以发展种植、养殖业。目前，东达生态移民扶贫村已投入 3 亿多元，有 1500 多户农牧民搬迁入住，相关基础设施和配套工程仍在建设和完善中。移民新村建设开展以来，其中有近 1000 户从事獭兔专业养殖，户均年收入可达 4 万~6 万元。利用兔粪生产沼气，沼液浇地，沼渣肥田，生产有机绿色蔬菜，基本实现种养业的良性循环模式。还引进了十几家企业，正在形成支撑新村的大物流、大运输、大服务等五大园区。当新村全部完工后，可以把散居在 6000 平方公里的农牧民全部转移到这里，既实现百姓富裕，又能使生态遭到破坏的地方成为"无人区"，生态得以自然恢复。

新村管委会副主任李占华说，入住农牧民相当于免费租用集团提供的生产生活设施。公司为獭兔养殖户提供产前、产中、产后全方位、系列化综合服务。除设施统一建设、种兔统一提供外，饲料统一配制、疾病统一防治、出栏统一销售。入住户不用迁办户口，就像在新村打工的农业工人。不想搞养殖了可将房屋等设施退回。

东达蒙古王集团对于这个承载了企业产业发展最高理想的新村最终规格心中有数：打造"中国西部第一村"。赵永亮更愿意把建设中的"中国西部第一村"称作"沙漠中的节能新村"。因为，这里最大限度地实现了以循环链接每一个产业的目标。造纸废水排至碱滩，使盐碱地得到改造；造纸带动沙柳的大面积种植，保护了生态环境；沙柳林草间作，解决了养殖业的饲料来源；獭兔的粪便用于制作花卉肥料和生产沼气。所有的废弃物通过有效开发利用转换成了再生资源。

（五）公益东达——用心回报社会

"伦理道德创造大财富"是赵永亮常说的一句话。正是这句话开启了赵永亮下海创业的航帆，也成为东达蒙古王持之以恒的企训。

孝悌伦理激发了赵永亮淘第一桶金的动力。改变家乡落后面貌的反哺之德让赵永亮在付出百倍于常人的辛苦之后，用经商挣到的第一笔钱兑现了自己的承诺：不但给村里户户通上了电，还帮助很多困难家庭的子女解决了读书难、看病难的问题。"财富和公益的平衡是现代社会和谐的关键"，这是赵永亮经常说的一句话。正是这一思想，让赵永亮在企业发展的每个脚印中，都深深嵌入关爱民生、仁德社会的精髓。

如今，东达蒙古王集团已从最初的几千元发展成有 52 个成员企业、11000余名员工，总资产 120 亿元的全国 500 强企业。集团不仅安排了 2000 余名下岗职工再就业，还累计上缴税费 12.9 亿元，为社会公益事业捐资 2.9 亿元。与此同时，在贫困农村建立希望小学，为特困户、特困村"输血造血"，实施开发式扶贫；发起成立救助农村牧区先天性心脏病儿童促进会，救治了 100 多名先天性心脏病患儿；启动"安置 400 户四川震区灾民创业发展工程"；投资 3 亿多元用于生态建设，拉动 12 万户农牧民增收致富。

三、东达的困惑

（一）多元化的躁动

多元化与专业化是企业在变大变强的过程中面临的两条主要出路，但究竟如何选择是困扰着许多企业的不解之谜。

优质的阿尔巴斯纯羊绒，是赵永亮所在的内蒙古自治区鄂尔多斯高原最有名的特产之一。"鄂尔多斯"、"东达蒙古王"、"鹿王"、"兆君"等一批羊绒名牌，都是这种特产的受益者。有的时候，快乐和郁闷是属于整个行业的。

与中国众多的企业一样，东达开始了多元化的躁动。

章鱼通常是靠自己的触角四处缠绕来行动、识别方向和捕捉食物，离开了看似繁多杂乱但实质有序的触角，章鱼也就没有存在和生存的可能。赵永亮用"章鱼"和东达作比，来谈企业的多元化。如今的东达，正在培养的就是灵敏而有力的触角。就像章鱼的触角，看似杂乱实则有序一样，东达的多元化也并不是盲目的。赵永亮说，多元化最忌讳的就是盲目跟风。前几年，鄂尔多斯开始重点发展采矿业。很多企业都跟风似地扑了过去。当时也有很多人劝赵永亮去投资采矿业，可是被他拒绝了。"进入到一个新的行业，需要付出的人力、物力、财力都是巨大的，所以必须有长远的打算。"赵永亮继续把持着自己的原则：所进的行业是否有增长潜力，能否在新进入的行业中占据有利地位，新进入的行业是否能带动原来的主业等。诚然，多元化和专业化都有成功的可能，但是一定要根据企业自身情况选择合适的发展道路。众多的企业实践也证明，哪个行业赚钱就朝哪个行业发展肯定是末路一条。近几年，西方国家兼并浪潮又起，一个最显著的特点就是以相关行业为主，尽可能追求业务的相关性；在我国商界也有一条很重要的法则，那就是"不熟不做"，只有最熟悉的事情做起来风险才最小。

赵永亮取舍之道又是什么呢？"我一直生活在沙漠的边缘，我觉得我对沙漠的了解要超过一般人。"赵永亮笑得很是灿烂。赵永亮投入了大部分精力的治沙产业就是其一番取舍后的结果。"这不光是一个很有前途的产业，更重要的是它能改变沙漠，能将沙漠的劣势因素转化为经济优势，社会意义远大于企业意义。而且这个产业与东达原来的主业也密切相关。东达每年的羊绒制品在销往外地时都需要大量的包装箱和包装纸，沙柳造纸解决了东达主业至关重要的问题。"

看来赵永亮已经为东达找到了可持久发展的道路，找到了企业的核心竞争力所在。而那个核心，更是他一辈子的心愿。但究竟是对是错，也许只有时间能够验证。

（二）要企业还是要家族

打虎亲兄弟，上阵父子兵。有专家认为家族企业就是企业与家族的统一体，创业初期两者不但有较少冲突和矛盾，甚至有互补作用，成为家族制管理的早期优势。家族内部的信任关系降低了企业内部的管理交易成本之后，也就成为了制约企业发展的障碍。大多数私营企业家在发展后都会遇到的家族企业"瓶颈"，赵永亮说他的解决办法就是"革命"。

赵永亮非常幽默地称："第一次革命为家庭的三次革命，主要解决体制问题，先后把老父亲、两个妹妹'革'出去了。记得把小妹妹'革'出去时，老父亲都要用茶杯往我的头上扔，但是，在我心中社会责任高于一切。第二次革命是'资产革命'，解决了资本的合理配置。通过两次革命，东达蒙古王集团由家庭企业转变为符合现代企业制度要求的股份制企业，现在东达是一个非常健康的企业……"

通过三次家庭革命，赵永亮使企业从家族式的管理模式中解放出来，并最终形成了比较完善的现代企业制度和公司治理结构。他的企业越办越大，越做越强。

但也许有人会问，这样的话，东达还是原来的东达吗？还是他赵永亮一手创办的东达吗？也许，下面这句话就是他心中给出的回答——"东达是东达人的东达，更是全社会的东达。与朋友同荣共辱，与社会共同进步，是我和我们企业的责任。"仁者见仁，智者见智，不同的人肯定会有不同的体会。

（三）要利益还是要公益

面对既有的辉煌，赵永亮常说："100万元是自己的，超过了都是社会的。"他也曾坦言，在他心中社会责任高于一切。

说得好！承担社会责任是企业义不容辞的义务，这在世界上不管是企业界还是理论界都得到了广泛的认可。但是，真正能做到这一点的企业并不多。可以说，现阶段东达已经走在了众多企业的前面：无论是严抓羊绒产品质量关，还是大力发展林草沙等绿色产业；无论是打造路桥等百年基础设施，还是打造住宅等百姓安居工程；无论是支持移民扶贫等新农村建设，还是响应祖国开发大西北的号召……这都是东达集团良心的表现。然而，这些事业也并非一帆风顺，毕竟，资本是逐利的。东达集团在做这些决定的时候，都曾面对着这样或那样的困惑。比如说，东达引以为豪的"沙漠中的节能新村"项目，总投资可能要上百亿元，这对一家出身于草莽的民营企业可谓是一个天文数字。能不能拿出来姑且放一边，就是真正建成了又会需要多长时间来收回投资呢？十年？二十年？五十年？还是根本收不回来？这不得而知。这对企业、股东、董事长等利益相关者是一个严峻的考验。毕竟，企业在很大程度上说，是为了"利益"存在的而不是为了"公益"存在，要不然它就要叫公益性组织了。那又该如何做呢？答案不得而知，这其中也许有一个度，因人而异、因地而异。

四、企业荣誉

"东达蒙古王"商标是"全国著名商标"，生产的羊绒系列产品被评为"中国消费者信得过产品"、"消费者无投诉中国驰名品牌"。东达蒙古王集团是内蒙古自治区"出口创亿元先进乡镇企业"、"内蒙古工业 20 强企业"、"全国扶贫重点龙头企业"、"全国农牧业产业化先进集体"、"全国纺织类大型工业企业"、"中国最具生命力百强企业"、"全国新农村建设百强示范企业"、"中国 1000 大制造商之一"。

第十七章 伊 泰
——与黑金共舞

提到内蒙古，恐怕国人都会情不自禁地想到马头琴、蒙古包、大草原，想到"天苍苍，野茫茫，风吹草低见牛羊。"然而，当我们提及伊泰集团这家在鄂尔多斯的煤炭企业时，会不会产生一种难以名状的杞忧？因为，煤炭又被戏称为黑金，一直与"污染"共存于人类赖以栖息的天地。一边是连天草原无穷碧，一边是满目烟尘的"卖'炭'翁"，这种"不共戴天"的现实，能叫渴望回归自然的芸芸众生漠然视之吗？究竟鱼和熊掌是否可以兼得？

也许，伊泰已经给出了我们答案。

透过岁月的窗户，我们不难看到伊泰人在呕心沥血的"洗煤"历程中，他们的血肉之躯和精神品性如何承受历史熔炉的锤炼。这时，我们自然会想起我国宋朝伟大的改革者兼诗人王安石的两句充满哲理的诗：看似寻常最奇崛，成如容易却艰辛。张双旺，原是伊盟乡镇企业副处长，1988年，张双旺辞官下海，带领21名行政超编人员，凭着区区5万元开办经费和政府有偿借给公司的40万元经营活动资金，掀起了一股自主创业的"鄂尔多斯风暴"，以摧枯拉朽的精神和力量，硬是在相对落后的地区闯出了一条企业成长壮大的发展坦途。

一、伊泰概况

内蒙古伊泰集团有限公司（以下简称"伊泰"）是以煤炭生产、经营为主业，以铁路运输、煤制油为产业延伸，以房地产开发、生物制药、太阳能等非煤产业为互补的大型现代化能源企业。公司现有总资产超过500亿元，下属内蒙古伊泰煤炭股份有限公司、伊泰准东铁路有限责任公司、呼准铁路有限责任公司、伊泰煤制油有限责任公司、中科合成油技术有限公司、伊泰置业有限责任公司、伊泰药业有限责任公司等直接和间接控股公司 35 家，其中伊泰煤炭股份有限公司为煤炭行业首家 B 股上市公司。煤炭行业第一枚"中国驰名商标"——"伊泰"商标由伊泰集团授权其控股子公司伊煤 B 股（900948）使用。

图 17-1　伊泰

伊泰集团现有大中型生产矿井 14 座，筹建矿井 2 座，总生产能力超过 5000 万吨/年。煤矿全部实现了综合机械化开采，采区回采率达到 75%以上。

如今的伊泰，在中国企业 500 强中名列第 227 位，全国煤炭企业百强中名列第 19 位，在全国企业效益 200 佳中排名第 48 位，在人均利润 100 家企业中排名第 7 位，在 2002~2011 年"资产增长最快企业 50 佳"中高居榜首，被国务院列为全国规划建设的 13 个大型煤炭基地骨干企业之一……集团公司党委被中组部授予"全国先进基层党组织"称号；公司被原国家煤炭工业部评为"现场管理最佳企业"，并授予全国煤炭工业优秀企业"金石奖"；被中华全国总工会、劳动和社会保障部、全国工商联联合会授予"全国就业与社会保障先进民营企业"；连续十年被内蒙古自治区认定为"标兵文明单位"，被民政部授予"中华慈善奖"。集团公司董事长张双旺、总经理张东海先后被评为全国劳动模范。

二、伊泰的品牌建设

"伊泰"商标被国家工商总局商标局认定为中国驰名商标，这标志着伊泰集团"伊泰"商标的知名度和美誉度得到了行政部门、市场及社会各界的广泛认可。这是我国煤炭行业的首枚驰名商标，有利于提升企业形象和整体竞争力，意义非同寻常。

"功夫不负有心人。"为何伊泰这个煤炭行业的"二流企业"能够获此殊荣？而不是神华、中煤、潞安这些行业大佬呢？这要从伊泰的品牌建设说起。

（一）品牌设计

如图 17-2 所示，从结构上看，伊泰的标志是伊泰拼音首字母 Y、T 的组合，形状像钻石，代表伊泰产品和精神品质；又像一个握紧的拳头，体现伊泰的向心力、凝聚力和团队精神。整个图形呈"三位一体"，体现伊泰整体以煤为主、以煤炭生产和运输支撑贸易，实施全程供应链战略联盟基础上的协同发展。从颜色上看，伊泰的标志以绿色、黑色为主要颜色："Y"型托举绿色块体现伊泰人对自然的崇敬与感恩，代表伊泰人草原般广阔的心胸以及保护、利用好资源、健康发展的渴望与追求，还代表伊泰人努力回报自然、社会和企业；黑色表示伊泰集团是以煤炭及煤化工为主的企业以及稳重、严谨、蓄势待发的感觉。

图 17-2　伊泰 LOGO

（二）品牌保护

伊泰集团的发展目标是"创伊泰品牌，建卓越企业"。为此集团专门成立了商标品牌管理部门，制定了"伊泰"品牌发展规划。为使"伊泰"商标更大范围地得到有效保护和健康发展，公司先后在国内外申请商标注册。截至目前，公司已在 13 个类别中注册了 41 件"伊泰"中文、拼音商标，在"伊泰"煤的主要出口国韩国和日本申请了 4 件"伊泰"中文、拼音商标，在马德里协定议定书所含国家以及东南亚国家又相继申请注册了 58 件伊泰商标，在国内又继续在不同类别上申请了 105 件"伊泰"中文拼音组合商标。为了保护"伊泰"商标，公司又在第四类煤炭产品上进行了与"伊泰"近似字体、字形及同音字等 12 件商标的注册。通过国内外多类别、多角度的注册，使"伊泰"商标得到了有效的保护，奠定了公司无形资产的基础，极大地提升了品牌的效应。

为了提升"伊泰"商标的知名度和企业整体形象，公司在《中国改革报》、《中国企业报》、《中国工商报》、《中国质量报》、《光明日报》、《中国知识产权报》、《上海证券报》、《香港商报》、《香港大公报》、中华英才网等国内外媒体和地方电视、网络、报刊、户外广告媒体进行广泛的传播和企业形象的宣传。公司近三年投入的广告及各种公益性赞助达数亿元。

　　为了寻求品牌保护，公司先后三次向国家工商行政管理部门申请认定中国驰名商标，经过中国工商行政管理总局商标局的审查，认定公司注册在第四类煤炭产品上的"伊泰＋图形"商标为中国驰名商标。"伊泰"商标被认定为中国驰名商标是伊泰集团品牌发展史上的具有历史意义的里程碑，标志着"伊泰"商标的知名度和美誉度得到了国家知识产权管理部门、市场、社会各界的认可，标志着我国煤炭行业首枚驰名商标的诞生，这有利于提升企业形象和整体竞争力。

（三）企业文化

　　企业文化建设是企业发展的灵魂。良好的企业文化是企业进步的强大动力和精神源泉。伊泰集团，一个由5万元起家，没花过国家一分钱投资的地方企业，能在全行业大面积亏损，煤炭严重供过于求，甚至不计血本、竞价销售的大环境下，短短二十余年间总资产达数百亿元，成为全国煤炭工业的一面旗帜，成为地方煤炭企业发展史上的一个奇迹。许多资深的专家学者在总结伊泰经验时，得出了多条值得借鉴和推广的成功经验。其中最为重要的一条，就是伊泰集团在20多年的风雨历程中，无论是逆水行舟还是顺风扬帆，都将企业文化建设融入到生产经营的实践当中，通过摸爬滚打形成了独具特色的企业文化。

　　在伊泰的企业文化体系中，坚持"四个不变"的基本原则更是备受推崇——"不管遇到什么困难，坚持集团公司党委是领导核心不变；坚持依靠广大职工，充分尊重广大职工的主人翁地位的宗旨不变；坚持为地方和国家的社会主义建设积极做出贡献的思想不变；坚持合法经营，照章纳税，两个文明协调发展的方向不变。"这四个不变，可理解为四个承诺，在企业文化建设过程中是非常重要的。这四个承诺是书面的、公开的，也就意味着约束。四个不变确实是抓住了根本，企业整体利益、企业主体诉求、员工价值、社会和地区诉求都在这里得到综合体现。四个不变较好地处理了企业经营发展过程中必然要面对的内外部关系，全面顾及到了企业利益相关方，这是扩大了的心理契约。伊泰四个不变的成功之处还在于对四个承诺进行管理，进行控制，进行建设。比如，对党组织的公开承诺，这是一个政治的承诺，事实上这一承诺也能为我所用、为企业所用，转化成在企业生产经营管理过程中能够发挥作用的力量。

（四）诚信经营

成立 20 多年来，伊泰集团一直坚持诚信经营，赢得了客户的广泛赞誉。

1992 年出现了全国性的煤炭紧张市场，公司在快速发展的同时始终坚持履行年度计划合同不涨价并确保合同兑现率，确保用户的生产用煤，从而赢得了市场普遍的赞誉。1997 年 8 月公司 B 股上市发行，被评为中国煤炭第一股。这时的公司不仅积累了原始资本，更积累了一种被用户普遍认可的诚信经营的商誉。

2008 年，南方发生了严重的雨雪冰冻灾害，煤炭供不应求，价格飞涨。大多数煤炭企业都提高了煤炭价格。伊泰不发国难财，不仅不涨价，还全力生产，把煤炭源源不断地运到南方受灾地区。2008 年的煤炭市场经历了冰火两重天，到了下半年，煤炭市场出现了逆转，煤炭大面积滞销，秦皇岛码头堆满了各公司的煤炭。港口的煤炭运不出去，直接影响了公司的生产经营。当时，公司的客户听说了这个消息都纷纷表示，伊泰在我们困难的时候没有涨价，现在伊泰遇到困难了我们一定要出手相助。客户在自己的库存充足的情况下，大量购进伊泰煤，帮助伊泰疏港。秦皇岛港口出现了来船只拉伊泰煤的感人场景。

（五）安全、环保——企业的核心经营理念

伊泰多年来持续、快速地大发展，也是企业全面进步的结果，尤其是把安全作为天字第一号的大事来抓，坚持把保障职工生命安全作为企业第一政治、第一效益和职工第一福利的结果。张双旺一再语重心长地强调："宁可少挣一千万元，也不死一个人。"

多年来，无论时事政治和市场形势如何风云变幻，伊泰公司始终坚持深入实施节约资源和保护环境的基本国策，大力发展循环经济，推广低碳技术，始终坚持环保工作与企业生产经营同步规划、同步实施、同步检查、同步考核，着力建设自律与他律相结合的环保管理体制和机制。公司本着"百年伊泰，绿色能源"的环境宗旨，在全自治区地方煤炭企业中率先设立环境监察部，针对公司的实际情况制定出台了伊泰公司《环境管理办法（修订）》；积极推进生产工艺的改进，加强矿区环境综合治理工作，全面推进矿区生态建设和恢复。率先试行企业环境监督员制度，通过开展环保知识竞赛，分期分批组织各站点工作人员培训学习等方式，大力宣传环保知识，提高全员环保意识，初步建立起一支企业环境管理监

督员队伍。

为了进行脱胎换骨的矿区环境综合大治理，伊泰把污染治理同企业工艺技术改造、设备更新结合起来，促进企业实施清洁生产、节能增效，提高资源综合利用率。在矿山开采方面，投资近 30 亿元巨资，通过将原有 27 座矿井和其他企业的 5 座矿井整合为 13 座矿井进行技术改造，引进国内先进生产设备，生产工艺全部由传统房柱式改为综采，以提高回采率。

为了进一步推进矿区环境整治工作，伊泰按照鄂尔多斯市人民政府关于矿区环境整治工作方案的总体要求，突出重点，绿化场区，采取平面绿化与垂直绿化相结合的方式种树种草，向多层次、多种群、绿化、美化、净化的方向发展，做到既有远景规划，又有近期布置，速生与慢长树种配合种植，实现生态系统的良性循环，工业场地绿化系数达到 20%以上。截至 2010 年底，伊泰各生产经营单位种植各类乔木 272.7 万株，灌木 539 万丛，草坪 30 万平方米，累计投资超 2 亿元。对各矿区生产场所也制订了详细的绿化、美化方案并已组织实施。

2011 年 11 月 16 日，伊泰荣获 ISO14001 环境管理体系授牌，颁证仪式庄重举行。集团公司所属煤炭、煤制油、铁路、房地产、药业、太阳能光伏发电、公路运营七大产业板块，均顺利通过 ISO14001 环境管理体系认证，不但标志着伊泰环境管理工作迈上了一个新的台阶，也为诸多类似企业的环保工作走向科学化、规范化带了一个好头。

（六）家以方圆、感恩回报

2001 年国有股全部退出后，伊泰集团提出了"四个不变"的办企原则。在这一办企理念的指引下，伊泰实行全员持股制度，使员工由过去单一的劳动者身份变成了劳动者和所有者双重身份。在股权设置方面，倾向于普通员工，股权结构呈橄榄球型：普通员工占 50%、高管占 32%、中层管理人员占 18%。员工年平均收入超过 10 万元。伊泰集团在不断发展壮大的同时，还积极回馈社会，为黄河杭锦旗段溃堤水灾捐款 1000 万元、为四川汶川特大地震捐款 2000 万元、为青海玉树地震捐款 1000 万元、为鄂尔多斯市中心医院建设住院大楼捐款 5000 万元……集团公司创立以来，累计为政府上缴税金 200 亿元，无偿捐款 5 亿元。付出总有回报，伊泰集团尽了企业的一份社会责任，受到了国家及社会各界的高度评价和广泛赞誉。

三、发展循环经济

当代中国，经济发展独秀全球，所付出的资源和环境代价同样巨大。大力建设环境友好型企业，已成为时代的迫切需要和负责任大企业义不容辞的使命。在"四个不变"办企理念的指引下，张双旺率伊泰党政一班人以与时俱进的勇气与胆略，及时提出建设"本质安全型、资源节约型、环境友好型、社会和谐型"矿井的奋斗目标。

伊泰积极采用新技术，发展循环经济，与北京京能集团、广东粤电集团合作，投资 50 亿元建成目前国内单井单面产能最大的年产 1200 万吨酸刺沟煤矿，并配套建设 2×30 万千瓦煤矸石电厂，提高煤炭伴生矸石等废弃资源回收，实现了废物利用的"吃干榨尽"。

公司投入 2100 多万元引用中科院理论物理研究所陈应天教授先进的"数倍聚光光伏发电技术"，建成了国内装机最大的 205 千瓦光伏发电站并实现并网，取得显著成果。该项目由于在节能减排方面具有重要示范意义，成功获得世界银行免费赠款。

作为中科合成油技术公司的控股股东，伊泰集团与中科院山西煤化所合作完成了煤间接液化自主知识产权技术的中试，并通过了国家"863"项目验收。2006 年 5 月，经内蒙古自治区发改委核准，以该技术为依托的国内第一条（核准 48 万吨，一期工程年产 16 万吨）煤基合成油品示范生产线开工建设。2009 年 3 月 23 日，内蒙古伊泰集团与中国科学院携手向世人昭示：中国完全利用自主知识产权的煤制油（煤间接液化）成功出油了。伊泰煤制油工业化示范项目是中国首套煤间接液化装置并获得完全成功的项目。目前，伊泰集团正在开展 540 万吨/年煤制油基地的总体规划和项目实施的前期工作，并按"十二五"期间进一步完善示范的政策要求，向国家能源局上报了 180 万吨/年商业示范的可行性研究报告，等待开展前期工作的批复。公司力争到"十二五"末，建成 500 万吨级煤制油产业基地。

四、多元化发展

伊泰集团公司以科学的定位和高超的战术，以一系列强有力的体制创新、机制创新和制度创新，从行业低迷时期开始即大举做强主业，加快进行自有煤矿建设；以超前一步的战略眼光重新配置生产要素，冲破内外部的惯性阻力和巨大的困难，投巨资修建铁路和运煤专用公路，继之搞电气化扩能改造，畅通了煤炭外运的"瓶颈"，使沿海列车直接开进鄂尔多斯煤海腹地。这一发展社会化大生产的卓越作为，成为全煤形势好转后伊泰实现第二次创业起飞的平台、在新的征程上再创辉煌的有力保障，也为社会进步和地方发展做出了可贵的贡献。

按照多元发展的思路，伊泰集团现已在非煤领域形成房地产开发、生物制药、太阳能等互补产业。伊泰置业公司是伊泰集团旗下专业从事房地产投资、开发和经营的企业，成立于 2006 年，开发面积已超过 500 万平方米。项目从内蒙古鄂尔多斯市、呼和浩特市开始，正逐步拓展到海口、成都、北京等多个大中型城市。目前，伊泰置业已晋升为国家一级房地产企业，成为伊泰集团新的经济增长点。项目对开发可再生能源、保护环境以及推动我国大规模开发利用太阳能具有重要的示范意义。

五、关于伊泰集团的思考和探讨

人无远虑必有近忧。伊泰集团虽然堪称中国煤炭业的一面旗帜，但它离其跻身中国煤炭业十强的目标还很远，距离"煤及煤化工产、运、贸一体化国际产业集团"的企业愿景更是还有一条很长的路要走。在这条路上，布满荆棘，也有许多困扰它而它又不得不面对的问题。

（一）品牌问题

就我国大型煤炭企业品牌建设现状，在《中国 500 最具价值品牌》中，煤炭业只有几个有限的大型煤炭企业榜上有名，其他企业仍未对企业品牌建设引起足够的重视。就伊泰集团来说，虽然伊泰获得了中国驰名商标，但不论是品牌的知名度，还是品牌的信任度都明显不足。尤其是公司不断拓展产业领域和版图的时候，缺乏品牌战略，制约了公司的不断发展壮大。

伊泰集团在实施品牌战略过程中品牌概念模糊。同时，缺乏必要的品牌建设知识，而忽视了品牌的建设。另外，公司虽然在煤炭运销领域形成了良好的品牌效应，但缺乏统一的品牌规划和有意识的建设。随着公司不断拓展业务范围和产业版图，对公司的品牌提出了更高的要求，需要对公司品牌进行明确的定位和规划。2011 年，公司设立了品牌主管，开始对品牌进行统一规划，但是具体怎么建设，集团品牌和子公司品牌如何结合，做到什么程度等这些问题都还在探索中。

（二）打造大型煤炭企业矿区旅游品牌

随着人民生活水平的提高，旅游业呈现多元化、个性化的特点，游客已经不满足于单纯的观光游、健身游等传统项目，而是需要更多的新型旅游产品。煤炭资源作为一种最普遍的使用于各家各户的能源，人们对它的用途可以说是家喻户晓，但大部分人对它的开采过程却不了解。尤其是对于正在学习阶段的青少年，对煤炭的历史演进、开采过程、加工过程进行了解既是一个娱乐的过程，又是一个学习的机会。煤炭工业旅游的开发，必将激起人们极大的兴趣，进而为企业品牌添加活力，使其声名远播。

作为中国煤炭业第一枚驰名商标品牌，作为中国煤炭行业的一面旗帜，伊泰集团完全有义务、有能力打造大型煤炭企业矿区旅游品牌，再次起到行业模范带头作用。当然，这到底应不应该、能不能实施，还需要进行深入细致的调研考察。这无疑又是一个伊泰不得不面对的问题。

（三）承担企业社会责任问题

2008 年，中国汶川发生了 7.8 级地震，激发了国人心中的大爱。正所谓"一方有难八方支援"，震后各方捐款如雪花般飞入汶川。而与此同时，王石捐款门事件也在国人心中引起了巨大的"地震"。由此,企业应不应该以及如何承担社会责任便正式走进了公众的视野。

不容质疑的是,企业必须承担社会责任,但是,至于如何承担就是一个度的把握,仁者见仁,智者见智。其实,无论是在西方还是在东方,企业社会责任概念自得到广泛认可以来,就存在着企业承担社会责任到底是目的还是竞争手段的争议。伊泰集团无疑在承担社会责任方面走在了行业前列,但是以后该如何走?所谓的"度"又该怎么把握?到底应不应该甚至怎么利用企业社会责任这把"利剑"?这些问题也都将是困扰伊泰的问题。

六、企业概况

内蒙古伊泰集团有限公司是以煤炭生产、经营为主业,以铁路运输、煤制油为产业延伸,以房地产开发、生物制药、太阳能等非煤产业为互补的大型现代化能源企业。

公司现有总资产超过 500 亿元,"伊泰"商标为煤炭行业第一枚"中国驰名商标"。

公司现已建成全长 135.46 公里的准东电气化铁路、124.18 公里的呼准电气化铁路、26.8 公里的酸刺沟煤矿电气化铁路专用线和 122 公里的曹羊公路。公司在秦皇岛、京唐港、曹妃甸港口设有货场和转运站,在北京、上海、广州、秦皇岛等地设有销售机构,形成了完整的产、运、销体系。

2010 年 6 月,装置实现了安全、稳定、长周期、满负荷运行。目前,伊泰集团正在开展 540 万吨/年煤制油基地的总体规划和项目实施的前期工作,并按"十二五"期间进一步完善示范的政策要求,向国家能源局上报了 180 万吨/年商业示范的可行性研究报告,等待开展前期工作的批复。公司力争到"十二五"末,建成 500 万吨级煤制油产业基地。

按照多元发展的思路,伊泰集团现已在非煤领域形成房地产开发、生物制药、太阳能等互补产业。

伊泰置业公司是伊泰集团旗下专业从事房地产投资、开发和经营的企业,成立于 2006 年，开发面积已超过 500 万平方米。项目从内蒙古鄂尔多斯、呼和浩特开始，正逐步拓展到海口、成都、北京等多个大中型城市。目前，伊泰置业已晋升为国家一级房地产企业，成为伊泰集团新的经济增长点。

伊泰集团在内蒙古自治区和鄂尔多斯市党委、政府及有关部门的关怀和支持下，认真贯彻落实科学发展观，坚持"四个不变"办企原则，各项事业取得了快速发展。

附录：伊泰大事记

1988 年 3 月，由伊盟乡镇企业处副处长张双旺带领 21 名行政超编人员，凭借 5 万元开办费起家，创立伊盟乡镇企业公司。

1989 年 11 月，伊盟乡镇企业公司更名为伊克昭盟煤炭公司，全面进入煤炭生产经营领域。

1992 年 11 月 10 日，伊克昭盟煤炭集团公司正式成立。

1993 年 7 月，经铁道部和呼和浩特铁路局批准，伊盟煤炭集团公司自备车单打"蒙"字底，使公司成为伊盟首家拥有自备车独立经营权的企业。

1994 年 3 月 20 日，在伊盟行署的支持下，经过公司的不懈努力，经准煤公司同意，由伊煤公司率先开通大准线，公司自备车正式进入大准线运营。

1995 年 5 月 1 日，伊盟煤炭集团公司党委书记、公司总经理张双旺被评为全国劳动模范。

1996 年 1 月 18 日，伊盟煤炭公司与内蒙古如意公司联合创办的"西蒙煤炭有限公司"正式成立，向东北发出运煤专列，进入了集通铁路运营煤炭。

1996 年 11 月，伊煤集团公司自备车增加到 1321 节，成为国家大型二档企业。

1996 年 12 月，集团公司与秦皇岛港务局合资创办的秦伊船务公司正式运营，形成了伊煤集团汽运、铁运、水运一条龙的运输新格局。

1997 年 1 月，集团公司被自治区确定为重点企业，成为自治区 36 户重点企业之一。

1997 年 8 月，伊泰煤炭股份有限公司成立。

1997 年 8 月 8 日上午 9 点，被称为中国煤炭第一股的伊煤 B 股，在上海证券交易所隆重上市，总发行流通股数为 16600 万股，募集资金 5.2 亿元。

1999 年 9 月，蒙西公司研制成功的特低碱水泥被国家列入"1999 年新产品试生产计划"，同时，高掺煤矸石复合硅酸盐 425#R 水泥被列入国家"火炬计划"。

1999 年 10 月，经国务院批准，伊煤集团被列入 520 户国家重点企业名单，成为其中仅有的 34 户煤炭企业之一。

2000 年 10 月 1 日，伊煤集团科学技术协会成立。

2001 年 2 月 21 日，伊泰煤炭股份有限公司通过了 ISO9002 国际质量体系认证。

2001 年 12 月 13 日，内蒙古伊泰集团有限公司成立。

2001 年 10 月 28 日，拥有自主知识产权的异甘草素提取纯化技术获自治区人民政府科技进步二等奖。

2002 年，伊泰集团有限公司位列内蒙古自治区 20 户重点大企业（集团）之一。

2003 年 12 月 31 日，伊泰集团有限公司副总经理、伊泰煤炭股份有限公司董事长兼总经理张东海，继 2003 年 9 月 22 日被评为第九届内蒙古自治区杰出青年企业家后，又被评为第七届"内蒙古十大杰出青年"。

2003 年 12 月，内蒙古伊泰集团有限公司被自治区确定为煤炭行业重点支持的 20 户企业之一，7 个 5000 万吨以上的煤炭骨干企业之一。

2004 年 4 月 26 日，集团公司被自治区第五届企业联合会、企业家协会理事会评为"全区发展与创新优秀企业"，张双旺董事长被授予"优秀企业家"称号。

2004 年 8 月 27 日，伊泰集团被国务院确定为全国 13 户亿吨级煤炭生产基地建设的骨干企业之一。

2005 年 1 月 30 日，"中国十大英才"颁奖大会在北京全国政协礼堂举行，集团公司总经理张东海被授予"中国十大品牌企业英才"称号。

2005 年 5 月 19 日，"伊泰"牌煤炭被内蒙古自治区政府认定为"内蒙古自治区名牌产品"。

2005 年 9 月 2 日，中国煤炭工业协会公布"2005 年中国煤炭工业企业 100 强"名单，伊泰集团列 100 强第 23 位。

2006 年 6 月 2 日，"伊泰"商标被国家工商行政管理总局认定为"中国驰名商标"，这是中国煤炭行业认定的第一件"中国驰名商标"。

2007 年 10 月，国家统计局公布"中国大企业集团竞争力 500 强"排行榜，伊泰集团位列第 239 位。

2008 年 3 月 22 日，"2007 年度中国企业信息化 500 强"发布。伊泰集团入围"全国企业信息化 500 强"，位列第 255 位，并被评为"优秀信息化团队奖"。张东海荣膺"杰出信息化领导者"个人单项奖。

第十八章　维信集团
——西部羊绒之星

1992 年 11 月 2 日，这是一个值得欢欣鼓舞的日子，巴彦淖尔盟迎来了自改革开放以来第一家外商投资企业——维信羊绒实业有限公司的奠基。让人更感欣慰和骄傲的是，这外商是土生土长的河套汉子，他的名字叫郝续宽。他曾在部队大熔炉里摸爬滚打五年，在商场如战场的氛围中，吃苦耐劳，智慧过人。当时，郝续宽可谓仕途顺畅，年仅 29 岁就已经是内蒙古蒙专学院的处级干部，如果发展下去，前途不可估量。然而古人说得好：逐浪志，岂在玉莲之池？所以他毅然放弃了人人称羡的铁饭碗，投身到商海之中。1992 年办理了停薪留职手续，和大哥郝继宽共同创建维信。多年来，郝续宽和他的维信集团恪守着"精诚以维，信实发展"的企业文化个性，怀揣着一颗拳拳回报乡土的赤子之情，奋发进取，在短短的十年间，这个年轻企业，创造了一个个新的起点和精彩。维信集团的发展之快，经济效益之好，是许多人百思不解的"谜"，如今，坐落在内蒙古西部的这颗璀璨的明星继续演绎着她的神话。

一、维信集团概况

（一）集团成立伊始

20 世纪三四十年代，山东人传颂着闯关东的豪迈和胆量，陕西和山西人则体会了走西口的苍凉与悲壮。1947 年，郝续宽的父亲走西口从陕西来到了当时的巴彦淖尔盟，老人为人正直，朴实严谨，一辈子兢兢业业，乐于奉献，是一位值得敬重的"老革命"。从小父亲就教育孩子团结奋进、尊老爱幼、热爱祖国、热爱党，对人对事讲诚信，要好好学习，长大报效国家和人民。从此郝家扎根内蒙古，后来郝氏三兄弟也开始了他们不凡的事业。

图 18-1　维信

　　童年记忆里，虽然路不拾遗，夜不闭户，但贫穷和饥饿伴随着每一个家庭，使得幼小的郝氏兄弟暗下决心，今生今世一定要走出一条路来，成就大业，改变家乡贫穷的面貌。兄弟齐心，情比金坚！"在我们的追求中，宁可要有与风暴搏斗，与礁石较劲的惊心动魄，也不愿意一味地风平浪静而甘于平庸"，这是郝氏兄弟远大理想的写照。

　　像中国许多新兴企业所经历的成长过程一样，维信集团创建伊始，也经受了常人难以想象的考验。但郝续宽是条硬汉子，是位能打硬仗的战将。开始资金短缺，运营举步维艰，只能从小事干起，边学边干。在没有自己的生产基地时，就以贸易为先导，运用信息争得市场和客户，以诚信赢得商业伙伴的信任和支持。那时，他既是老板，又是小工，没日没夜，历尽千辛万苦，尝遍酸甜苦辣，节约每一分钱，艰难地进行着原始资本的积累。农家子弟吃苦耐劳、坚韧不拔的性格，使他硬是扛住了像山一样压过来的重重困难。1992 年 11 月 2 日，在郝续宽带领下，维信集团的核心生产企业——维信（临河）羊绒实业有限公司在临河市章嘉庙村破土动工。隆冬施工，在当时的西北地区是绝无仅有的。从设计、策划到公关、指挥，全靠他一个人运筹。为了省钱，他采取轻包工形式，每一分钱都要花在刀刃上，既当监工，又当拉料工和装卸工。新建工厂，土建、通电、通水、设备选购安装，以及招工、培训，等等，千头万绪，困难重重。他吃住在工地，昼夜鏖战，每天仅休息两三个小时，有时几天几夜也不合眼。奇迹出现了——占地 60 亩，建筑面积 4 万平方米的现代化厂房，仅用 10 个月的时间就建成投产！而这期间，郝续宽仅方便面就吃了 12 箱。

（二）羊绒界的奇迹

　　1992 年 4 月，维信集团的第一个羊绒企业——维信工贸有限公司在天津保税区成立了，在郝续宽的领导下仅仅用了半年时间将工厂建设投产，10 月 30 日工厂投产后移交给三弟郝永宽，之后他又马不停蹄、辛劳奔波。同年 11 月 2 日在巴彦淖尔市开工奠基成立了第二个羊绒企业，实现了巴彦淖尔盟招商引资外资企业零的突破。两个工厂从选址到投产，在羊绒界是个奇迹！回忆起当时的困难情景，他说："隆冬施工，在当时的西北地区是绝无仅有的。此后几年，公司一直在长足发展。1994 年，在呼和浩特市成立了羊剪绒公司，1996 年和乌拉特中旗合资成立了内蒙古绒毛纺织有限责任公司；1998 年在锡林浩特成立了牧场有限公司、在赤峰建立了羊剪绒公司；1999 年在蒙古国乌兰巴托成立分公司；2002 年收购了赤峰羊绒衫厂；2002 年在乌拉特前旗建立了"维信国际高尔夫"。维信集团的发展速度之快，经济、社会效益之好，成了人们津津乐道的话题，"维信现象"成了许多人百思不解的"谜"。

展望未来，维信的发展将会更加多元化。在国家经济总体运行的格局中，维信集团会借助西部大开发之契机，综合维信集团的力量，以高科技生态、环保、旅游等新型产业为延伸拓展方向，以巩固原有羊绒产业为基础，真正把维信集团这艘航母再驶向远方。

（三）荣誉

"维信"商标被国家工商总局认定为"中国驰名商标"，"维信"牌羊绒制品被国家评定为"中国名牌产品"、"原产地标记注册产品"、"中国环境标志绿色产品认证"，以品质型、时尚型、环保型为特点，在第六届国际山羊大会暨博览会上荣获金奖，连续三年在中国国际时装周上被评为"中国十大女装品牌"。"维信"牌 KVV01、BBC 无毛绒是欧美、日本等国大型纺织企业的首选原料，品质在全球首屈一指。集团被国家农业部评为"农业产业化国家级重点龙头企业"，被国家质检总局评为"出口纺织品一类企业"，被国家海关总署评为"A 类企业"，被国家商务部评为"促进企业诚信建设先进企业"、被国家工商总局命名为"全国守合同、重信用先进企业"、被国家劳动和社会保障部评为"全国就业和社会保障先进企业"、被内蒙古自治区人民政府评为"重点大企业集团"、"高新技术企业"、"先进纳税企业"。

企业的成功为郝续宽先生赢得了诸多殊荣：1997 年被评为内蒙古区光彩事业先进个人，1999 年被评为内蒙古区个体私营经济十佳带头人，2000 年获内蒙古区劳动模范和全国纺织工业系统劳模称号，2002 年被评为内蒙古区优秀乡镇企业家。"路漫漫其修远兮，吾将上下而求索。"郝续宽并没在成绩和荣誉面前止步。他表示：维信要不断地创造辉煌，为家乡父老谋福利，为祖国经济的腾飞夯实基础。

二、"劫后重生"

（一）双重打击

郝继宽——维信集团创始人，1991年下海在香港成立了维信贸易公司，成为内蒙古最早的"弄潮儿"之一。2005年1月22日不幸因病去世。由于产权不清晰，公司发展遭遇了"瓶颈"，各项资源急需重新整合，维信集团进入了一个发展低谷，转变经营机制迫在眉睫。而在企业重新调整布局、步入正轨之时，金融危机已不知不觉袭来。加之国家不断调整相关产业政策，皮毛行业的生存空间日渐萎缩，发展难度不断加大，不论从国际方面还是国内方面看，维信公司都面临着巨大的挑战。维信公司的羊剪绒产品主要销售国——美国的经济仍处于低谷，其购买力一直下降，这导致了公司产品价格不能按成本上升的幅度而上升；受出口羊皮的主要国家——澳大利亚澳币升值的影响，澳羊皮价格大幅上升，平均每张皮上涨8美元，如果全年羊皮用量按100万张计算，将增加800万美元；由于人民币的升值，公司的收入相对减少；石油价格的不断上升，导致以石油为原料的化料价格逐渐上升。

（二）化危机为集团的发展机遇

2005年3月5日，公司召开了紧急会议，会上郝续宽提出了尊重历史，面对现实，展望未来的倡议，郝继宽虽然去世了，可是其他人有责任把维信的担子挑起来，让公司健康发展。会议决定由郝续宽负责羊绒产业，郝永宽负责天津的产业以及高尔夫球场和牧场。

为了能使维信事业走出低谷，郝续宽一连推出了几项措施：成立了维信内蒙古羊绒集团有限公司，下设3个子公司——维信（内蒙古）针织高科技有限公司，维信雅博（内蒙古）纺织科技有限公司和维信内蒙古二狼山有限公司。在日本成立了维信日本株式会社，在美国也成立了一个合作公司。同时，公司在上海和北京成立分公司，上海公司负责国际贸易，北京公司负责国内销售，临河公司作为生产基地。维信羊绒集团公司组成了一条更完整的产业链，羊绒产业得到了长足发展。随后，郝续宽开始引进人才，广招四海贤能，多位留学生、研究生、大学生加盟维信羊绒集团，同时公司加大了激励机制，为各路精英提供最大的施展舞台；另外，在技术上改革创新，推出更多的高端产品。正是由于郝续宽的重拳出击，使得维信集团存精去粗，面对困境从容不迫地开始了第二次创业征途。

通过重新洗牌，维信羊绒集团各项改革成效显著。在金融危机的严峻形势下，公司实现了"三保"。第一，保证了企业的稳定、员工队伍的稳定和待遇的稳定。不但不降薪、不裁员，而且员工都能享受"三险"。第二，保证了企业应交的税收。第三，保证了银行贷款按时归还。毋庸置疑，二次创业的维信又树起了一个里程碑，郝续宽的眼光瞄向了全球市场。总体战略是巩固国际市场，开拓国内市场。积极参与广交会和国际羊绒交易会等国际、国内的专业交易会，为公司争取更多的订单。经过几年的努力，维信羊绒集团开拓了更大的海外市场，羊绒产品远销美国、英国、法国、意大利、日本、韩国、土耳其等30多个国家和地区。公司同时加大国内市场开拓，在金融危机的大环境下，以企业、员工利益为首，积极应对全球经济的寒冬！

（三）依托良好的社会关系，集团长足发展

（1）完善企业文化。郝续宽认为，企业成败的关键在于领导者的素质，企业家有多高的素质，企业才有多大的发展。为了提高个人修养，他不但坚持自学，每天读书一小时以上，而且百忙中挤出时间到高等学府深造，取得了中国社会科学院工商管理研究生学位。同时他还特别重视提高整体员工素质，坚持"以人为本"，舍得投资培训员工。郝续宽办企业在别的方面尽量降低费用，但在培训员工上从未含糊过。他有句名言："老板送给员工最好的礼物是培训，不断教给员工工作技能，终身受用。"项目计划时，先想到人才；工人进厂时，先进行培训。每年都高薪聘请国外专家来厂指导工人技术，选拔大批技术人员送到中国香港、日本、美国等地学习锻炼，请进来，送出去。现在车间主任以上环节干部80%到国外学习过。为此，几年来，维信集团先后投资达1000多万元。1996年维信集

团员工全部通过 TQC 全区统一考试。维信集团实施科、牧、工、贸一体化的经营战略，以创世界名牌为目标，坚持"精诚以维、信实发展"的经营宗旨，注重企业文化建设，形成了现代科学的维信管理模式。维信集团依托内蒙古资源优势，以羊绒、旅游、镁业为三大产业，向着管理现代化、产品名牌化、企业社会化的目标不断奋进。

（2）致力于慈善事业。一方水土养一方人，因为有了故土原野的广阔，才使维信有了如此宽广的胸怀。维信的文化已经与整个社会对接，成为河套这片厚土灵魂不可分割的一部分。企业发展壮大了，郝续宽的收入也非常可观，但他始终保持着朴实无华的劳动者本色，个人生活俭朴而又简单。然而对待国家、社会，对待失学的孩子、贫困的乡亲、遭受洪灾震灾的群众，却是慷慨大方——1994年他为临河市市政建设捐资 50 万元；1995 年，他为黄河抢险捐资 10 万元；1996 年，他为临河一中、乌拉特前旗二中电教馆建设捐资 80 万元，为临河教育基金会捐资 10 万元；为地震灾区捐资 20 万元；1997~1998 年，他为雨涝灾区抗洪救灾捐资 50 万元，2003 年为抗"非典"捐资 60 万元。在短短几年里，累计为社会公益事业和光彩事业捐资、投资达 12308 万元。

谈到维信的发展，之所以有今天的成就，郝续宽忘不了各级党委、政府和相关职能部门、金融系统以及历任领导对维信的关心与厚爱，每当维信遇到困难的时候，他们永远都是维信坚定的支持者。郝续宽说："企业是市场的主体和具体实践者，理应肩负起历史的、民族的、社会的责任，立足长远，才能求得企业的持续健康发展。"企业下一步要为建设新农村新牧区做更大的贡献，在金融领域投入巨资，争取解决内蒙古中小企业的资金难、贷款难问题。另外，公司还要从资源转化战略入手，在资源深加工方面走精品之路，为内蒙古自治区可持续发展做出贡献。同时进军房地产市场，争取让维信羊绒集团成为内蒙古民族品牌走向世界的第一品牌。

三、打造品牌资产

维信集团从一开始就没有走贴牌生产的道路，而是着眼于创立自主品牌，凝炼自身价值，创建出一套独有的品牌文化。"维信"也是维信集团全部商标冠名的标识。维信品牌已获得国家最高级别驰名商标的认证，这显示出政府、公众对维信品牌的认知度。

（一）打造自己的第一车间

可能很少有人知道，在意大利柴格那国际山羊绒大会上，产于内蒙古巴盟的二狼山白山羊绒曾连续三年荣获金奖，被世界羊绒业称为"纤维之王"。用这种原料生产的"维信"牌 KVV01，白色无毛绒是欧美和日本等国大型纺织企业的首选原料，品质在全世界首屈一指。但是由于近年来圈地饲养、近亲繁殖、粗放经营，内蒙古白山羊品质在退化，个体产绒量逐渐下降，生态环境更是严重恶化。这颗璀璨的明珠，正在失去光泽。为了保住这颗明珠，促进家乡畜牧业发展，郝绩宽先生做出了让当时许多人捉摸不透的举措：建立自己的原料基地，把辽阔的草原和牧户作为集团的第一车间。为此，从 1992 年起，先后投资 6200 多万元建立了维信二狼山白山羊研究中心，进行科研攻关，把提高山羊绒的品质和个体产量作为科研攻关的重点项目。在乌拉特草原建立了 6 个种羊场和 2 个与之配套的饲草料基地，引进和培育良种公羊 2000 多只，建设饲草科基地 3800 亩。每年配种期，维信集团把种羊无偿提供给当地牧民。与此同时，维信还在锡林郭勒大草原建设了 100 平方公里的牧场，近 5 万只优质种羊全部实现舍饲、半舍饲。在发展生产的同时致力于草原生态建设。在 110 国道旁的乌拉特前旗段建起一个现代化牧场，作为草原牧业科技示范区，以带动当地牧业经济的发展。2001年 10 月，由郝绩宽负责的维信内蒙古草原生态旅游度假区项目正式动工，总投资 3 亿元，集旅游、娱乐、餐饮、草原生态、草原高尔夫、房地产开发于一体。

（二）与牧民达成利益共同体

时至今日，羊绒市场仍不成熟，市场行情大起大落反复折腾，不但直接损害了牧民利益，也给羊绒行业的发展造成了极大的困难。郝绩宽痛感国内少数企业的目光短浅，自相残杀，令国家、行业、牧民遭受巨大损失。他果断决策，在原料收购上实行"最低保护价二次结算，高补低不退"的方式，最大限度地保护了牧民利益，在国内羊线生产经营企业中率先结成工牧直交、互惠互利的利益共同体，为解决牧民卖绒难和企业原料收购难走出一条好路子，促进了行业经济的发展。几年来，维信补贴牧民价款达 5200 多万元，最大限度地保护了牧民的经济效益，从而在国内羊绒生产经营企业中率先结成工牧直交，互惠互利的利益共同体使满脸沧桑的牧民们终于露出了宽慰的笑脸，羊绒以市场价找到了买主! 有了稳定可靠的收入再也不用担心卖绒难，不用担心上当受骗了。近几年，维信同二狼山白山羊绒主产区的 6 个旗县 26 个苏木、12000 多家牧户建立了稳定的合作关系。在巴彦淖尔盟，牧民与维信之间有着一种血浓于水的亲情。"草原上最美丽的姑娘要嫁给勇敢的骑手，牧民最好的羊绒要卖给维信。"飘荡在草原上的歌声唱出了牧民们对维信的信赖和真诚。

（三）"维信牌"羊绒衫，质量第一品牌

"维信牌"羊绒衫采用纯山羊绒加工而成，羊绒含量在 99% 以上，采用国外先进设备，毛纱条干均匀。成衫款式花型美丽、配色协调、染色牢度强，表面平整光洁、领型端正、四角平伏、绒面丰满匀称、织纹清晰，做工精细考究，手感柔软，有身骨，耐穿且可手洗。因其款式新颖、质量好等特点深受国内外消费者喜爱，产品畅销日、美、欧等国家和地区及国内各大中城市。据内蒙古自治区产品质量监督检验所检测报告显示，"维信牌"羊绒系列产品连续九年抽查合格，件件都是一等品；经中国市场调查研究中心评定，维信公司被评为"世纪质量无投诉示范企业"。羊绒衫被国家质量监督检验检疫总局评为"国家免检产品"和"中国名牌产品"。

市场竞争日益激烈，只有加强管理，保证产品质量持续稳定，才能增强企业竞争力。1997 年，郝续宽先生在维信公司开始宣传 ISO9000 国际质量体系标准。在学习引进先进的"A、G"管理模式的基础上结合自身的发展特点，形成了具有维信特色的"V"管理模式。目前，集团生产企业在全国纺织行业首家通过了中国 BCC、英国 NQA、美国 RAB 三国机构的 ISO9001、ISO14001、OHSAS18001 质量、环境、职业健康安全"三位一体"国际认证。郝续宽先生视产品质量为企业生命，把管理创新、技术创新、产品创新、市场创新、文化创新作为激发企业活力、增强发展后劲、赢得市场竞争的兴企之本来抓。集团成立国家级技术中心，聘请了以"中国十大设计师"之一张继成先生为首的一批设计人才，购进大量高科技专用设备，在纺纱织造、针织工艺技术等方面取得了突破性进展。先后开发出彩点羊绒纱、超薄型羊绒衫、高档羊绒时装、粗纺羊绒面料、精纺纱型松

组织披肩等高科技含量、高附加值产品。精纺羊绒最高达 40 支，精纺达 80 支，纺纱优等品率达 50%，羊绒制成品合格率达 100%。几年来，集团出口、内销产品全部合格，无退货、无索赔，赢得了良好的国际信誉。

四、关于维信集团的思考与探讨

皇天不负有心人，郝续宽的选择是对的，维信集团在这位优秀领导人的带领下，其发展速度之快，经济效益之好不禁让人赞叹。如今的维信集团，依托着内蒙古资源优势，以羊绒、旅游、镁业为三大产业，向着管理现代化、产品名牌化、企业社会化的目标不断奋进，逐步向世界大市场的方向迈进。然而，在这个年轻企业的发展道路上，还有许多问题值得思考。

（一）在面对亏损国企时，维信集团应该做些什么

由于传统体制的长期影响及市场环境的急剧变化，相当一部分国有企业还不适应市场经济的要求，经营机制不活，管理水平落后，经济效益低下。维信集团收购了 6 家国有企业，这不仅仅是产权转换的过程，还有更多重要的意义。对维信集团来讲，将自己的管理、人才、技术、文化、品牌输入这些企业，形成了技术管理不断创新的具有维信特色的全新机制，实现企业资源的整合；对于国企来讲，使他们摆脱困境，面貌焕然一新；同时，维信的社会美誉度、知名度也大大提升。然而，收购中小国企并不那么简单，如果自身准备不足就匆匆披挂上阵，最终的结果会被种种纠纷缠得焦头烂额，无所适从，并不是一厢情愿就能一帆风顺的。在维信集团收购国企时，他是否应该考察一下是否适合自身？是否能结合国企的优势做强做大？

（二）在今后的发展中，维信集团应如何让享有"软黄金"之称的羊绒业保持不落的地位

经过多年的恶性竞争，中国的羊绒市场已经陷入前景堪忧的困境。轮番的价格战使得羊绒制品价格几乎跌破底线。同时由于国内原有的羊绒制品价格昂贵，

款式设计变化又不多，再加上羊绒服饰难清洗和难保养的问题，在很长一段时间里，这些都成为时尚人士拒绝羊绒的理由。近年来，尽管羊绒服装"贵气"未褪，可销售情况不容乐观。维信羊绒虽然有响亮的品牌，但抗拒不了羊绒日渐成为夕阳产业的大势，维信集团应如何打造自己的品牌？如何提升企业知名度？如何赢得消费者青睐？这些疑问值得思索！

五、企业概况

维信羊绒集团有限公司成立于 1992 年，是拥有 12 家生产企业，16 家贸易公司，并在蒙古、日本、美国、澳大利亚、新西兰、中国香港等国家和地区建立了全资子公司的跨国企业集团，总资产 18 亿元，员工 6000 人。集团主要经营和生产羊绒系列制品，年生产无毛绒 600 吨、羊绒衫 200 万件、羊绒围巾、披肩 200 万条、高档羊绒服装 8 万件、羊绒粗纺面料 50 万米、羊绒精纺面料 50 万米。

"维信"商标被国家工商总局认定为"中国驰名商标"，"维信"牌羊绒制品被国家质检总局评定为"中国名牌产品"、"国家免检产品"，以"品质型、时尚型、特色型"为特点，体现人性化设计理念，在第六届国际山羊大会暨博览会上荣获金奖，连续三年在中国国际时装周上分别被评为"中国十大女装品牌"、"中国最具时尚女装品牌"、"中国最具时尚女装金顶品牌"，获得了国家"环境标志绿色产品"、"原产地标记注册产品"认证。"维信"牌 KVV01 无毛绒是欧美、日本等国大型纺织企业的首选原料，品质在全球首屈一指。公司被农业部评为"农业产业化国家级重点龙头企业"，被内蒙古自治区人民政府确定为"自治区重点大企业(集团)"、"自治区高新技术企业"、"自治区先进纳税企业"。

集团实施科、牧、工、贸一体化的经营战略，以创世界名牌为目标，奉行"维新、敬业、诚信、奉献"的企业精神，坚持"精诚以维、信实发展"的经营宗旨，注重企业文化建设，不断改革创新，形成了现代科学的维信管理模式。

集团目前在世界各国拥有 100 多家稳定的客户，累计捐资社会公益事业、光彩事业达 12188 万元，在乌拉特草原建立了内蒙古白绒山羊种畜基地，并在锡林郭勒大草原建设了 100 平方公里的牧场，饲养了 5 万多只种羊。响应国家西部大开发，集团致力于草原生态旅游建设，在内蒙古大草原建立了"维信国际高尔夫"，以建设草原、保护环境、造福人类为己任，成为带动地区经济发展的龙头企业，取得了突出的经济效益和社会效益。

中国在发展，维信在壮大。21 世纪的维信坚持科学发展观，依托内蒙古资源优势，以羊绒、旅游、镁业为三大产业，以管理现代化、产品名牌化、企业社会化为目标，将更多、更新、更好的名优产品，奉献给广大消费者。

附录：维信大事记

1992 年 11 月 2 日，维信（临河）羊绒实业有限公司破土动工，举行奠基典礼。

1996 年 5 月，维信牌羊绒围巾、羊绒衫、水洗绒在北京第六届国际山羊大会暨博览会上分别获金、银、优秀奖。

1998 年 2 月 17 日，维信牌羊绒针织品被巴盟行政公署命名为"巴盟优秀产品"。

1998 年 8 月，维信牌商标被评为自治区著名商标。

1998 年 12 月 22 日，1998 中国时装周上，维信牌羊绒时装被评为"中国十大女装品牌"。

2000 年 4 月 21 日，维信集团副董事长、总经理郝续宽被自治区人民政府授予"内蒙古自治区劳动模范"光荣称号。

2002 年 9 月，维信牌羊绒衫被国家质检总局评为"中国名牌产品"。

2004 年 10 月，维信（内蒙古）羊绒股份有限公司成立。

2006 年 2 月，维信品牌荣获"中国驰名商标"。

2007 年 4 月，维信公司参加第 101 届中国进出口商品交易会。

第十九章　河套王酒
——与梦想同行

　　河套王酒是河套酒业的拳头产品，河套酒业的前身是内蒙古杭锦后旗制酒厂，至今已有 60 多年的历史，河套王酒依托河套平原的粮食产地和河套人踏实厚道的做人做事风格，而在当地乃至全国声名显著。

　　品牌既是企业的实力和形象象征，也是企业的信誉和生命。2011 年 4 月 28 日，中国轻工业联合会公布了 2010 年度中国轻工业酿酒行业十强企业的评选结果，经过层层的严格筛选，河套酒业最终获得"2010 年度中国轻工业酿酒行业十强企业"荣誉称号；2011 年 5 月 27 日，国家工商总局公示了新一批的中国驰名商标名单，河套酒业名列其中。河套酒业由此成为内蒙古唯一一家拥有两个由国家工商总局认定的"中国驰名商标"酿酒企业，也是内蒙古唯一的一家拥有"中国驰名商标"和"中华老字号"的酿酒企业。双喜临门的荣光背后，折射出的正是对河套酒业多年来的品牌建设和稳健发展给予的最大褒奖。

一、公司背景

　　内蒙古河套酒业集团股份有限公司始建于 1952 年，历经 60 多年的发展，企业由小到大，由弱到强，在同行业竞争中异军突起，现已跻身中国轻工业酿酒行业十强企业。

　　1952 年内蒙古杭锦后旗制酒厂正式创立；1991 年

图 19-1　河套酒业

杭锦后旗制酒厂正式更名为内蒙古河套酒厂；1997 年，企业进行股份制改革，更名为内蒙古河套酒业集团股份有限公司，转制成为了规范的民营股份制现代化企业集团，由此步入了快速发展的轨道（参见附录：河套酒业大事记）。1991~2010 年，河套酒业二十年累计上缴国家税金超过 24 亿元，被国家统计局和中国食品工业协会评为全国白酒行业十佳经济效益型企业，进入中国大企业集团行列。截至 2011 年 6 月，河套酒业总资产已达到 31 亿元，拥有下属企业 23 家，职工 6600 多人，占地面积 180 万平方米。河套酒业集团是全区白酒行业唯一的科技先导型企业，建有自治区级技术中心和国家级检测实验中心，拥有国家级白酒评委 6 人，自治区级白酒评委 10 人，其他各类技术人员 400 多人。主导产品有"河套王"、"河套老窖"系列为代表的浓香型白酒、以"金马酒"为代表的复合香型白酒、以"河套陈藏"为代表的清香型白酒和以"御膳春"保健酒、"百吉纳"奶酒为代表的营养滋补型四大系列。

其中，河套王酒是河套酒业的拳头产品，是内蒙古自治区人民政府唯一指定的接待用酒。河套王酒以高粱、糯米、大米、小麦为原料，利用原公主泉泉水，采用大曲泥窖发酵工艺，酿制出的具有"窖香浓郁、绵甜甘洌、香味协调、尾净余长"风格的深受消费者喜爱的优质酒，是内蒙古白酒第一品牌。河套王系列酒主要包括：39°（8 年）、45°（8 年）、52°（8 年）、52°（10 年）、36°（20 年）、52°（20 年）、42°高级水晶装、60 年典藏等。

到目前为止，"河套"品牌已经成为全国知名品牌，"河套"文字和图形商标双双打造成为"中国驰名商标"，企业被认定为首批"中华老字号"企业，被中国轻工业联合会和中国酿酒工业协会联合授予"中国北方浓香型白酒生产基地"荣誉称号，被国家人事部、全国轻工业联合会评为"全国轻工行业先进集体"，被国家标准评审委员会审定为"奶酒国家标准起草制定单位"，被中国轻工业联合会评选为"2010 年度中国轻工业酿酒行业十强企业"，率先推行的酿酒机械化生产，确立了行业中生产方式革新上的领先地位。

其中，河套王原酒生产基地被中国酿酒工业协会认定为"中国北方第一窖"，河套系列酒被酒界专家称具有"窖香浓郁、绵甜甘洌、香味协调、尾净余长"的独特风格，是北方浓香型酒的典型代表。

昔日，河套酒业凭借"超越自我，追求完美"的口号，实现了由县级小白酒厂到内蒙古白酒第一品牌的跨越，并逐渐铺货全国，成为全国知名品牌；今天，河套酒业又将以"不求最大，要做更好"的口号，真正实现品牌走向全国之梦。在已孕育出众多中国著名品牌的内蒙古大草原上，河套酒业也要缔造自己的品牌传奇。河套王酒作为河套酒业的拳头产品，无疑将责无旁贷地担起这副重担。

二、河套王酒的市场定位

随着中国经济市场化程度的不断加深，中国白酒行业的竞争也更趋激烈，尤其是高档白酒市场的竞争，"五粮液"、"茅台"、"国窖·1573"、"水井坊"等品牌互不相让。在产品同质化的今天，要成功打造一个品牌，品牌定位举足轻重。所谓品牌定位，就是给企业的品牌在广阔的社会和市场或者说是在潜在消费者心中寻找一个合适的位置。品牌定位是寻找竞争优势和市场立足点的有效战略，品牌定位的成功与否关系到白酒企业的兴衰，正确的品牌定位对白酒企业在市场上的成功具有重要的影响。河套王酒的营销团队，多年来密切关注市场动向，深谙消费者需求，首先确定了河套王酒的目标市场，而后又逐渐完善了河套王酒的属性定位、价值定位、利益定位，为实现河套王酒的梦想铺就了一条康庄大道。

（一）目标市场的选择

产品目标市场的选择，不仅关系到产品是否能够生存，而且还决定着产品的成长空间、成长潜力等。

河套王酒是北方浓香型白酒的典型代表。在确定河套王酒的目标顾客时，河套王酒营销团队注意到中国白酒消费者大多数是16~60岁的男性。其中30~55岁男性市民的白酒消费量占白酒消费的2/3，且倾向于选择酒精度较高的白酒，这部分人具有一定的消费需求与良好的购买能力。而30岁以下的人在饮料酒的消费上更趋于多样化，啤酒、葡萄酒的消费占很大比例，对中高档酒的消费能力相对较弱；55岁以上的老年人出于身体状况的考虑会节制饮酒或选择酒精度稍低的白酒。因此，河套王酒营销团队将其定位为适合30~55岁男性的浓香型白酒。

接下来，河套王酒营销团队从消费动机方面入手。定位河套王酒时出现了分歧：是定位为商务酒还是礼品酒？抑或是满足各种消费需求的"全能酒"？据此，河套王酒营销团队对市场进行了详细的调查分析。作为"中华老字号"企业——河套酒业的拳头产品，河套王酒具有悠久的文化底蕴，已经在市场上树立了中高端产品形象。中高端白酒产品所面对目标消费对象与普通白酒面对的目标群体不在同一个层面上，其产品诉求的功用与内涵较为单一。河套王酒营销团队注意到，"商务酒"市场的空间非常大，并且利润空间也较大。随着经济的发展、商务活动的频繁，商务用酒的比例还应该会进一步得到提高，因此未来的中国白酒类市场，谁能把握"商务酒"消费市场，迎合商务用酒的消费氛围和市场需求个性，谁就能主导市场潮流。最终，河套王酒营销团队决定将其定位为商务酒。

自此，河套王酒营销团队确立了河套王酒适合30~55岁男性的高端商务酒的目标市场定位。

（二）品牌定位的设计

目标市场确定以后，河套王酒营销团队开始关注目标顾客群体的需求以确定河套王酒具体的品牌定位。白酒自诞生之初就与特定的文化背景相生相伴，可以说是一种精神消费。在对白酒进行产品定位时，关注消费者的需求变化至关重要。

首先，为适应现阶段人们对消费品的营养、保健、绿色需求，河套王酒营销团队突出其酿酒原料产自"河套粮仓"、产品营养保健的特点，确定了河套王酒营养保健的利益定位。

其次，在确定好河套王酒营养保健的利益定位点以后，河套王酒正如广告宣传的那样，根据其产品属性并结合消费者需求，将属性定位点定位于传统工艺、纯粮酿造。例如，河套王酒在央视广告中就宣传其原料"公主佳泉"、"一个地方、一季好粮"。

最后，至于河套王酒的价值定位，河套王酒营销团队认为应该从白酒的消费动机入手。白酒自诞生之初就与特定的文化背景相生相伴，可以说是一种精神消费。当市场由"短缺经济"转变为全面繁荣的发展阶段后，消费就结束了纯物质的时代，进入了物质兼精神消费的时代。每一次消费都要结合自己的心理需求、兴趣爱好、事业目标、思想观念和社会潮流为消费行为找到理由。就白酒而言，从表面上看，酒是一种食品。但是通过社会化意义看白酒，它是建立在文化支配下的一种"精神商品"：人们喝酒，更多地体现为传递友情、亲情，表达热情，呈现价值、威望，直接反映出的是一种文化消费倾向。因此，"卖酒"其实是在

"卖一种有文化品味的精神感性商品"。"孔府家酒，让人想家"，不断传递着中华民族悠久的家庭伦理道德文化，让身处异地的人们真情感悟"家的温暖"；"金六福"祝愿全世界的人民都拥抱"好运，福气，喜庆"。像这样极具个性的白酒品牌举不胜举："小糊涂神"、"水井坊"、"酒鬼酒"等一系列新进成功品牌无不主宰着自己忠诚消费者的个性消费行为，宣传着一种独特的精神境界。河套王酒自诞生之初就定位于中高端市场，与商务人群结下了不解之缘。河套王酒在进行品牌宣传的时候更是紧紧围绕这一主题，处处凸显其尊贵身份，彰显其消费者的商业精英形象，进而形成了一种商业成功的价值定位。同时，"一瓶好酒，一生相伴"强调了商业人士以酒会友的文化价值。

自此，河套王酒营销团队确立了营养保健的利益定位，传统工艺、纯粮酿造的属性定位，商业成功的价值定位。这为河套王酒的成功奠定了坚实的基础。

三、河套王酒的营销策略

有好的想法，事业就成功了一半。但如果要想真正取得成功，就必须有具体措施。根据李飞老师的定位钻石图模型，4P——产品、价格、渠道、促销（Product、Price、Place、Promotion）是其中的关键。河套王酒营销团队根据河套王酒以及河套酒业自身的优势劣势，结合外部市场的机会与威胁，确定了"因地制宜"的河套王酒 4P 策略，为河套王的梦想插上了翅膀。

（一）产品策略

产品的好与坏直接决定了品牌的发展过程与方向。五粮液和茅台在白酒高端市场的地位之所以一直没有被动摇，其经典优良的产品品质是非常重要的保证。昔日的央视广告标王秦池，虽然靠广告的效应创造了一时的辉煌，但因为产品质量问题而昙花一现。鉴于此，河套王酒营销团队严把质量关，并致力于开发新产品。

河套王酒是以高粱、糯米、大米、小麦为原料，利用公主泉泉水，采用大曲泥窖发酵工艺，酿制出具有"窖香浓郁、绵甜甘洌、香味协调、尾净余长"风格的深受消费者喜爱的优质酒。1997 年 5 月，河套酒业顺利通过了方圆质量认证，是内蒙古首家通过 ISO9002 质量体系和产品质量双认证的厂家，并顺利通过历次认证复审，2002 年又通过了 2000 版 ISO9001 质量体系认证……为了不断提高河套王酒的品质，生产酿制过程中，河套酒业集团实行了从原料进厂到成品出厂的一条龙检测办法，设立了 5 道关口，8 个关键部位和 20 个重要质量管理点，质量检验员拥有一票否决权，合格后方能转入下一道工序。同时，建立了微机总控制室，对 12 个关键部门实行微机实际监控和反馈，由微机控制理化质量检测。

河套王不断推出新产品。河套酒业集团成立了自己专门的科研技术机构——技术中心，用于企业的产品研发，该中心有国家级白酒评委 4 人，自治区级白酒评委 10 人，同时有各类技术人员 300 多人。技术中心是内蒙古自治区唯一的自治区级企业技术中心，公司是自治区酿酒行业唯一一家科技先导型企业，公司在白酒的研制开发、品评、理化分析等方面均有很强的实力，逐步形成了涉及每一个生产过程的科研技术网络。技术中心设立了基础研究室、样品室、工艺研究室、仪器室和微生物研究室等独立实验室，拥有国际上先进的惠普 6890 气相色谱仪、ICS-2500 离子色谱仪、近红外光谱仪等设备。在原酒储存期满后，采用这些先进的检测设备对原酒进行理化指标分析，国家级品酒员再进行感官品评分析，根据不同产品在质量和风格上的要求进行勾兑组合，形成了以计算机储存勾兑专家系统和人工品评相结合的综合质量工艺技术模式，从而确保了河套王酒的高品质。2010 年 8 月 6 号，河套酒业推出 36°（20 年）、52°（20 年）河套王酒，得到了国家白酒专家组的肯定。其中，36°（20 年）河套王酒被评定为"天赋神韵，淡雅浓香"。

在包装上，河套王酒多采用陶瓷装或水晶装以彰显其"尊贵"身份。在品牌宣传上，河套酒业重点突出 36°（20 年）、52°（20 年）河套王酒，"天赋神韵，淡雅浓香"的 36°（20 年）河套王酒更是随着央视广告的热播而闻名全国。

（二）价格策略

一般而言，白酒的"原材料 + 加工费 + 管理费 + 税收 + 合理的利润"即构成其产品价格。但白酒既然是一种精神产品，它除了实物价值外，还应加上无形资产价值。比如，五粮液的品牌价值已超过 200 亿元，茅台、泸州老窖也值 100 多亿元，这都是构成该产品市场价格的基本要素。河套酒业作为北方浓香型白酒的典范，更作为全国性白酒品牌，具有一定的品牌价值。定位于中高端市场的河套王酒定价较高，但较之五粮液、茅台、剑南春、水井坊等中高端白酒还有一定差距，具有一定的性价比。例如，开创中国低度高端白酒先河的36°（20年）河套王酒，自2010年上市以来，定价为328元；而同时推出的52°（20年）河套王酒上市时定价为428元，这几年随着白酒行业纷纷涨价以及河套王酒品牌价值的不断提升，河套王酒价格也有所提高，据京东商城显示：实际上在2011年12月份，36°（20年）河套王酒定价为566元/瓶，而52°（20年）河套王酒则为686元/瓶。其他河套王系列酒定价多在200~1000元之间，遵从了河套王酒的中高端定位。

（三）渠道策略

河套王酒的销售渠道主要包括大型商场的烟酒柜、中高端名烟名酒专卖店、大型连锁超市的烟酒专柜、星级宾馆酒店的酒柜。河套王现阶段在巩固内蒙古、河北等成熟市场的基础上，重点拓展东北市场，并放眼全国，拓展影响力、扩大知名度。一言以蔽之：巩固华北、进军东北、辐射全国，如图19-2所示。

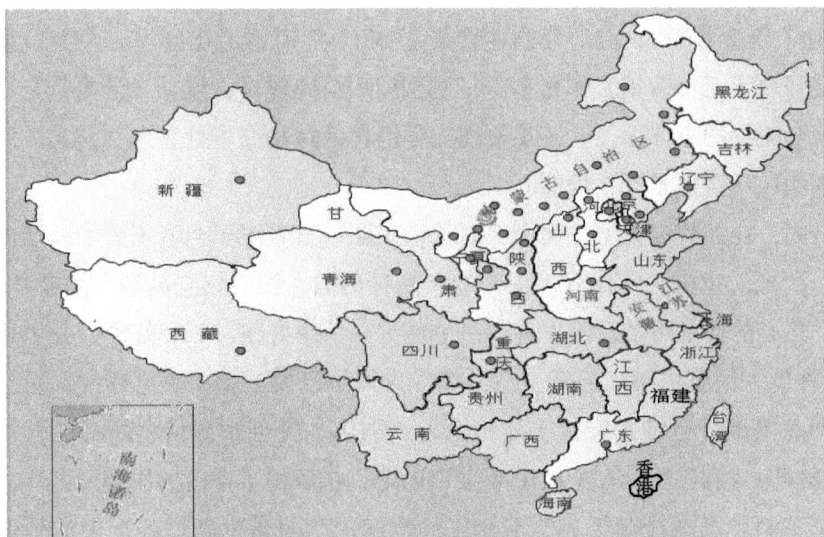

图19-2　2011年上半年河套酒业营销网络示意图

根据多年营销经验，河套王酒营销团队认为在实施渠道策略时，有两点策略比较重要：

一是要精耕市场。结合河套王酒的特点，河套王现阶段应该在稳定内蒙古、河北等成熟市场的基础上，重点拓展东北市场，并放眼全国、拓展影响。据糖果快讯《2010~2015 年中国白酒市场投资分析与前景预测研究报告》显示，"东北有好酒，没有名酒"，这句话一直是东北白酒产业的真实写照。2007 年，东北白酒企业产销量已经超过 60 万吨，约占全国市场份额的 16%，虽然整体产能较大，但是年销售额突破亿元的白酒企业屈指可数。在白酒行业也有一条屡试不爽的竞争法则："得三北者成诸侯，得京沪者得天下"。想当年，姬长孔和秦池就是先叩开了东北的大门而后才步入曾经的辉煌。河套王酒营销团队认为，河套王酒下一步的目标可以归纳为：巩固内蒙古、进军东北、辐射全国。

二是要抓住宴请和节日活动：一方面，白酒仍是主要的招待用酒，另一方面，宴请和节日活动人流量大，可进行口碑宣传，具有一般广告宣传难以达到的效果。

（四）促销策略

与大多数企业一样，河套王酒拥有一套完整的包括广告、让利返点、分级销售、节假日促销等传统手段以及关键事件营销等新兴手段在内的营销方案。

2011 年 2 月 15 日，河套酒业召开了 2011 年销售工作会议。会上，董事长张庆义强调了三个营销工作重点：一是要加大品牌建设力度；二是要坚定不移地确立河套王酒的主体地位；三是要细化各销售区域和办事处管理。其实，河套王酒营销团队一直也是这么做的。

首先，在品牌建设上，河套王酒营销团队一直着眼于河套王酒中高端白酒的定位，严把质量关，不断开发中高端新品种白酒，积极树立高端产品品牌形象。例如，热心的朋友可能已经发现"一个地方，一季好粮，一瓶好酒，一生相伴"、"天赋神韵，淡雅浓香，河套王酒"等广告词早已搬上了中央电视台；而河套王酒的产品促销员也常常穿梭于高档商场、酒店。开创中国低度高端白酒先河的36°（20 年）河套王酒，自 2010 年上市以来，也取得了空前的成功。另外，为突出河套王酒中高端产品形象，河套王酒营销团队对事件营销的运用更是得心应手。例如，2008 年 9 月 24 日晚中央心连心艺术团在酒泉卫星发射中心慰问演出中，河套王酒有幸成为著名相声艺术家冯巩和李志强表演的相声《壮行酒》中的"壮行酒"。河套酒业集团副总经理张卫东自信地说："神五、神六、神七发射成功后，在航天城的四个庆功宴会厅、回收仓凯旋的庆功宴和接待来宾用的酒都是河套王。"河套酒业还顺应绿色经济的潮流，不断发扬自然之绿、成长之绿、环保之绿、营销之绿、希望之绿。例如，2010 年河套以"绿色"、"低度"、"健康"为主题，推出了"天赋神韵、淡雅浓香"的新品河套王。河套酒业的成长之绿也是一种环保之绿。白酒生产本身产生的污染物就极少，2009 年，河套酒业集团投入上千万元扩建了污水处理环保项目，在环保达标和节能减排上达到国家标准；在五原县建成现代化白酒生产基地，整个生产实现了粮食从粉碎加工到原酒产出都不落地，达到绿色环保的标准；酿酒所产生的废渣作为养殖业的饲料被循环利用……

其次，河套酒业不断强化河套王酒的主体地位。到目前为止，河套酒业构建了以河套王系列和十年陈酿系列为核心的主力产品线，加大对中高档酒的开发整合，促进了中高档酒销量的较大增幅，提升并树立了河套酒的品牌。河套酒业在以一系列措施上逐渐向河套王酒倾斜，例如，2006 年 9 月新建的年产 5000 吨河套王原酒生产基地，被中国酿酒工业协会白酒技术委员会评为"北方第一窖"，这充分说明了河套酒业对河套王酒的重视力度。另外，在河套酒业集团《"十二五"发展规划纲要》中，集团的战略目标是到 2015 年末白酒销售额达到 50 亿元，而其中河套王实现销售额 30 亿元，进一步明确了河套王酒的主体地位。当然，河套王酒营销人员任重而道远。

最后，在细化各销售区域和办事处管理上，河套酒业主要把全国市场划分为巴市区域、包鄂区域、呼市办事处、华北区域、东北区域、西北区域、华东区域、集宁办事处、张家口办事处、山西办事处，各区域部门的协调合作，真正形成分工明确、协同作战的氛围。

为了保证 4P 策略成功应用，河套酒业不断推进和完善企业内部管理，并使之落到实处，已经形成了一个相对科学高效的管理体系。公司的"以人为本，目标为本、质量为本"的三本管理模式，曾被巴盟盟委和行署作为典型经验在全盟的工业企业中推广。河套酒业还积极引入先进的现代化管理手段和设施，在生产车间推行定置管理，引入海尔 OEC 管理模式，引入 ERP 资源计划管理系统，OA协同办公管理平台，使企业的管理水平不断提升……

四、关于河套王酒的思考和探讨

"金无足赤，人无完人"。虽然现阶段，河套王酒正在它的梦想之路上飞奔，而它的梦想也正日益变成现实，但它的梦想之路上同样布满荆棘，使它不得不坦然面对。

（一）利益定位点的选择

现阶段，消费者大众对于消费品"营养保健"的追求已是一个共识，那么河套王酒将利益点定位在营养保健上是否能满足消费者的真正需求？当一种物品属性被人们所普遍追求的时候，它就不能彰显该物品的独特价值。在这方面达到消费者的要求更多地体现为一种社会责任，并不能形成一种竞争优势。2010 年，河套酒业成功地推出了 36°（20 年）、52°（20 年）河套王酒。其中，36°（20 年）河套王酒得到了国家白酒专家组的认可，被评定为"天赋神韵，淡雅浓香"，开创了中国低度高端白酒之先河。36°（20 年）河套王酒既达到了白酒降度、保证健康合理饮用的目的，又能保留高度酒的感官口味，达到了"低而不淡"的要求，符合国内白酒行业高端发展的低度化、高档化、多元化的大趋势。河套王酒的利益定位点可以在这方面做文章。

（二）价值定位点的选择

一个有着鲜明、独特个性的白酒品牌，其个性源自于对酒文化的差异性塑造。探寻河套王酒的文化溯源我们发现，河套王酒与王同春这一历史人物不可分离。据说，在包头以西，人人都知道"瞎进财"王同春的故事。王同春是走西口中的一员，也是河套地区享有盛誉的历史人物。《王同春开发河套记》曾被选入民国期间的小学课本，王同春的事迹，曾经被载入《清史稿》……王同春 16 岁进入后套（黄河在宁夏境内，从磴口（巴彦高勒）至包头之间的一段，称为后套。前套和后套合称河套），经过几十年的打拼，发展了巨大的家业，利用他非凡的智慧和胆识，大刀阔斧地开发河套。公元 1869~1924 年，王同春独立投资、与别人合伙投资开了 8 条大干渠。在当时文化非常闭塞的塞外河套，在没有任何科学仪器设备的情况下，王同春利用自己的智慧和总结出来的土办法完成如此浩大而艰巨的水利工程，被当地人尊称为河套王。

经以上分析，河套王酒如果与王同春这位名副其实的河套王联系起来，将其价值定位为开拓成功事业的奋斗精神，也许更加有利于河套王酒的价值传播。

（三）促销策略的创新

现阶段，虽然河套王酒的促销策略较为成功地将其由地方市场逐步推向了全国市场，但其包括在央视黄金时段做广告等营销策略较为传统，不可能再产生大的推动效应，力有不逮。面对白酒行业一超（茅台）、两强（五粮液、国窖·1573）等高端白酒的阻击，河套王酒要想从真正意义上占领全国市场，应该突破思维，寻找突破点，出奇兵、产奇效。比如，可以考虑是否冠名《对话》等热点商业节目，以彰显其专注商业领域的品牌定位，从而提高河套王在商业领域的知名度与影响力？另外，鉴于将河套王酒与河套王王同春联系起来，河套酒业是否可以尝试联盟河套平原所在政府乃至自治区政府以及影视公司，效仿《闯关东》、《走西口》、《乔家大院》等优秀电视节目，拍一部描述河套王——王同春的商业励志电视剧？这样既能扩大河套平原知名度与影响、获得地方政府的支持，又能宣传河套王王同春及其难能可贵的奋斗精神，进而有力地支撑河套王酒的价值定位，同时扩大产品知名度、获得价值认同，这一点在白酒这类精神消费品的促销中尤为重要，可谓是"多赢"。

（四）寻找蓝海

蓝海的本质无非是新业务选择或者叫价值创新。"幸运"的企业明白自己要到哪里功成名就，比如 IBM；但大多数企业在寻找蓝海时根本就是本末倒置，纠缠于细枝末节，比如多数白酒企业。那么，白酒企业的蓝海究竟在哪里？

蓝海在趋之若鹜的"香型"创新上吗？酱香型的代表是茅台，浓香型的头牌是五粮液，好像占据这种通过香型第一的定位就一定能够成就自己。于是，除了传统的四大香型外，董香、芝麻香、兼香、淡雅香等层出不穷。但是众所周知，同样是浓香型的剑南春就坐上了中国白酒的第三把交椅，而其他"失利"的白酒"鸡头"更是数不胜数。

蓝海在高深莫测的古老窖池上吗？也许"国窖·1573"和"水井坊"的成功刺激了大家的神经，就简单认为古老窖池是两个品牌的成功基因，谬也。拿水井坊举例，大家认为水井坊的成功是因为在水井街发掘了一个600年前的窖池吗？当我们把时光追溯到水井坊上市之初，就发现水井坊并没有公开它的身份。我们认为水井坊之所以突破中国白酒超高端市场，关键成功因素是在超高端人群中创造了一种奢侈生活方式，也就是其现在宣传的高尚生活方式，而不是来自窖池本身。

蓝海在悠久的历史上吗？白酒是精神文化产品，对历史文化的追捧无可厚非，但一个现象是有历史的唱历史，没有历史的编历史，好像历史越久远酒就越好喝。同时也因为看到成功的茅、五、剑都有历史，就认为是历史成就了名酒。果真是这样吗？杜康、赖茅、董酒、兰陵不是都有悠久的历史吗？

蓝海在"中国名酒"评选上吗？还有，"中国名酒"评选同样不会给企业自动带来理想的蓝海，笔者只想说一句话——不是因为"中国名酒"的身份成就了某某名酒，而是因为经营的成功使它成为了"中国名酒"，不要本末倒置。

附录1：企业概况

河套酒业创建于1952年。在半个多世纪的发展历程中，企业由小到大，由弱到强，在同行业竞争中异军突起，由一个县级国营制酒厂，逐渐成长为内蒙古20户重点大企业集团之一，成为全区酿酒行业的龙头企业。

1997年，企业进行了股份制改革，更名为内蒙古河套酒业集团股份有限公司，成为规范的股份制企业，步入了快速发展的轨道，企业综合实力和竞争能力不断增强，规模不断扩大，企业经济效益连年增长，知名度显著提高。1991~2008年，上缴国家税金超过14亿元。各项经济指标稳居全区同行业之首，被国家统计局和中国食品工业协会评为全国白酒行业十佳经济效益型企业，进入中国大企业集团行列。2005年6月，被认证为国家4A级标准化良好行为企业。2006年11月，被授予内蒙古自主创新50强企业荣誉称号。2011年，被中国轻工业联合会评选为"2010年度中国轻工业酿酒行业十强企业"，河套品牌连续七年被世界品牌实验室评为"中国 500 最具价值品牌",河套王原酒生产基地被中国酿酒工业协会认定为"中国北方第一窖"。

附录 2：河套酒业大事记

1952 年，内蒙古河套酒业股份有限公司前身杭锦后旗制酒厂正式创立。

1991 年，杭锦后旗制酒厂更名为内蒙古河套酒厂。

1992 年，河套老窖荣获巴黎国际酒类食品博览会金奖。

1993 年，被国家统计局、工业交通统计局以及四川省统计局、四川省统计信息产业中心评入"中国饮料制造业最佳经济效益五百强"（名列第 117 位）。

1997 年，河套酒厂进行股份制改革，正式更名为内蒙古河套酒业（集团）股份有限公司。

2002 年，建立了内蒙古第一家专业博物馆——内蒙古酒文化博物馆。

2004 年 2 月，"河套"商标被国家工商总局商标局认定为"中国驰名商标"。

2004 年 4 月，公司入选 2003 年度"中国白酒工业百强企业"和"经济效益十佳企业"。

2005 年 6 月，经"国家级标准化良好行为企业"评审专家组确认，河套酒业成为达到国家 4A 级标准化良好行为的企业。

2006 年 1 月，河套酒业集团生产的"河套牌"河套王、河套老窖、御膳春系列酒被中国酒文化专业委员会确认为"中国文化名酒"。

2006 年 9 月，中国酿酒协会白酒技术委员会授予公司新建河套王原酒基地"北方第一窖"称号。

2007 年 3 月，"河套"品牌获首批"全国重点保护品牌"荣誉称号。

2007 年 7 月，"河套"品牌名列《第二届中华老字号品牌价值排行榜》第 38 位。

2008 年 1 月，中国品牌研究院公布的"中国十大新名酒"名单，河套酒业集团的"河套"白酒品牌榜上有名。

2008 年 6 月，世界品牌实验室（World Brand Lad）召开第五届世界品牌大会，发布了 2008 年（第五届）《中国 500 最具价值品牌排行榜》，河套酒业集团再度荣列排行榜，这是"河套（白酒）"品牌连续第四年光荣上榜。

2009 年 11 月，河套酒业集团的"河套"商标荣获"2009 年度中国最具市场竞争力商品商标 60 强"。

2010 年，集团公司荣获 2010 年度"中国酒业最具成长性企业"、"东北地区四省区诚信企业"、自治区"十大科技名牌企业"和"诚信企业"称号。

2011 年 4 月，中国轻工业联合会公布了 2010 年度中国轻工业酿酒行业十强企业的评选结果，经过层层的严格筛选，河套酒业最终获得"2010 年度中国轻工业酿酒行业十强企业"荣誉称号。

2011 年 5 月，国家工商总局公示了新一批的中国驰名商标名单，河套酒业名列其中。

第二十章　西贝莜面村的品牌回归：真的很爱"莜"

　　阵阵茶香不时地从茶海上的紫砂壶中飘出。难得有时间休息的贾国龙，正将疲惫的身体埋在沙发里，有一搭没一搭地看着时下热播的纪录片《舌尖上的中国》，满脑子却都是工作上的事情。一年多以前，他斥资 600 万元聘请国外著名的咨询公司为西贝进行品牌定位，将沿用了十几年的品牌名称"西贝莜面村"更名为"西贝西北菜"。同时根据新的品牌定位对各家门店进行了重新装修。本以为改头换面会带来业绩的更上一层楼，没想到一年多以来销售业绩却是平平。更为严重的是，从近期西安门店调研组反映的情况来看，在西北重镇西安，消费者对西贝所谓的西北菜并不买账。他们认为店里没有羊肉泡馍，也没有兰州拉面，典型的西北小吃都没有，凭什么号称西北菜？忽然间的一段画外音将他的思绪拉了回来，节目里正在介绍绥德黄老汉的黄馍馍。电视上灶火正旺，大锅盖一揭开，笼内的黄馍馍个个黄澄澄的，那香甜的口感就算隔着电视都能感受得到。陕北、黄馍馍、黄老汉……突然，贾国龙有了灵感，猛地坐了起来，拿起电话拨给助理："马上准备一下，明天一早就去绥德，陕西绥德！"

一、公司简介与创业者

（一）公司简介

西贝餐饮于 1988 年创建于内蒙古巴彦淖尔市，1999 年进入北京市场，随之西贝总部也迁至北京，开始了西贝餐饮品牌全国连锁大发展的征程。2013年，西贝又将总部迁至上海，开始了西贝餐饮品牌上市的征程。1988~1998年，是西贝发展历程中的第一个十年，在这十年里，西贝餐饮在内蒙古奠定企业发展基础；1999~2009年，是西贝发展的第二个十年，全国餐饮连锁模式全面启动，西贝莜面村品牌得到大力发展；2010~2020年，是西贝发展的第三个十年，西贝专业运作，快速发展，致力于成为全球最受尊重的餐饮品牌。西贝餐饮已经走过整整26个年头，足迹遍布内蒙古、北京、天津、深圳、上海、广州、沈阳、石家庄、西安等12个城市，拥有门店82家，其中，西贝莜面村69家，员工12000多名，年接待顾客超过1000万人次。

（二）关于贾国龙

西贝的成功，与贾国龙的坚持分不开，这也是西贝的精神所在。贾国龙热爱并坚持做餐饮事业，26年如一日。

1988年，正在大连水产学院读大二的贾国龙不顾家人反对，毅然决然地退学，回到家乡内蒙古巴彦淖尔盟临河市开始了创业生涯。那一年，贾国龙怀揣着亲人资助的5500元钱，承包一家小店做餐饮，起名为"西贝酒吧"。这也是西贝历史上的第一家店。虽然这个小店占地仅为20平方米，只经营一些牛奶、面包之类的简单西餐，但是就是这个所谓的"西餐厅"，开创了临河市餐饮业的先河。然而，在闭塞的西北小城，这些东西看来远远没有馒头咸菜来得实在，因此当人们对酒吧的新鲜感渐渐散去，西贝酒吧也以惨淡经营收场。贾国龙不得不改变经营思路，把小店更名为"黄土坡风味小吃店"，专门经营本土小吃。由于贾国龙四处拜师，专心经营，小店生意异常火爆，贾国龙因此完成了咖啡店到风味小吃店的顺利转型。

经过几年的摸爬滚打，贾国龙对做餐饮越来越有感觉。他先后开设了爱丽格斯餐厅、西贝火锅城，开一家火一家，西贝已经成为当地餐饮界的知名品牌。随着企业的不断发展壮大，贾国龙的视野更加开阔，他决定走出内蒙古！1997年，贾国龙南下来到深圳，在深圳开了一家以卖海鲜为主，同时辅以西北小菜的西贝园丁海鲜酒楼。然而，由于异地经营经验不足，定价偏低，酒楼一结算竟然是亏损的！当初合伙的同伴闻听这个消息，不顾信誉地抽逃了资金，这导致了整个资金链断裂。在苦撑了3个月后，西贝园丁海鲜酒楼以关门告终。

这次经营失败并没有打垮心比天高的贾国龙。经过两年的养精蓄锐，1999年，他决定推动西贝再次走出去。这次他选择了首都北京。6月16日，"北京金翠宫海鲜大酒楼"开业，以经营海鲜和粤菜为主。虽然有了上次的经验，贾国龙也做了充足的准备，但这家酒楼却未能像它的名字一样为西贝带来金翠满堂。短短4个月，巨亏80万元。贾国龙陷入了深深的痛苦之中：难道我贾国龙只能是一条内蒙古的龙？去还是留？今后的路该怎样走？是贾国龙面临的重大抉择。

为了在北京闯出一番天地，贾国龙不得不回老家去借钱。在亲友招待他的饭桌上，一笼热气腾腾的莜面窝窝让贾国龙备感温暖，这不只是一笼莜面窝窝，也承载着他儿时对家乡的美好记忆。对！洋的做不成就做最土的！贾国龙终于意识到，临河是一个内陆小城，海鲜餐厅对于当地居民来说新鲜而高档，很少有竞争对手，生意当然红火。而北京、深圳海鲜餐厅毫不稀奇。我总拿自己不擅长的功夫和人家硬拼断不能以弱胜强。

贾国龙开始了对西贝进行定位思考：自己是地道的西北人，最擅长的应该是西北的美食菜肴，而在北京，很多人都没吃过莜面，更少知道莜面的营养价值。这不正是西贝的机会吗？贾国龙果断砍掉海鲜和火锅，专注做自己擅长的莜面和西北风味的家乡菜。店名就叫土得掉渣的"西贝莜面村"！

2002年2月，第一家西贝莜面村在北京六里桥开张，从此，贾国龙带着他的"西贝莜面村"踏上了蓬勃发展之路。

二、行业基本概况

（一）西北菜特点

西北地处黄河上中游地段，是黄河文明的发源地。陕甘宁及青海、新疆、内蒙古西部等都属于西北地区。这些地方民风淳朴，食材天然，虽然这些地方的美食没有江浙地区精美淡雅细致，没有川菜热辣火爆，但却以其独特的风味特点抓住了人们的味蕾。西北菜品，大致可以分为以下几个特点：其一是用料讲究，食材以牛羊肉为主，辅以山珍野味；其二是主味突出，虽然菜品丰富，但菜肴主味只有一种，而且注重保持食材的本味，注重健康营养；其三是香味突出：采用陈醋、花椒、干辣椒、大蒜等天然调味配料，香气四溢。西北菜的最大卖点是五谷杂粮和牛羊肉，烹饪手法粗细结合，将烤、煮、炖、烩的烹饪手法相结合，乡土气息浓厚，尤受北方食客欢迎。在首都北京和各大城市地区，西北菜馆遍地开花，西贝莜面村也因其浓郁的西北特色而备受消费者的喜爱。

（二）行业竞争环境

自 20 世纪 90 年代初，中国餐饮业连续 20 多年保持两位数的增长速度。随着居民消费水平的不断提升，城市居民生活节奏的加快，外出就餐已经成为一种生活方式。2013 年中国餐饮业实现收入 25392 亿元。中国餐饮业已经成为中国第三产业重要组成部分之一。

中国餐饮业的分类大致可分为旅游饭店、餐厅、自助餐和盒饭业、冷饮业及摊贩五大类。当前我国中餐厅行业的一个重要经营特色是主营菜品依托一个菜系或一个地方特色小吃。中国幅员辽阔，民俗殊异，基于地理、气候、文化、经济等因素往往形成了多种饮食习惯和烹饪方法，各地区形成了独特的菜品种类，既有小吃，又有大菜。而今，八大菜系已然无法囊括我国所有的菜系种类。例如东北菜、贵州菜等，这些相对于八大菜系之外的小菜系已经显示出生机勃勃的发展态势。西贝莜面村正处于这八大菜系之外的小菜系中，经过多年的经营，西贝莜面村无论在发展规模，还是在经营业绩方面都显示出其独特的魅力和诱人的发展前景。

中国特色中餐市场的发展将以品牌化竞争打破单纯的产品价格与质量竞争。首先，我国的整个中餐厅市场营收规模稳步提升。据国家统计局数据显示，2013年国民经济运行情况是，全年城镇居民人均总收入 29547 元，其中，城镇居民人均可支配收入 26955 元，比 2012 年增长 9.7%。从城乡居民家庭消费的比例来看，有超过 1/3 比重为食品消费，这种消费构成为餐饮行业的发展奠定了消费基础。其中，占餐饮行业主体的中餐厅收入占据了较大的比重。其次，市场竞争加剧，市场内优势企业扩张战略明显，根据中国烹饪协会等机构的相关数据显示，2013 年餐饮百强企业营业收入总额为 1911.1 亿元。最后，品牌化竞争将打破单纯的产品价格与质量竞争。随着人们生活水平的提升，餐饮行业为消费者提供的服务不仅限于满足消费者的生理需求，更多的是满足用户的心理需求，这对餐饮企业的品牌提升提出了较高的要求。从全球较具实力的餐饮企业发展来看，在其规模化的过程中，品牌成为主要的竞争手段。加快中餐标准化、信息化、品牌化建设已经成为业内优秀企业的共识。

三、千折百回一路歌——西贝莜面村品牌定位历程

（一）"西贝莜面村"北京崭露头角

在北京开"西贝莜面村"的主意定下来后，贾国龙迫不及待地带着高薪聘请的厨师火速回京。但是一个意想不到的问题把贾国龙搞懵了：在家乡做得好好的莜面，到了北京却总是发黏。口感不对就称不上地道的莜面了。怎么办？起初，贾国龙以为是北京的水不适合，于是专程将内蒙古的水运来做莜面。但是，蒸出来的莜面仍旧是黏黏的。他又在蒸面时间上下工夫，让厨师延长蒸制莜面的时间，结果仍不令人满意。看着不断散发蒸汽的蒸笼，贾国龙突然想到反其道行之！于是决定缩短蒸的时间。临近莜面出锅，贾国龙和厨师们紧紧盯着蒸笼大气都不敢出，生怕再次失败。随着蒸笼慢慢被掀开，一笼品相极佳的莜面呈现在大家面前，终于成功了！原来北京的海拔比内蒙古低，为了保证莜面的原有口感则需要相应缩短蒸制的时间。解决了莜面水土不服的问题，贾国龙终于长舒了一口气。"西贝莜面村"六里桥店在北京火了！贾国龙一鼓作气相继在北京开了十几家店，随后，将目光锁定在上海、广州、深圳等地，"西贝莜面村"已经成为全国颇有影响力的餐饮品牌。

（二）更名为"西贝西北菜"

随着我国餐饮市场的发展，中餐行业所呈现出的前景令人瞩目，但是，市场上出现的新的竞争趋势也同样与以往不同。市场内优势企业的地位有进一步巩固的趋势，品牌化被提到了前所未有的高度。一家叫做"双种子"的广东快餐连锁店经过重新定位改名叫"真功夫"，他们仅用了短短七年的时间，门店数量已经由40家发展为400家，整整翻了10倍。这些年，如果说西贝是在跑的话，那么

"真功夫"简直就是在飞。品牌定位的力量深深地震撼了贾国龙。

一次偶然的机会让贾国龙接触了 MBA 市场营销课程，他听到定位这节课时感觉犹如醍醐灌顶，觉得有必要请专业人士为西贝的定位做详细全面的分析，于是，他决定花 600 万元邀请品牌定位业内的王牌公司特劳特公司为西贝做一个清晰的品牌定位。

特劳特公司团队 2010 年 12 月正式进驻西贝着手调研。他们在对中国餐饮业的现状以及西贝在其细分市场领域的竞争状况分析的同时，对西贝的高管进行了访谈，并走访了西贝在全国的十几家门店。2011 年 1 月，特劳特团队根据调研结果出具了《西贝战略定位研究报告》。报告中，特劳特团队肯定了中国餐饮业，尤其是发展的良好态势，认为西贝在其目前所处的市场细分领域中处于领先地位，未来发展前景广阔。同时，他们认为西贝所提供的菜品属于八大菜系之外的菜品，由于这些菜品主要是临河及其周边区域的特色美食，属于中国的西北地区，因此，也可以称作是西北菜。中国有八大菜系，如果西贝能够将品牌定位于"打造中国的第九大菜系——西北菜"，必将占领消费者尚未被开发的心智资源，成为西北菜中的"NO.1"。另外，他们认为西贝在其长久的发展中已经形成了"独特健康的西北民间菜品"和"浓郁的西北地区民俗风格"两个方面，能够有力地支撑该项定位。因此，特劳特团队建议将"西贝莜面村"更名为"西贝西北民间菜"，后经贾国龙的反复推敲，最终将餐厅更名为"西贝西北菜"。

为了匹配西贝新的品牌定位以及"西贝西北菜"这一品牌名称，西贝在咨询公司的指导下主要做了以下。首先，将公司的宣传口号定为"西北的牛羊肉、乡野的五谷杂粮。"其次，在对员工的培训上，西贝增加了对西贝西北菜品牌定位和文化的培训，确保每一位员工能够完全理解公司定位的新变化。西贝的每一位服务人员在与客人交流的时候都应清晰明了地回答出每道菜与西贝西北菜品牌相关的特色，自然流畅地为顾客进行相关菜品的推销和讲解。同时，为了配合新的品牌定位和宣传口号，西贝为每家门店投资 40 万~50 万元进行统一的门店装修和内部装饰，将年画、丰收作物等西贝莜面村的挂饰统统换掉，取而代之的是现代、国际、大气的装饰风格，以此体现西贝要做"西北菜"的领军者的品牌定位。大到店面的装修、员工和厨师的服装，小到餐桌上的宣传卡片、点菜的菜单，咨询公司都为他们进行了统一的规划和设计。

（三）更名后遇到的新问题

贾国龙原以为邀请了全球知名咨询公司做了全套的品牌定位，又更换了高端、大气、上档次的名字，公司的业绩会如他预期的一样扶摇直上。但是，在更名后的两年中，公司实际的销售业绩却不尽如人意。不仅如此，一些门店还陆续反映，部分老顾客以为西贝经营种类变更而分外紧张，一些新顾客在到西贝用餐后表达出无法点到真正西北菜的不满情绪。

2012年初，西贝扩张的触角延伸到古城西安，作为以打造第九大菜系——西北菜为定位的西贝自然对这个重要市场非常看重。基于之前其他门店顾客的不满情绪，贾国龙对顺利进入这一区域市场感到隐隐不安，并派西北区经理张慧亲自率领团队赶赴西安调研。结果印证了贾国龙的担忧。西安人民对西贝号称的西北菜并不买账，他们认为西贝的菜品欠缺了太多的西北特色小吃，根本无法代表西北菜。彼时，贾国龙又一次陷入了深深的困惑之中：西贝的品牌定位究竟是否精准呢？

（四）回归"西贝莜面村"品牌

时间很快推移到了2012年的5月。一天，贾国龙在家中休息，心里却依然惦记着品牌定位的问题，电视上出现了《舌尖上的中国》黄老汉做黄馍馍的景象。黄老汉质朴的形象，憨厚地道的西北口音让贾国龙为之动容，自然而然地被带入到黄馍馍的故事中去。这一切贾国龙太熟悉了！他想起了昔日的莜面村，想起了那里的窗棂和年画。没错！就是那种为之动容的感觉！他甚至坚信昔日的成功也正是源于顾客的为之动容的感觉。随后的绥德之行使他这种不安感更为强烈，黄老汉的嗓门，配合着低矮的窑洞，粗重的石磨，都令他感到无比的感动。贾国龙明白了，西贝"打造第九大菜系——西北菜"的品牌定位并不完全适合西贝。贾国龙的家乡所在的区域为著名的河套地区，"黄河百害、唯富一套"说的就是这里。包括宁夏的东部、陕西的西北部以及内蒙古的巴彦淖尔、鄂尔多斯地区以及山西的北部区域。尤其是陕西的西北部、内蒙古的巴彦淖尔、鄂尔多斯地区以及山西的北部地区，是河套地区中的前套地区。该地区由于地处黄土高原和草原的交界处，同时受到农耕文化和游牧文化的影响，其在民俗风情、饮食文化上与其他西北地区迥异，饮食极具特色。西贝一直以来所经营的菜品正是这一"前套地区"的典型传统菜品和小吃。虽然"前套"这一区域也属于西北地区，但是显然，后者所包含的范围要大得多，自然区上将大兴安岭以西、昆仑山—阿尔金山、祁连山以北的广大地区都被归为西北地区。在这广袤的区域内，自然和地理条件差异巨大，民族种类众多，所包含的风味菜肴也是数不胜数，不是西贝一家店所能包含的。

意识到这一点后，贾国龙带领他的营销团队前往全国各地分店，进行了实地调查和问卷访谈。经过多次的调查和访谈，贾国龙的思路越来越清晰，他认为西贝所要做的不是基于新的品牌定位来增加其所不擅长的菜品，而是调整西贝不够精准的定位，基于西贝现有的企业资源，将西贝定位于"经营前套所在的草原与黄土高原结合部区域的健康农家菜的专家"。贾国龙结合西安和各地开店的情况，以及在绥德受到的启发，经过多次与企业高层的探讨和研究，结合更名前后的营业业绩分析，再次选取了"莜面"这一河套地区典型的代表小吃为餐厅的名字，重新恢复了品牌名称"西贝莜面村"。

西贝再次选用"西贝莜面村"这一品牌名称基于以下几点理由：

（1）西贝所包含的并非是所有的西北菜，将名称改变为"西贝西北菜"反映出了西贝曾经想要打造第九大菜系的愿景和希望，但这并不符合实际，特劳特公司所做的在理论上是合理的规划，在具体落实中存在很多意想不到的问题，并未结合中国西北餐饮企业的市场和前景进行全面的分析，所以改为"西贝西北菜"并没有取得理想中的业绩。

（2）"西贝莜面村"前期已经取得了不错的业绩，已经拥有了一些固定的客户群体，已经得到消费者的认可和肯定，维持一个已有老客户投入的资本和精力要远远小于开发一个新客户的投入。对那些忠实的消费者而言，"西贝莜面村"这个品牌名称对于那些而言已是耳熟能详，改完名称后很多消费者反映觉得很困惑，认为西贝已经不是从前的那个地道正宗的西北菜餐馆，这样无形中丢失了很多回头客。

（3）此外，"莜面"是西贝区别于其他西北菜馆的特色和招牌，一个新鲜健康的食品向消费者推广并得到认可必然要经历一定的时间和大量的宣传，不能因为前期遇到的一点挫折就摒弃西贝的特色，摒弃"莜面"。经过问卷调查显示"西贝莜面村"这个品牌名称更接地气，得到更多认可，许多消费者都反映这个名称很亲切，从这个名称中能感受到潜在的西北淳朴民风和健康实惠绿色的饮食新理念。

四、西贝莜面村的差异化定位

贾国龙认为，这一次回归"西贝莜面村"不只是一次简单的名称变更，更是一次品牌提升的过程。于是他着力在西贝莜面村的差异化定位上诠释西贝莜面村的品牌内涵。

（一）舌尖上的家乡美味——产品的差异化

在产品上，有两个方面是西贝一直坚持做的：食材的绿色健康以及不断地进行美食的探寻和创新。

贾国龙将食材的绿色健康比作是公司繁盛的根基。随着人们对健康食品的需求越来越强烈，西贝将立店之本定在选材上。选取天然生长的食材，做地道的自然美味。贾国龙相信人们会愿意出高价钱为这样的美食买单。为此，西贝专门投入大量的人力物力，长期奔波于草原之上，黄土高坡之间，寻找最好的农产品。西贝选取的五谷杂粮是"人种天养"的，西贝选取的牛羊是自然放养的，就连西贝所用的香料都是纯天然的，杜绝任何人工的添加剂。在采购方面，为了挑选到最好的原料，西贝允许采购价比其他饭店高 25%左右。除此之外，西贝还积极地寻求与供应链上游优秀的原材料企业合作，达成战略联盟，确保优质原料的天然安全和持续供应。

在对美食的创新和探寻方面，贾国龙对美食有着不懈的追求。自创建西贝莜面村起，贾国龙每年至少有一半的时间花在路上，不断地在家乡以及周边省市的各大饭店或小吃部品尝和搜寻美食。一旦当他遇到了心仪的美食，他一定会想尽各种办法将这个美食移植到他的店里。有的时候采用学习配方的方法，有的时候则直接挖厨师来西贝。经过日积月累，西贝莜面村中能吃到的河套地方特色美食越来越多，这些美食制作工艺古朴，所用的也都是最天然的食材，食客在这里能够品尝到的口味当然与众不同。

(二) 窑洞窗花红灯笼——店面风格的差异化

为了贴合西贝莜面村的菜品特色，西贝根据位于黄河与草原结合部的家乡文化特点对门店进行了重新装修。巴盟的民歌，爽朗的笑声，高亢的嗓音，原生态的歌舞，以及窗花、剪纸、红灯笼、花布衫、大长辫、红头绳、绣花、员工的民族特色服饰，所有的装饰细节都充满民族风情。配合着具有西北民间特色的菜肴，由内到外散发出浓浓的乡土气息，顾客走进西贝莜面村仿佛走进了西北人家。贾国龙也非常希望通过这样的装饰风格，带领更多的食客跨越区域的阻隔，体验千里之外的家乡的文化和热情。

同时，他们还印制了许多宣传图册，将西贝运用天然食材，严格把关食物来源，以及对食物进行监督处理的过程进行了详细的讲解。每一位来西贝就餐的顾客，自一进门就感受到西贝的独特之处。来这里就餐，不仅能够放心地享用西北的美食，更能够领略到西北人民淳朴真诚的民风。

(三) 黄老汉和莜面妹——人员的差异化

1. 邀请黄老汉做代言人

《舌尖上的中国》中黄老汉对黄馍馍近乎苛刻的制作工艺给观众留下了深刻的印象，而其家乡绥德则正处于西贝莜面村菜品所定位的地域。因此，黄老汉和他的黄馍馍几乎可以说是完美地诠释了西贝莜面村的品牌定位：淳朴的乡土气息，精选食材并辅以严苛加工工艺，呈现出千百年来黄河与草原交汇部的原风原貌的特色面食。贾国龙花了30万元邀请黄老汉夫妇作为西贝莜面村的形象代言人，并将黄馍馍作为西贝的代表产品之一在所有门店进行推广。一时间，黄老汉被某餐饮品牌高价聘请代言的新闻成为大众茶余饭后的谈资，有人表示祝福，也有人表示质疑。不管怎样，西贝莜面村卖正宗黄馍馍的消息传开了，许多消费者慕名而来，为的是感受一下黄馍馍，感受舌尖上的美食给人们带来的娱乐情结。

2. 莜面妹走进联合国

2013年11月12日，应联合国的邀请，"中国美食走进联合国"的活动在纽约联合国总部大楼举行开幕式，来自中国的十几位厨师展示了包括莜面在内的诸多中国传统美食。联合国秘书长潘基文等近400人出席，这是联合国自成立68年来首次举行中国传统美食文化交流活动。来自西贝莜面村的两名莜面妹现场展示了推莜面窝窝，让联合国的官员惊叹不已。联合国秘书长潘基文发表了热情洋溢的讲话，并称"最理想的幸福生活"就是拥有一位中国厨师，表现出对中国饮食文化的热爱。西贝的莜面此时已经不仅仅是一种食物，而上升为一种文化艺术，得到了广泛的认可和高度的评价。西贝抓住时机对这一事件在门店以及媒体上进行了广泛的宣传。

美食节过后，西贝在全国选拔了 180 多名形象气质俱佳的莜面妹，统一到上海参加培训，在语言形象、专业技能等多个方面进行培训。培训结束后，这批莜面妹被分配到全国各家门店，专门负责莜面的现场展示及制作。莜面妹所有配置整齐划一，统一的着装、统一的莜面车、统一的搓莜面的玉石板。每道工序都清晰可见，消费者可以在现场对莜面制作工艺的严谨和艺术性一览无余。莜面的用面、用水，面和水的比例，每笼的窝窝卷数等都有严格的规定。莜面妹可以现场与观众互动，讲解制作步骤和莜面的营养价值等顾客关心的问题，让他们享受到了联合国官员一样的礼遇。西贝莜面妹的现场展示已经成为西贝一道独特的风景线。

（四）实心诚意的西北人待客之道——服务的差异化

西贝莜面村呼和浩特万达店的陈志茹店长说："大多数顾客是被西贝的健康粗粮和西北特色风味吸引过来的，我们要做的就是用特色的服务使偶然的光顾变成一来再来。"西贝的服务倡导"实心诚意的西北人待客之道"，一切为了客人吃好。根据这一服务宗旨，西贝莜面村陆续推出了特色服务，如无障碍退菜、赠送特色小吃、生日服务、宝宝服务、手机袋服务等特色服务。这让顾客就餐心情更愉快，到西贝就餐成为了一种享受。多年来，西贝一直推行"爱的能量环"的服务理念，即"西贝—员工—顾客"的整个概念，就是让西贝关爱员工，真诚地帮助员工成长，员工在得到了爱的满足才能够真正地将爱传递给顾客，关注顾客的需求，帮助顾客真正地吃好，而顾客得到了愉悦的就餐体验而认可了西贝，从而形成了一个爱的循环往复的过程。这并非是一个单纯的循环往复，在能量环中的西贝、员工和顾客三个主体都得到了正向的成长和愉悦的体验。

（五）强化西贝的"爱莜"文化，大声喊出"I Love 莜"

在全国大张旗鼓恢复"西贝莜面村"这个品牌名称的同时，西贝又提出了一个品牌延伸超级符号——"I Love 莜"（见图 20-1）。"I Love 莜"具有双重意义，一方面表现出西贝人对餐饮的热爱，对莜面的热爱；另一方面也希望感染每个前来光顾的顾客爱上西贝，爱上西贝的莜面。"I Love 莜"的品牌 LOGO 采用了西贝的标准色大红色，整个设计简单明了，充满了生动的趣味。2013 年结合"I Love 莜"品牌延伸超级符号，西贝在全国举办了"I Love 莜"1000 万笼莜面大赠送活动。就餐时服务员与顾客进行互动猜拳游戏时，大喊着"I Love 莜"，顾客每赢一次就可以免费得到由西贝莜面村赠出的莜面一份。这一活动使"I Love 莜"的口号深入人心。顾客在得到实惠的过程中感受到了愉快的体验，对西贝的莜面也多了一份了解，具有良好的宣传作用。同时，为了让员工真正地爱上莜面，继培养了莜面妹之后，贾国龙又让管理层学习搓莜面的技能，学到会为止。同时，在培训期间，所有学员的每餐中都不能离开莜面。为的就是让这个企业的管理层能够真正地理解莜面，爱上莜面，培养出西贝莜面村的"爱莜"文化。

图 20-1　西贝莜面村品牌超级符号

五、尾　声

自从 1988 年进军餐饮业以来，贾国龙带领着西贝已经整整走过了 26 个年头。西贝从无到有，从低潮时的黯然到归来时的蓬勃，这个来自内蒙古巴彦淖尔临河市的餐饮品牌，在经历了酒吧、火锅、海鲜等多种经营形式后，最终回归到以黄河与草原交接部最传统的小吃和菜肴为主打菜品特色，定位于做草原的牛羊肉乡野的五谷杂粮, 主打的莜面和牛羊肉把内蒙古的地方饮食文化带到了全国各地。随着《舌尖上的中国》第二季的播出, 陕西吴堡张家山的空心手工挂面再一次撩动了贾国龙的心弦, 对美食的热爱和不懈的追求促使他即刻出发, 再一次踏上寻访西北美食的征程。前方要走的路很远、很长, 贾国龙既然选择了远方, 便只顾风雨兼程……

附录: 西贝大事记

1988 年 5 月 29 日, 西贝餐饮创始人贾国龙先生于大连水产学院本科肄业, 筹划从事餐饮业。10 月 1 日, 黄土坡小吃店在内蒙古临河市开业。营业面积 20 平方米, 员工 2 名。

1989 年 5 月 1 日, 西贝酒吧在临河市开业。员工 10 名。首次使用"西贝"作为店名。全年营业收入达到 10 万元。

1990 年 7 月 1 日, 承包经营临河市爱丽格斯餐厅 (1997 年 9 月竞价收购, 年底扩建重张)。

1991 年 7 月 1 日, 租赁经营临河市农机饭店, 更名为西贝火锅城 (1998 年更名为新大都酒楼, 2001 年竞价收购)。

1992 年末, 共有 3 家店营业, 全年营业收入首次突破 100 万元。

1993 年 10 月, 组建巴盟 (临河) 西贝餐饮公司。

1996 年正式登记注册, 2001 年 5 月 23 日, 更名为内蒙古西贝餐饮有限责任公司。

1998 年 12 月 25 日, 西贝餐饮广场在临河市开业。

1999 年 6 月 15 日, 北京西贝莜面村西翠路店开业。年末, 共有 5 家店营业, 营业面积 5219 平方米, 全年营业收入首次突破 1000 万元。

2000 年 5 月 14 日, "西贝"商标经国家商标局批准注册。6 月, 西贝餐饮总部迁入北京市。9 月 10 日, 贾国龙董事长偕西贝大厨一行应邀前往中南海, 为全国人大常委会前委员长万里特制蒙古手扒肉家宴, 深受赞赏。

2001 年 2 月 28 日, 北京金旭投资公司与西贝餐饮的合资店——腾格里塔拉剧院酒楼在北京开业。

2002 年 2 月 6 日，北京西贝莜面村六里桥店开业。9 月 20 日，北京西贝莜面村亚运店开业。12 月 25 日，北京西贝莜面村颐和园店开业。

2004 年 1 月 1 日，北京西贝莜面村香山艺墅店开业。8 月 18 日，西贝包头店开业。10 月 10 日，内蒙古西贝餐饮职业培训学校落成暨首届招生开学。12 月 13 日，西贝莜面村深圳八卦岭店开业。

2005 年 1 月 20 日，西贝莜面村天津店开业。5 月 23 日，西贝铁锅居北京回龙观店开业。

2006 年 1 月 20 日，西贝莜面村内蒙古总店在呼和浩特市开业。（2007 年 2 月重新开张，更名为：西贝阳光海岸呼和浩特店，改营海鲜）。7 月 15 日，西贝莜面村北京亦庄店开业。8 月 18 日，西贝莜面村深圳香蜜湖店开业。11 月 22 日，西贝莜面村北京定慧桥店开始营业。

2007 年 4 月 21 日，西贝餐饮公布本企业的使命、愿景、核心价值观和企业精神。10 月 17 日，西贝莜面村包头店开业。12 月 8 日，西贝莜面村石家庄店开业。

2009 年 9 月 26 日，西贝莜面村在广州开店。

第二十一章　宁城老窖
——浴火中重生

　　2005 年 1 月 6 日，对大多数人来说是极为普通的一天，但对于宁城老窖酒厂来讲却是具有重要意义的一天。因为这一天，在各级政府的积极推动下，北京顺鑫农业股份有限公司与宁城老窖酒厂实现了成功重组，宁城老窖正式更名为内蒙古顺鑫宁城老窖酒业有限公司（以下简称"宁城老窖"）。自此，宁城老窖这个来自玉龙故乡的悠久品牌，在沉寂了五年之后，迎来了难得的发展机遇。

　　五年的沉寂，宁城老窖所面临的市场环境已经发生了翻天覆地的变化。总体来说，中国的酒市场已经进入了品牌时代，消费者的理性消费倾向日趋明朗，凭借着前国家副主席乌兰夫一句题词就红遍大江南北的机遇已经消失了。面对这样的市场变化，宁城老窖把握现有的机遇，利用现有的物质和文化资源，成功进行品牌重塑的五年内，宁城老窖实现了生产量、销售额连年增长。2010 年，在完成了宁城老窖的第一个五年战略目标以后，宁城老窖将视野拓宽到了整个北方地区，制订了大北方的区域战略目标。如今，这个盘踞在内蒙古东部的品牌巨龙已经复苏，以昂然的姿态雄视大北方。

一、公司背景

（一）宁城老窖的昨日辉煌

宁城老窖的公司驻地是古老的红山文化发祥地——赤峰市宁城县八里罕镇。

这个小镇有着千年的酿酒史，是人杰地灵的地方。早在辽代，这里就有多处大型的酿酒坊。到了明清，这里更是有"八里美酒，四野飘香"的美誉。在这些酿酒坊中，历史最悠久，酿酒最醇香的就是宁城老窖的前身——隆盛泉酒坊。

图 21-1　宁城老窖

1958 年，宁城老窖酒厂在原"隆盛泉酒坊"基础上成立，后更名为宁城老窖生物科技股份有限公司。20 世纪 70 年代，宁城老窖开始了高档酒的研制，经历了无数次试验，在总结传统工艺和祖传秘方的基础上，终于酿造成香绝一时的美酒——创新型麸曲浓香型白酒（见表 21-1）。如果说贵州茅台为酱香型白酒之首，那么宁城老窖则为麸曲浓香型白酒之魁。宁城老窖一出现，就引起了中国白酒界的轰动，甚至有人题词赞誉"塞外茅台，宁城老窖"。

表 21-1　宁城老窖产美酒的特有禀赋

水源	隆盛泉的高山冰泉融水，纯净甘洌，口感绵柔，为酿酒之水中的上品
环境	宁城老窖酒厂，四周被碧水青山环抱，气候温和，无污染 适宜美酒的酿制和发酵
传统工艺	这里曾经是辽国的御酒产地，千年的酿酒工艺代代传承
现代科技	早在 1958 年，宁城老窖酒厂就成立了。几代宁城人从未放弃产品品质的精益求精，秉承传统工艺与现代科技相结合的原则，于 20 世纪 70 年代酿成了香绝辽蒙的创新型麸曲浓香型白酒

几十年来，宁城老窖的产品由单一品种向多品种方向发展。产品不仅畅销全国，还远销国外。宁城老窖多次在国内外获奖：1984 年荣获国家轻工业部酒类质量大赛金杯奖；1989 年荣获首届国际食品博览会金奖；1990 年荣获国家轻工部优质产品称号，跻身于全国名酒行列；1992 年在日本东京举行的第四届国际酒类博览会上与贵州茅台并列荣获金质奖。宁城老窖迎来了其发展史上第一个巅峰。

（二）宁城老窖的突然沉寂

宁城老窖，不仅是内蒙古人民的骄傲，更是中国白酒的经典之作。不管是接朋待客，还是走亲访友，宁城老窖成了人们心意的最好表达。从某种程度上来讲，宁城老窖已经成为了一种文化符号，深深地镌刻在了几代人的心里。然而，从 2000 年初，由于宁城老窖公司内部管理出现了一系列问题，使得昔日的"塞外茅台"依依惜别了酒类角逐的舞台，从喜爱它的大众眼中淡出了。

（三）宁城老窖的王者归来

然而，自2006年初起，无论是在产地赤峰，还是在省会呼和浩特；无论是在内蒙古境内，还是在周边省市，宁城老窖这个曾让内蒙古人为之自豪的品牌再次火热起来。在酒店里，在喜宴上，在超市里，宁城老窖随处可见，火红的色调分外抢眼。宁城老窖用它独特的香味，抹去人们记忆深处的封尘，引领着喜爱它的人们，经历了一种心灵回归的体验。那么宁城老窖是怎样完成这种华丽转身的呢？

二、宁城老窖品牌复兴的内外因素分析

（一）市场调研"忧"、"喜"掺半

2005年，宁城老窖成立了专门的营销策划团队（以下简称策划小组），对内蒙古、东北、河南、河北等宁城老窖过去重点区域市场展开了深入调研。

调研的结果有喜也有忧。

"忧"的是，第一，市场机会完全变了。宁城老窖消失的时期正是中国白酒市场的低谷期。那时，广告对消费者选择的影响至关重要。但今天的中国白酒市场已经从知名度时代、非理性时代过渡到品牌时代、理性时代。市场是品牌和品质的双重较量。广告酒时代一去不复返。曾经靠前国家副主席乌兰夫的一句题词就能飘红全国的机会没有了。第二，市场环境完全变了。全国品牌阵营已经形成。"五粮液"、"茅台"、"国窖·1573"、"水井坊"四大家族高居金字塔顶端，后者难以逾越；河南的宋河、河北的衡水老白干、江苏的洋河蓝色经典、江西的四特、新疆的伊力特曲等地区品牌构成中国二线区域品牌阵营。全国形成了井然有序的品牌格局，市场竞争难度今非昔比。

"喜"的是，宁城老窖的品牌美誉度还在。通过调研，策划小组惊喜地发现，虽然沉寂了五年，无论是曾经的代理商，还是曾经的消费者，他们一直对宁城老

窖记忆犹新，对宁城老窖的口感赞誉有加。这证明宁城老窖的品牌没有死，宁城老窖依然有着较高的品牌美誉度，这是宁城老窖的最大品牌资产。

（二）宁城老窖的内部优势

除了品牌美誉度，宁城老窖还拥有一份得天独厚的历史遗产——3000吨年份3~15年不等的窖藏原酒。众所周知，酒是陈的香，这一大批地窖里红布陶缸装载的陈年老酒，就像被埋在地下的一批金矿，在宁城老窖蓄势回归的今天，闪出了耀眼的光芒。

此外，宁城老窖与北京顺鑫农业股份有限公司的成功重组是宁城老窖的又一个至关重要的机遇。这次重组，不仅为宁城老窖带来了充裕的资金，还为宁城老窖带来了优秀的营销团队和先进的管理理念。

以上要素共同构成了宁城老窖的内部优势。对宁城老窖的成功重生有着至关重要的作用。

三、宁城老窖的复兴战略

（一）定位中档白酒内蒙古区域市场

要想对宁城老窖进行准确的市场定位，首先就要对中国白酒市场的现状有充分的了解。结合之前的调研结果，策划小组对中国的白酒市场进行了划分，如表21-2所示：

表21-2　中国白酒市场的细分

白酒档次	品牌	销售区域	竞争特点
高档酒	五粮液、茅台、国窖·1573、水井坊、酒鬼酒	全国市场	品牌、资本实力的全面竞争 传统品牌拥有较高的消费者忠诚度
中档酒	宋河、河套、衡水老白干、洋河等	区域市场	自由化竞争，区域市场销售
低档酒	鱼龙混杂，没有品牌概念	地区性小市场	价格战，非正常避税

通过以上对中国白酒市场的细分，宁城老窖的市场定位明确了。

首先，在中国高档白酒的市场中，"五粮液"、"茅台"都是老字号的品牌，在人们的心目中占有不可撼动的地位。而"国窖·1573"、"水井坊"、"酒鬼酒"的快速杀入，则使得竞争愈发激烈。高档酒的市场竞争，是品牌以及资本实力的全面竞争。以宁城老窖目前的实力而言，竞争难度过大。因此，策划小组果断地排除了进入这一细分市场的想法。

其次，在中国低档白酒的市场中，鱼龙混杂，各酒厂一味地采取价格竞争，没有品牌概念。一些厂商为了增加利润而采取恶意避税等极端的竞争方法，往往使得那些遵纪守法的企业没有利润可言。如果宁城老窖选择了进入低档白酒市场，从长期来看，不利于维护和发展宁城老窖的品牌形象。因此，策划小组放弃了进入低端市场的想法。

最后，策划小组将目光锁定在中档白酒的区域市场上。

这样定位的原因：中国的中档白酒市场呈现自由化竞争的态势，不存在哪个品牌独大，进入门槛相对较低。宁城老窖在内蒙古的区域市场上仍然具有较高的品牌美誉度，有利于其进入市场。从长期来看，定位在中档白酒的区域市场上，有利于宁城老窖的长远发展。因此，策划小组将宁城老窖定位在了中档白酒区域市场上，宁城老窖的复兴蓝图渐渐地铺展开来。

（二）定位盛情文化

当今的白酒市场已经进入了品牌时代，对品牌文化的构建成为企业营销的核心要点。因此，根据宁城老窖市场定位，结合宁城老窖的原有定位，赋予它一个明确的文化定位是必要的。

中国的酒文化源远流长，人们借助酒来抒发内心的情感。人们高兴的时候喝酒，悲伤的时候喝酒，我国古今的众多诗人更是在半醉半醒之间创作出许多不朽的诗篇。因此，与其说人们对酒需求，倒不如说人们对某种情绪需求。要使宁城老窖成为消费者心目中首选的白酒品牌，就一定要精准地找出目标消费群体饮酒的情绪特点，激发它。同时，赋予宁城老窖独特的文化内涵，使其与消费者在情绪上产生共鸣。

宁城老窖的市场定位是中档白酒的区域市场，也就是说内蒙古地区的中等生活水平以上的男性群体是宁城老窖的目标消费群体。在文化定位上，一定要契合该群体的心理需求。

策划小组在分析了内蒙古地区同类竞品的定位差异基础上，选取了"盛情"这一内蒙古人民内心普遍认同的普遍情感，提出了将宁城老窖打造成"中国第一盛情酒"的差异化定位。纵横内蒙古东西三千里，只有喝宁城老窖，才是对人们心中盛情的最好诠释。这个定位将内蒙古人的待客文化与宁城老窖的品牌成功地结合起来，为宁城老窖的成功复兴奠定了文化基础。

（三）产品创新

俗话说：巧妇难为无米之炊。如果产品的质量不过关，就算是品牌的目标市场定位得再准确，文化定位得再独到，都是没有用的。宁城老窖深知产品品质对企业的重要性，认为产品品质是一个品牌长期生存和发展的核心条件。

在调研中，策划小组发现，很多消费者和经销商频频提起一件事：正在内蒙古旺销的某品牌白酒都是从四川拉酒勾兑的，根本不是自酿酒，喝这样的白酒找不到好酒的感觉。这里面折射出一个问题，消费者对于白酒的品质要求越来越高，白酒的消费从感性向理性回归。

在宁城老窖复兴之初，厂领导就将严把品质关放在了战略的首位。新宁城老窖，无论是在原料选择上，还是在酿制工艺上，都比原宁城老窖更加精细。经过几年的研究，宁城老窖开创了"绵香"型系列产品，相对其他同类白酒，其口感绵柔润喉、醇厚甘洌、香气纯正，品质更胜一筹。表21-3列出了宁城老窖"绵香"型白酒的原料和流程的独到之处。

表21-3　宁城老窖绵香型的独到工艺

原料	当地优质红高粱为原料
发酵剂	优质河内白曲和多种产脂酵母
水源	隆盛泉的高山冰泉融水
酿造技术	精调酿造技术：清蒸混渣，窖泥40天发酵，缓慢蒸馏，高度摘酒，分级管理，长期窖存；历经33道工序和20位专业调酒师精心调配，36个控制点严格检测
密存技术	用传统陶缸密存的同时，结合现代温湿控制技术，以保证最佳温湿度，经长时间物理化学变化自然老熟

（四）管理创新

关于管理的创新，既是对老宁城老窖的经验教训的总结，又是对新宁城老窖的品质和销售的保障。

首先，宁城老窖完成了企业内部管理模式的优化改革，重新设计内部管理程序，优化资源配置，充实生产、销售一线，精简管理人员。这一系列行之有效的改革举措使酒厂产能较重组前提高了 1 倍，公司整体的资源利用率和工作效率大大提高。

其次，加强管理安全体系认证。2007 年 10 月，宁城老窖酒业一次性通过了ISO9001 质量管理体系和 HACCP 食品安全管理体系两项管理体系认证。这是对宁城老窖这个知名品牌的认可和肯定，也代表着宁城老窖在产品质量管理和食品安全管理方面已经走在了中国白酒行业的前列。

四、宁城老窖复兴的营销策略

在制定了宁城老窖的品牌复兴战略之后，接下来的任务是制定品牌复兴战略指导下的具体的营销策略，以及通过执行策略将宁城老窖的复兴蓝图变成现实。策划小组从广告语、视觉传达、产品包装以及具体的营销策略几个方面进行了一系列的策划和创新，以保障宁城老窖顺利进入目标市场，实现宁城老窖的复兴战略。

（一）精神顺接

"塞外茅台，宁城老窖"这句广告语曾经是脍炙人口的广告语，即便是如今，很多人对这段话也并不陌生。能够顺接这个广告语，对于宁城老窖来说，无异于如虎添翼。然而，由于广告法的相关规定，"茅台"这个词汇已经不能再用。难道这样一条深入人心的广告语就弃之不用了？策划小组经过反复的分析和论证，认为这个广告语一定要用。要将这个广告语的精神特色完好地保存下来，创造一个类似的、同样经典的广告语顺接。

经过激烈的讨论，策划小组一致认同，保留"塞外"这个有浓郁内蒙古区域特色的词语，并且将"茅台"改成"壹品"。"壹品"这个词语在中国人的内心中有着美好的联想，代表着"最好"的含义，也只有这个词汇才能和有着国酒之称的茅台相称。"塞外壹品，宁城老窖"，修改后的广告语完美地诠释了宁城老窖自身的精神特色，实现了对原广告语的精神顺接。

（二）视觉营销——盛情中国红

通过调研，策划小组发现河套等宁城老窖主要竞争品牌的产品基本上是蓝色、深黄色等冷色调，为了区别竞争品牌，成功地实现宁城老窖的品牌传达，宁城老窖一定要从视觉上突出与这些竞争品牌的差异。根据对宁城老窖的盛情文化品牌定位，策划小组最终将宁城老窖的瓶体和外包装定位为"中国红"的统一色调。红色在中国代表着祥和喜庆，它是一种个性鲜明，激情澎湃的颜色，用红色来传达宁城老窖所定位的盛情品牌文化再合适不过了。

针对目标消费者为激情豪迈的内蒙古男性，在模特选取上也是非常有针对性的。策划小组选用了身着红衣的昭君形象为宁城老窖的品牌助威。王昭君是中国古代的四大美女，当年她身负汉朝与匈奴百年和好的重任，远嫁塞北，也就是如今的内蒙古地区，为维护汉朝与匈奴的关系做出了突出的贡献。至今，她仍然在内蒙古人民的心目中留有美好的形象。策划小组大胆地选用了身着红衣的昭君形象来传达宁城老窖所要表达的热情好客的盛情品牌文化。一时间，宁城老窖掀起了一场柔美的红色风暴，吸引了众多内蒙古男性的倾慕目光，达到了很好的宣传效果。

（三）打造子母酒

宁城老窖的第二次崛起赶上了两拨风潮：一个是假酒成风，消费者质疑声不断；另一个是全国年份酒成风，连 10 元以下的白酒都标注着 5 年、8 年的标签，消费者难辨真假。宁城老窖拥有 3000 吨窖藏原酒，怎样取信于消费者是值得深入讨论的问题。

策划小组一致认同，消费者是喜爱好品质年份酒的。俗话说，酒是陈的香，消费者只是不敢相信市场上所谓的年份酒是否真的年份酒。有了这一认同，接下来的策划任务是如何使消费者相信宁城老窖的年份酒是真的，如何在营销手段上进行创新，使宁城老窖独具一格。

有个策划小组成员提出，消费者的感知大部分来自于直观的感受，产品不应该是单纯地标注年份酒的日期，而应该在包装上做得更直观，让消费者通过直观感受认同宁城老窖年份酒的真实性。

为何不把宁城老窖的原酒分装成 50 毫升一小瓶与大瓶酒放在同一个包装里呢？可以让真正的年份原酒与消费者见面。内蒙古人盛情的待客文化向来是将好的东西留给尊贵的客人。那么，将最珍贵的小瓶年份原酒献给酒桌上最尊贵的客人不正体现了宁城老窖所定位的盛情文化吗？中华第一瓶子母酒就此诞生！

为了让消费者相信宁城老窖原酒的真实性，公司取得了政府对该产品真实性的公证，直接把公证号打在瓶签上。这样，每瓶宁城老窖酒都有了自己的身份证号，其真实品质毋庸置疑。

子母酒的诞生成为中国白酒包装发展史上的一个重要里程碑！

（四）省会崛起，战略制胜

虽然宁城老窖曾经红极一时，但是，经过了五年沉寂，却只保留了赤峰、大庆等几个少数区域市场。考虑到短期的竞争成本，策划小组制定了"集中突破与快速扩张同步，垂直增长与水平分销并进"的策略。以内蒙古赤峰为策源地，从内蒙古东部崛起，向内蒙古西部市场突进，重点城市定在省会呼和浩特，辐射全省。省外则以大庆为第一个目标，循序向东北、宁夏、甘肃等地区扩张。

要在内蒙古站住脚，就不得不与内蒙古现有的竞争品牌产生交锋。研究发现，主流品牌的竞争方法、促销方法同质化严重，竞争手段无非是产品广告+产品促销。综合来看，竞争对手的"软肋"共有三个方面，如表 21-4 所示。

表 21-4 宁城老窖竞争对手的缺点分析

一	产品低层次运作，消费者忠诚度低
二	室内终端促销，陷入餐饮保卫促销战
三	促销手段乏味，打火机、美元等促销方法陈旧

针对宁城老窖的竞争对手在营销中存在的问题，策划小组制定了相应的破解策略：高调造势，文化出击；室外拦截，断其后路；趣味促销，连环出击。

结合市场现状，策划小组制定了阶段性营销策略，如表 21-5 所示。

经过不到一年时间的运作，宁城老窖仅在省会呼和浩特就取得了 2000 多万元的销售业绩，创历史新高。呼和浩特市场的成功切入，打响了宁城老窖品牌复兴的第一枪，为收复全蒙市场以及外埠市场开了个好头。

表 21-5　策划小组的阶段性营销策略

第一阶段	电视＋车体＋报纸，呼市全蒙招商——迅速建立渠道
第二阶段	地面活动拉动造势——元旦抢占餐饮终端
第三阶段	节日集中重点促销——春节抢占商超终端
第四阶段	连环餐饮终端促销——不断巩固市场成果

五、社会各界对宁城老窖的肯定

2006 年 10 月 11 日，中国酿酒协会专家组一行八人来到内蒙古顺鑫宁城老窖公司进行考察调研，盛赞宁城老窖重组一年多以来所取得的可喜业绩。中国白酒界泰斗沈怡方在调研时表示，宁城老窖之所以得以重新回归市场并得到广泛认可，在于它摆脱了历史陈腐，勇于接受先进的经营理念与管理模式；在于新宁城老窖人对传统酿造技术的传承与创新和对宁城老窖品牌的出色营销。沈怡方说："作为一个独具特色和品质的白酒品牌，宁城老窖有着深厚的文化底蕴和受众基础，就现在的宁城老窖而言，无论是品质还是品位，都比原来的宁城老窖更胜一筹。"

宁城老窖的复兴已经初见成效，准确的产品和市场定位，严格品质把关以及不断的产品创新和管理创新，使宁城老窖在短短的五年里，取得了令人称羡的成就。宁城老窖产品已由单一化向多元化发展，目前拥有高、中、低三个档次产品100 多个品种。产品销售覆盖了全国 31 个省、市、自治区，还远销到日本、美国、加拿大、中国台湾、中国香港等国家和地区。

曾经的"塞外茅台"，如今的"塞外壹品"，一杯美酒，一个品牌起起伏伏的波澜历程。宁城老窖这个诞生于玉龙故乡的凤凰，终于准备迎接它的浴火重生了。

六、关于宁城老窖的思考和探讨

宁城老窖在短时间内浴火重生，其营销和市场运作方面很多都可圈可点。但是，如今的宁城老窖比起十年前的宁城老窖却存在着不小的差距。想要真正地重归昔日辉煌，宁城老窖还有很长的路要走。具体应着重思考以下几个问题：

（一）如何进行差异化的品牌传播

如今的宁城老窖，即使是在内蒙古的区域市场，仍然承受着不小的生存压力。蒙古王、奥淳、河套王等一系列内蒙古本土白酒品牌在宁城老窖销声匿迹的几年内脱颖而出，占据了内蒙古白酒行业的大半江山。在这样一个暗流涌动的市场环境中，建立一个强大的有明显差异化定位的品牌形象，并且传达给目标顾客，才是宁城老窖永续经营的法宝。差异化的定位，宁城老窖已经做得很好。而对这种差异化的品牌进行传播，宁城老窖还存在着明显的不足。那么接下来，宁城老窖是否应该在差异化品牌传播方面多做努力？具体应该在品牌差异化传播方面做哪些具体的努力？

（二）是否应该增强公共关系维护

通过各个搜索引擎所获取的信息，宁城老窖的新闻以及活动都甚少，可见，宁城老窖在公共关系维护方面的注意力不足。从各个品牌浮沉的经验来看，每个品牌都应该有居安思危的意识，尤其对于宁城老窖这样一个重生的品牌来讲，更应该注意公共关系的维护。好的公共关系可以深化品牌在公众心目中的影响力，并且在企业陷入逆境的时候，充当企业的降落伞。比如，蒙牛集团能够平稳渡过"三聚氰胺"的难关，与在平时注意维护公共关系有很大的关系。因此，宁城老窖是否应该注意增强公共关系的维护？具体来讲，应该如何利用媒体和公共关系来为企业做更多的低成本宣传呢？

（三）来自促销创新的思考

创新，是企业不断发展的动力。产品和营销是企业发展由来已久的两个拳头。这两个拳头都要硬，缺一不可。宁城老窖的独特产品品质为其重新赢得市场做出了不小的贡献。但是，其促销上的手段依然缺乏新意。除了买赠以及中奖活动外，宁城老窖是否应该思考一些更具新意的促销活动，以引爆其销售的下一个狂潮呢？除了简单的促销手段，关于客户关系维护以及活动促销等整合营销手段是否应系统地引入促销创新的思考中呢？

附录1：企业概况

内蒙古顺鑫宁城老窖酒业有限公司位于内蒙古宁城县八里罕镇，公司总资产43894万元，厂区占地面积400余亩，年生产白酒能力达5万吨。公司所在地——赤峰市宁城县八里罕镇，历史悠久。著名的红山文化及辽中京遗址给这片古老的土地平添了几分神秘的色彩。据史料记载，八里罕一带有着千年的酿酒历史，早在辽代时期就有多处大型酿酒作坊，当时的隆盛泉、天巨泉、景泰泉酒作坊就是其中的典型代表。随着历史的推进，时代的更替，到了元、明、清时，这里的酿酒业更趋兴旺，而历经千年的隆盛泉酒坊就是宁城老窖的前身。

1958年，宁城老窖酒厂在原酒坊基础上成立，后更名为内蒙古宁城老窖生物科技股份有限公司。宁城老窖凭借得天独厚的资源优势——源自海拔1816米的龙潭水和内蒙古东部地区特有的优质红高粱，采用传统工艺酿造，古法窖藏，精心调制，产品浑然天成，企业声望日盛。1987年，乌兰夫同志来到企业视察，并亲笔题写"塞外茅台"。至此，宁城老窖品牌享誉全国。

20世纪90年代末，宁城老窖集团在中国白酒行业发展转型时期，历经挫折，开始了一段艰难曲折的求索之路。

2005年，宁城老窖酒业与北京知名的农业类上市公司——顺鑫农业集团强强联合，成立了内蒙古顺鑫宁城老窖酒业有限公司。宁城老窖迎来了重铸辉煌的大好时机。全新的宁城老窖品牌以中华玉龙文化为底蕴，盛情文化为表现，实现了宁城老窖品牌内涵质的飞跃。"再造规模白酒企业，光复著名白酒品牌"成为每一个宁城老窖人的使命。2009年，宁城老窖在多位国内知名白酒专家的精心指导下，充分利用自然酿酒条件及传统技术优势，历经数年，通过不断的技术创新和艰难探索，成功研制了符合现代消费潮流的高品质新型白酒，其口感更具"绵柔爽净，醇香回味"，品质更具"国酒风范"，经专家鉴定为"绵香型"白酒。"宁城老窖，国酒品质"也由此得名。至此，宁城老窖开创了中国绵香型白酒之先河。2010年，宁城老窖"宁诚"品牌荣膺中国驰名商标称号。从此，宁城老窖酒业迎来了全面大发展的黄金时期。

2011 年是宁城老窖酒业"二五"规划的开局之年，在"二五"期间，宁城老窖酒业将秉承"服务社会，关注民生"的企业宗旨，持宋"国酒品质"的品牌概念，致力于打造中国绵香型白酒代表企业，中国北方最具影响力的白酒企业。

宁城老窖，国酒品质，源自中华玉龙的故乡。秉承着龙的神韵和玉的品质，像一面鲜艳的红旗，正从广袤的内蒙古草原上冉冉升起，沐浴晨光，满怀盛情，迎风飘扬在中华大地！

附录 2：宁城老窖大事记

1988 年，宁城老窖荣获首届北京国际食品博览会金奖。

1992 年，宁城老窖在日本东京国际食品博览会上，与贵州茅台在同档次评比中双双获得金奖。

1994 年，宁城老窖通过了国家方圆委质量方圆认证，在市场上形成了南有茅台，北有"塞外茅台"的格局。

1997 年，宁城老窖酒及原料红高粱获得国家绿色食品的称号，给消费者一个最可信赖的保证。

2007 年 10 月，宁城老窖同时通过了方圆认证中心认证的 ISO9001 质量管理体系和 HACCP 食品安全管理体系认证。

2010 年，宁城老窖荣获国家工商总局所授予的"中国驰名商标"称号。

第二十二章　渠道为王的时代，大牧场为自己代言

2014年7月5日，位于山西省大同市云中路新乐苑15号的山西大同加盟店，位于鄂尔多斯市达拉特旗东达佳园超市内的达旗东达佳园店，位于鄂尔多斯市达拉特旗银肯超市内的达旗银肯店，位于鄂尔多斯市达拉特旗市府街超市内的达旗市府街店，以及位于鄂尔多斯市达拉特旗恩格贝沙漠科学宫馆内的达旗恩格贝店，五店同时开业。

目前，大牧场牧业集团草原特产连锁已在全国开设了400余家加盟店，产品从单一的草原特产发展到兼容杂粮、生鲜等牛羊肉全产业的蒙古族特色食品，经营业态呈现"草原名产"、"主题超市"、"宜GO便利"、"蒙古族特色涮肉"等形式。展望未来，大牧场这艘草原巨轮正在扬帆起航！

王海峰浏览着一份份加盟店策划书，回想多年来渠道建设的历程，心中有欣喜也有苦涩：新成立的积木渠道和宜GO便利究竟能走多远……

一、公司背景

（一）王海峰其人

每位创业先锋的背后都有着一段不为人知的艰辛创业史，王海峰也不例外。王海峰曾是一名公务员，但拥有着稳定工作和丰厚收入的他，却放弃了当时所谓的"铁饭碗"，怀着创业梦想来到郑州——这座蕴含丰富创业机会的城市。在这

个人生地不熟的地方，王海峰像其他求职的年轻人一样，带着一份简历到人才市场去求职，使出浑身解数将自己当作商品一样去推销。三年以后，20 多岁的王海峰回到了内蒙古呼和浩特市（以下简称呼市）进入企业的中高管理层，在郑州的历练学习给了他很多的帮助。

回到呼市两年之后，王海峰考取了内蒙古大学 MBA。在读 MBA 期间，王海峰带着对家乡草原和蒙古族传统美食的眷恋，结合中国餐饮工业的现实需求，以"草原绿色即食菜肴"为创业题目参加了"挑战杯"活动，取得了全国第三名、自治区金奖的优秀成绩，内蒙古大学教授评价这一项目"填补了牛羊肉深加工的一个空白"。王海峰没有止步于理论方面，他再一次辞去优秀工作，将所学知识充分应用，践行创业梦想，真正开始着手开办一家企业——内蒙古大牧场牧业（集团）有限责任公司，一家专门做"蒙餐工业化"的企业。

（二）大牧场多年创业终破茧成蝶

2006 年，大牧场正式运营，为了试探即食中餐在国内是否有市场，王海峰及合伙人先是代理一家专门做中餐工业化公司的即食产品，如红烧肉、红烧鱼。满腹创业激情的王海峰实实在在地做了一段时间以后，发现即食食品不仅能够解决现在社会追求快速、方便的生活要求，而且国内的即食食品市场也相当有潜力。与他们合作的工厂使用的国产机械，其技术不够先进，而即食餐饮恰恰对技术有很高的要求。技术问题没有解决，另一个让人头疼的问题又出现在王海峰面前：合作工厂的供货不足。这两个亟待解决的问题都出现在生产方面，王海峰决定放弃本来主要抓市场的轻资产意愿，开始着手建造自己的工厂。

图 22-1 大牧场（一）

大牧场第一处生产基地是坐落于赤峰市元宝山工业园区。赤峰基地引进了日本及德国先进的技术和设备。这是大牧场的一次转折性投资，王海峰说："那是我们最值钱的东西，但换来的却是国内最一流的技术。"也正是这次投资，为大牧场走上全产业链之路奠定了基础。

21 世纪初，内蒙古旅游业开始萌芽发展，当地也没有独具地方特色的产品——内蒙古地区旅游消费品市场尚不成熟，许多内蒙古的特色菜品，如手扒肉、烤羊腿等，游客只能现食，没有办法带走。旅游类食品出现的市场机会和

"蒙餐"的异军突起，让王海峰看到了"蒙餐工业化"的希望，即将"蒙餐"做成北京烤鸭那样，既具有内蒙古特色，又可以方便带走和食用的即食产品。

内蒙古自治区成立60多年来，曾经有许多人想要把"手扒肉"做成可方便携带的产品，但都没有实现。这一难题被大牧场的研发团队攻克了，以"蒙古手扒肉"为代表的"蒙餐"即食产品系列迅速上市，上市伊始便受到消费者的高度认可，成为内蒙人出门引以为豪的礼物。

大牧场解决了生产、产品问题，公司的各项运营活动也走上了正常的发展轨道，可是看似一帆风顺的发展道路，又会出现怎样的波澜呢？

二、直营

（一）产品销售，遭遇渠道危机

"蒙餐"即食产品刚上市便成为了划时代的产品，因为在市场上尚没有将"手扒肉"这样的"蒙餐"做成方便携带的礼盒。为了能够快速扩大市场，大牧场模仿"蒙牛"等快速消费品品牌的做法，选择入驻"家乐福"等全国性的连锁超市。大牧场涉足的城市中，现代渠道（具有连锁性质的大卖场、超级市场、便利店和折扣店等零售业态）已经成为产品销售渠道的主导，并且现代渠道所占比例还在不断地扩大。中小企业在现代渠道中所面对的通常是实力强大的连锁零售商，而多数零售商以进场费和堆头费等后台费用作为重要的利润来源，如何处理既能保持对渠道的控制又能继续维护利润空间是一个很大的挑战。

大牧场同样面对这样的问题，三四年的时间里，王海峰对市场渠道有较深入的了解。

（1）主动权，渠道商掌握着产品销售的渠道，并且掌握绝对的退货权利以及制定渠道费用的权利，同时渠道商拥有生产企业所不具备或者很少具备的主动性，即退货自由、渠道定价自由、生产企业没有谈判和反驳的余地。

（2）渠道费用占据了生产企业销售成本的相当大的比例，而成为企业销售产品的最大障碍。企业同渠道商进行谈判时，往往面临这样的问题：产品的销量同入驻超市的数量、产品的摆放位置、促销员的数量等相关，企业希望对超市进行铺货就必须交进店费，想要怎样的陈列位必须交相应比例的陈列费等，生产企业仅销售渠道方面的投入每年就需要几百万元。

（二）摆脱束缚，做自己的渠道

渠道商掌握了整个市场，企业如果不能改变现状，那么企业未来的发展会极受约束。"与其受制于人，不如自主建设渠道"。王海峰正是认识到了这一点，开始效仿一些实力雄厚的大品牌。这些大品牌往往倾向于采用直营的方式，直接在大商场投资经营专柜或黄金地段开设专卖店进行零售。大牧场希望通过直营店的建设以解决现代渠道的窘境，同时也能进一步扩大品牌影响力，提高品牌认知度，树立品牌形象规范。

从 2007 年开始，大牧场开始建设直营店，公司总部直接对直营店进行管理。

（1）以赤峰工厂为基地，集中加工，分点配送，独创行业领先的蒙餐工业化食品生产技术，以生产高端发酵牛肉系列、即食蒙餐系列、风干牛肉系列、休闲肉品系列为主，年消化牛羊原料 8000 吨，产成品近 3000 吨。

（2）精心选择内蒙古地区主要城市的商业繁华区开设直营店，每一家店都是公司产品的优质终端。

（3）直营店店面装修统一，店名均为大牧场·好牛羊（见图 22-2）。每一家自营店的运营均完全遵照公司制定的标准作业手册执行，树立统一的品牌形象，每一家店都是公司最好的广告。

图 22-2　大牧场（二）

大牧场直营店建设的全面启动，使公司不仅拥有了自己的产品流通渠道，也提高了公司产品销售渠道的可控性。王海峰在自建渠道初期便尝到了甜头。截至目前，大牧场的直营店已经初具规模，但是其直营店 70% 在内蒙古，其余的集中在辽宁、山东等地，而且公司也在尝试在黄山、海南等地建立直营店。

三、连锁加盟

（一）直营店困难重重

大多数使用直营模式的公司为保证直营店物流配送的顺畅，通常会在各分公司、办事处设立仓库，直接供应货源，采用这种方式投入的人力、物力、财力均比较大，所以通常只有实力型企业才敢这样操作。随着大牧场直营店规模的不断扩大，弊端也逐渐显露出来。

（1）营业额。该方面表现得最为明显，自2007年开始，大牧场进入自建渠道的初期——建设自己的直营店。但是该期间，大牧场直营店的销售情况一直低迷（如图22-3所示），投入/产出比例失调。直营店的销售情况如果不能改善，作为直营店的主要负责人——大牧场公司将寸步难行。

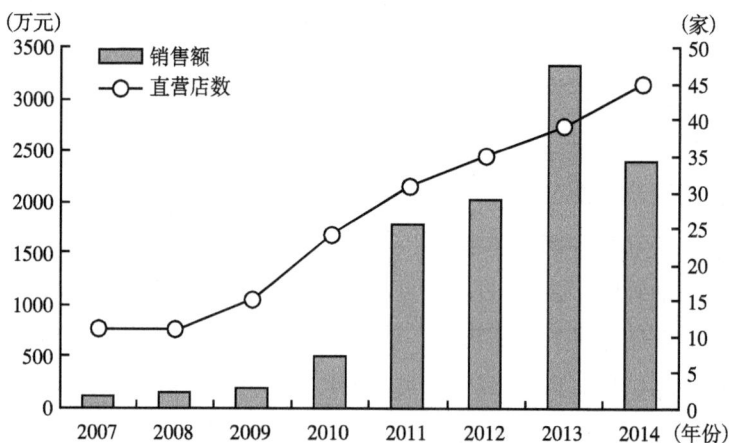

图22-3 大牧场直营店经营状况

（2）成本。大牧场公司成立不久，在人才、资金等方面都很匮乏，还处在新小企业层次，其根基尚不稳固，且自建直营店更是让公司财务状况雪上加霜。每一家直营店的店面装修、雇员、管理都需要总公司亲力亲为，而自建渠道又占用了公司大量的资金和管理人才。怎样获取更多的投资，如何降低企业的成本负担，这让大牧场苦不堪言。

（3）地域扩张。大牧场的直营店大部分位于内蒙古地区的主要城市，大牧场虽有走向全国的雄心，却迟迟滞留在这几座城市。公司仅有赤峰一处生产基地，其供货也仅能满足内蒙古地区，公司无法更快地对更大的市场进行产品覆盖。

（二）开启连锁加盟

直营店建设过程非常坎坷，王海峰不得不对之前自建渠道的"冲动"行为进行反思：直营店数目的增加速度不快，但好在没有停止，虽然直营店的销售额在增长，但单店的营业额却不断下降，直营店的销售情况每况愈下。执着的王海峰没有因为挫折而放弃当初自建渠道的决定，也没有放弃铺设全国销售网的梦想，他参考并改良连锁模式，在原本直营店的基础上启动连锁加盟模式，如图22-4所示。

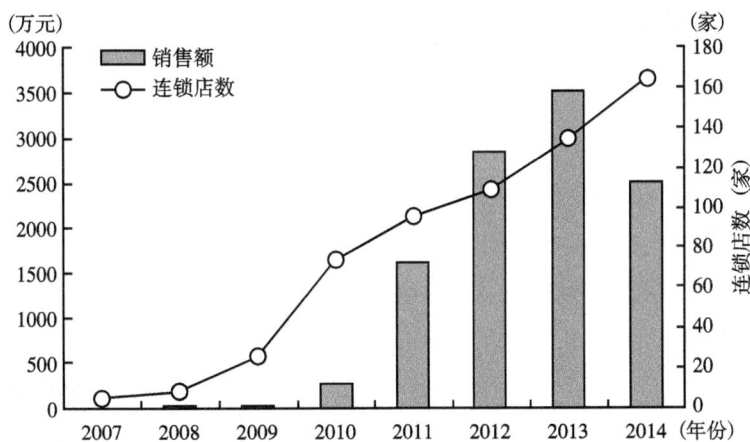

图22-4 大牧场连锁店经营状况

2009年12月，大牧场公司正式成立了连锁项目部。这是大牧场连锁加盟的开端。

（1）新建呼市基地。完全参照GMP标准建设的呼市基地成立于2010年2月。该基地以生产蒙餐特色固态奶制品为主。新基地的投入使用，不仅丰富了大牧场的特色产品，同时也让大牧场的销售网络更畅通，产品更快捷地被输送到各个店中。

（2）在连锁之始就避免传统连锁无法确认所有权的问题。大牧场连锁加盟规定所有的直营连锁店都属于大牧场，加盟商只负责投资，享受分红，各直营连锁店经理和其他店员一样是雇员而不是所有者。

（3）各直营连锁店的经营管理、店面装修等采用标准化，统一按照直营店的管理方式进行管理，如店员穿着统一的工作服等，统一按照原本直营店的店面形象进行装修。

（4）各直营连锁店均采用数字化管理，便于公司对各连锁店的统一配置，以及了解产品的销售状况。

大牧场开创了内蒙古食品销售行业又一新的营销模式，进入具有草原特色食品连锁经营的领域，自主研发生产风干牛肉、休闲肉制品、精品蒙餐礼盒、即食牛羊杂、精品牛羊冷鲜肉、奶酪、牛肉酱的八大系列600多个单品，结合兼营内蒙古东、西部特产，形成品牌、形象、培训、服务、统一规范管理的标准化"大牧场草原特产绿食店"，成为了草原特色食品经营行业的领跑者。

（三）全国连锁网初步形成

连锁加盟模式不仅降低了渠道建设的成本，也让大牧场的销售网开始辐射全国。迄今为止，大牧场已经形成了以呼和浩特运营总部为核心，辐射全国20多个省市的网络布局（见图22-5），店面数量达到400多家，连锁队伍不断壮大，受到了广大消费者的支持与信赖。

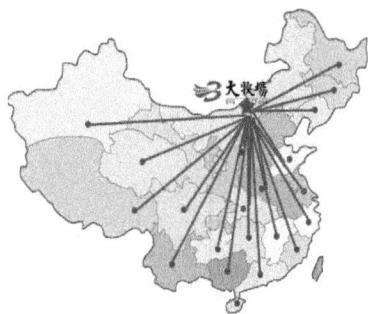

图22-5　大牧场全国连锁加盟店

大牧场的店面业态目前形成了四种：草原名产连锁、牛羊生鲜连锁、蒙式快餐连锁、顶级涮肉连锁。大牧场产品已经成为优质草原农畜产品与全国市场接轨的重要渠道，成为面向全国传播草原文化的重要窗口。王海峰说：大牧场掌握了自己产品的销售渠道，不再仅仅局限于现代渠道，以后逐渐将渠道比重转移到自己拥有的渠道方面。最近几年，大牧场也一直在强化自建的渠道。

四、积木渠道的不断演化

（一）风光背后的痛

大牧场积极发展直营连锁，同业多元化发展迅速，可是王海峰深知大牧场风光的背后其实也有许多的苦：①自 2009 年开始发展直营连锁以来，公司直营店、连锁店数目不断增加，平均利润却不高；②平效（每平方米的销售收入）低，常态的特产店、连锁店以及生鲜店等店面面积较大，大部分的空间用于产品的展示，营业额看似喜人，其实平效不高，店内空间被严重浪费。

（二）发现市场空白，出现转机

近 10 多年，呼市城镇化发展日新月异，且速度不断加快，城市规模、城市结构、城市建设等各方面都发生了翻天覆地的变化。随着城市化水平的大幅度提高，城市居民生活水平不断地改善，消费者对便利性的需求也随之凸显。突出表现在维多利等购物广场发展迅猛，导致部分商业繁华地区交通拥堵，时间成本占据了人们购物过程相当大的比例，很多顾客抱怨：去购物广场消费，停车、堵车是所有"有车一族"共同的麻烦；在偌大的商场走上了很长时间才能买全，即使是日常用品也需要走很久；好不容易选好东西，推着购物车还要继续排队结账，周六、周日休息日都用来购物了。

（三）锐意进取，开创"积木渠道"

王海峰带领大牧场团队抓住人们追求便利性的需求，突破传统渠道发展模式，根据各地和各类渠道的实际情况，因地制宜地制定销售策略和选择合适的渠道模式，比如商业繁华区可以做特产店，居民区可以做"生鲜店+便利店"，由此适合大牧场的"积木渠道"应运而生。

"积木渠道"的具体表现是各类店面的组合，原本 200 平方米的特产店，改建之后就变成：一半是便利店，出售人们日常所需的商品；另一半是特产或者生鲜，根据所处位置，人流量大的地方做特产，居民区做生鲜。教科书上没有"积木渠道"，它是大牧场根据市场实际情况成功开创的一种新的渠道组合。王海峰说："我们做渠道组合并不违背当初自建渠道的初衷，相反它恰恰扩大了我们的销售渠道网络。"

大牧场所创造的"积木渠道"拥有怎样的优势呢？单一的特产店特别是非品牌的特产店很难再有后续的发展，因为既没有知名度高的品牌，又没有形态的互补，渠道的成本逐渐超过店面收益，因此同业多元化是有必要的。即使是知名度高的品牌在现有市场建设渠道尚且困难，况且是大牧场这样一个正在成长的品牌。蒙牛伊利曾经尝试做连锁店，但都以失败告终，因为在其传统的品牌领域里，蒙牛店里不可能放其他零售商品。大牧场却突破常规进行渠道组合，并且成功地运作。通过"积木渠道"，更多的渠道形态出现在终端店里，虽然店里陈列了大牧场100多种商品，但是店里却有其他品牌1000多种商品。可以设想一下：如果店里销售1亿元，即使大牧场的产品只占一成，那也是巨大的销售额。大牧场不仅强化自己的销售渠道，同时也在为自己谋福利。

大牧场渠道组合在解决销售额的同时，也解决了平效问题。多种形态的组合不仅没有剥夺产品展示的功能，也充实了原本空旷的空间，容纳更多其他产品，同时目标客户群也随之扩大。

（四）"宜 GO 便利"，"积木渠道"的实践

2014 年 5 月，位于呼和浩特中山西路的大牧场宜 GO 便利店（购鲜、购美，够优惠）开业。该店采用"超市＋特产"的便利模式，实现了"1＋1＞2"，让人意想不到的是大牧场特产的销售状况超过了便利的销售状况。

以大牧场中山路店为例，该店原本是一家特产店，店面 400 平方米，陈列大牧场 100 多种产品。现在店面被重新划分：一部分被改建成 24 小时营业的宜 GO便利，另一部分继续维持特产店，另外空余出 6~7 平方米用来烤串。这样，原本单一的特产店变成了多种形态的组合。中山路店正式营业之后，王海峰发现：因为 24 小时营业的服务使得有人半夜还去买牛肉干，并且买牛肉干的客人还会去便利店消费其他的商品，或者去便利店的客人去购买牛肉干；渠道具体形态之间没有出现利益的冲突，反而是相互带动；原本的一种形态，现在是三种形态组合在一起，以前平效 1 万多元，组合运营后平效翻了好几番。

（五）电商助力，宜 GO 便利转身成 O2O

1. 电商发展迅速，O2O 萌芽

一般的电子商务模式，公司常常只关注后台处理能力，而不太重视营销。此外，顾客担心电子商务是否可靠，常常不愿意在网上交易。"连锁便利＋电子商务"模式尝试解决这些问题。类似的模式结合并不是什么新东西，早在20世纪90年代末就有企业尝试"直销＋电子商务"的模式。

大牧场同其他产品生产企业一样，早早地对电子商务进行投资，但仅仅把电商当作一种媒介或者辅助渠道，并没有将电商当作一种主渠道。尤其最近几年，电商对各类实体店的冲击，更是让各企业望电商而生畏；从2013年开始，大牧场电商渠道有了实质性的销量，约1000万元。王海峰开始真正地重视电商渠道。

大牧场对电商的重视并不是单一的增加投资，而是将电商同现有的连锁店进行融合，并开启了O2O线上线下结合的新渠道——宜GO便利。

王海峰将宜GO便利定义为面向全国的纯粹的渠道品牌，是既独立于大牧场，又同大牧场紧密结合的品牌。为实现这个目标，王海峰决定先做好内蒙古这块根据地，他将宜GO便利聚焦在了呼市。通过线上网超加宜GO便利，方便形成区域化的强势，而且线上线下结合，及时弥补市场空白。宜GO便利既不是便利店也不是天猫这样的纯电商，它是积木式的新组合。

2. O2O 线上渠道建立

（1）O2O的目标市场，大多数的老百姓不会去京东、天猫等买色拉油等日常用品，而且物流配送也不合适，天猫、京东有的产品宜GO便利不做，王海峰看重的一点是社区老百姓日常所需的柴、米、油、盐类的产品，这些产品大多从大型超市流动，而居民区的宜GO便利店可让购物的距离缩短，到楼下就可以买到，这是区别于大超市的优势。

（2）适合于O2O的产品，宜GO便利店里陈列了200多种商品，其中包含色拉油、大米等社区老百姓日常所需的产品。

（3）建立电子网络，宜GO便利网上大超，不仅在线下实体店中安置了虚拟购物电子屏，而且居民可以足不出户在互联网上浏览原本就很熟悉的日常用品，宜GO便利网上大超中陈列了10000多种商品。

3. O2O 线下渠道支撑

（1）直营店、连锁店，经过多年的努力，大牧场直营店、连锁店已经初具规模，积木渠道的组合让宜 GO 便利店更能适应外部环境。

（2）仓储物流基地，和林格尔建有农畜产品仓储物流基地，但大超市的货品非常的丰富，宜 GO 便利解决这个问题的方法就是依托呼市边缘的物流基地，小小的便利店可以想象成一间大超市，其仓储基地比维多利大超市都要大、要全。

（3）多项选择的物流配送，居民在家里上宜 GO 便利网上超市下单，可以选择到楼下宜 GO 便利拿货，也可以选择宜 GO 便利送货，物流合作伙伴是顺风或者 EMS 等可以送货上门的物流商，这相当于自家门口有一个大超市，可以坐在家里逛超市。

大牧场 O2O 渠道构成如图 22-6 所示。

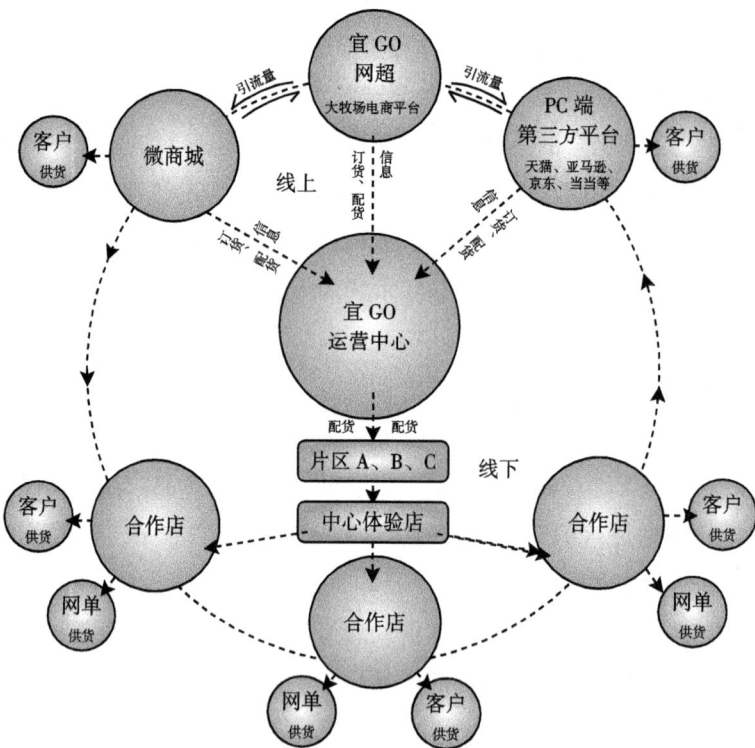

图 22-6　大牧场 O2O 渠道构图

五、大牧场的渠道之路能走多远

大牧场自建渠道之路充满艰辛，没有前车之鉴，特别是在没有成功企业可借鉴的牛羊肉深加工领域。渠道具体模式只能靠企业根据内外环境的变化而选择。王海峰说："大牧场没有可以借鉴的成功企业，但这或许是好事。依靠企业自身去摸索，不断试错，在这个过程中不断创新、积累，企业就可以脱颖而出。"

大牧场下一步的主渠道将会是大牧场正积极构建的宜GO便利，截至2014年7月，宜GO便利连锁（O2O生活便利，社区电商）在呼市已建成并正式运营的有8家。可是O2O线上线下模式岂是如此容易就完成：线上网超的建设仅软件投入就需要几百万元。且不说能否轻易地筹集完该资金，线上网超能否成功还是未知数。线下渠道能否同线上完美结合是O2O的一大挑战，便利店的建设能否跟进居民户的需求，未来将会出现的种种问题困扰着王海峰和他的团队……

附录1：企业荣誉

2008年，中国食品博览会上获得"中国特色食品奖"。

2008年，在中国食品博览会上获得"改革开放三十年科技创新奖"荣誉。

2008年，被赤峰市元宝列山区区政府评为"2008年度农业产业化龙头企业先进单位"。

2008年12月，内蒙古大牧场食品有限责任公司生产的"大牧场"牌肉制品被评为"内蒙古著名品牌"。

2008年12月，第四届"首府百姓最满意的品牌"大型有奖民意调查活动中大牧场被评为副食品前三甲品牌。

2009年5月，被自治区评为内蒙古农牧产业化重点龙头企业。

2010年，第八届中国（沈阳）食品博览会荣获名优食品奖。

2010 年 12 月，第八届中国食品安全年会荣获食品安全示范单位，公司法人王海峰荣获食品安全管理先进个人。

2011 年，第七届"首府百姓最满意"品牌有奖民意调查活动中荣获首府百姓最满意民族食品品牌奖。

2011 年，内蒙古著名商标认定委员会认定为"内蒙古著名商标"。

2012 年，中国食品安全年会组委会评为"百家示范单位"。

2014 年，"内蒙古民族特色产品联合会主席单位"。

附录 2：大牧场产业链组成

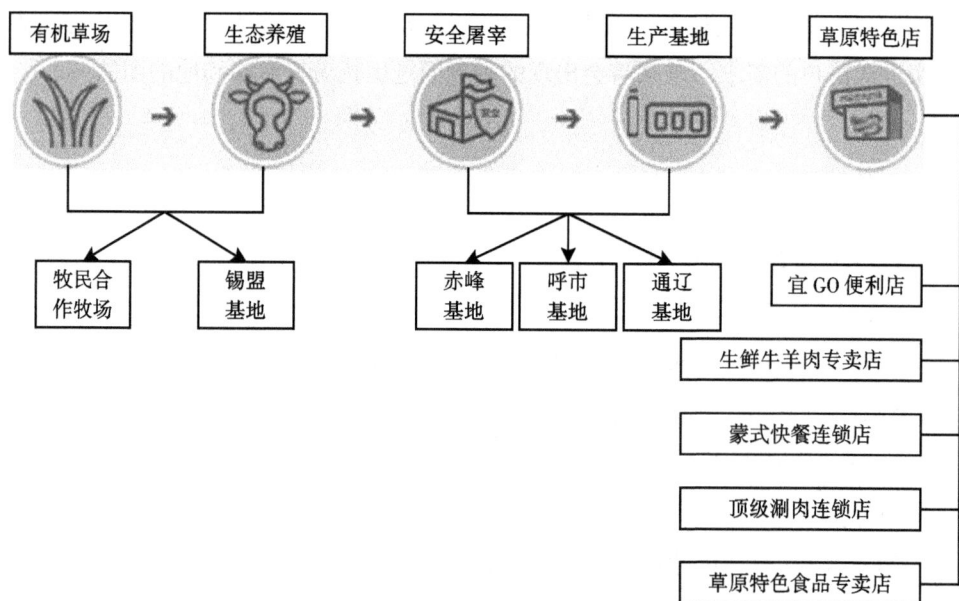

图 22-7 大牧场产业链组成

附录3：大牧场产品

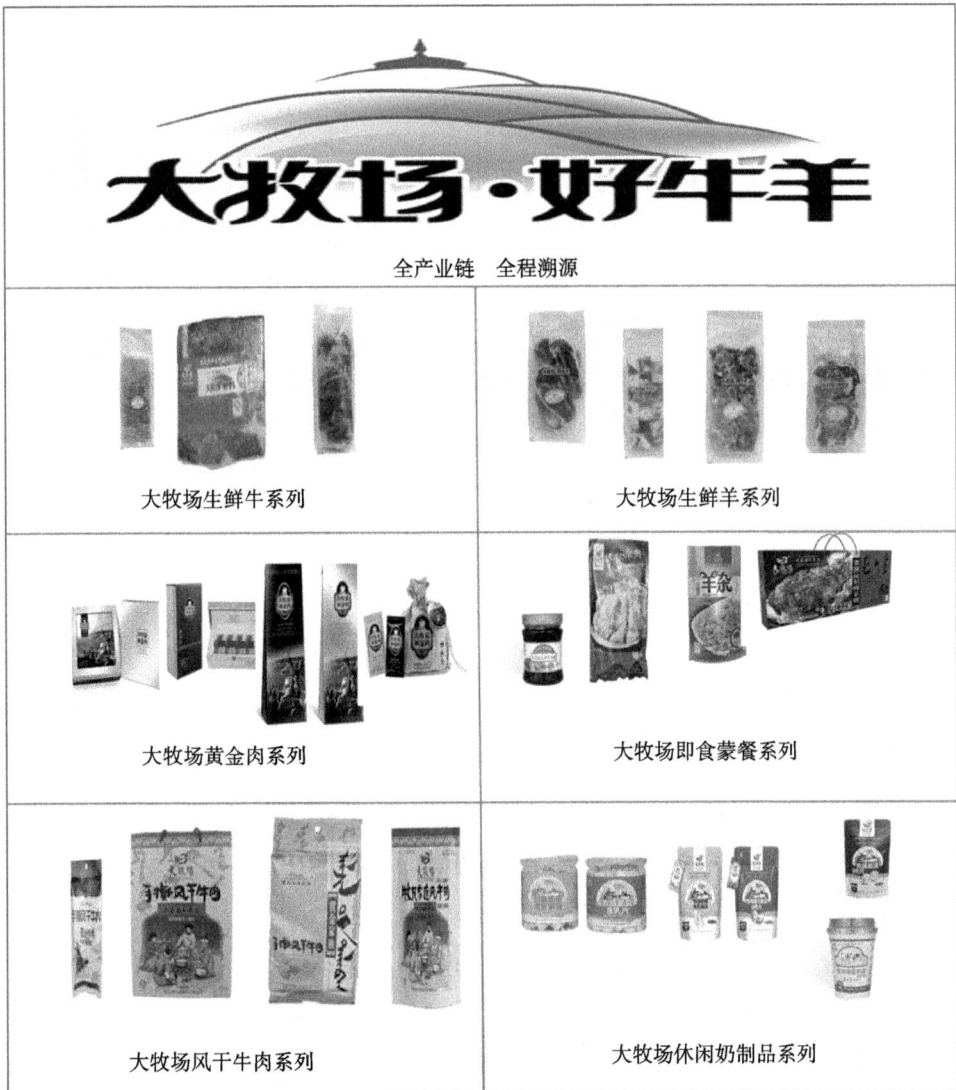

全产业链　全程溯源

大牧场生鲜牛系列

大牧场生鲜羊系列

大牧场黄金肉系列

大牧场即食蒙餐系列

大牧场风干牛肉系列

大牧场休闲奶制品系列

图 22-8　大牧场产品

第二十三章 汉森酒业
——与沙漠葡萄结下的情缘

在中国内蒙古西部，有一片神奇的土地。这里是贺兰山北麓，乌兰布和沙漠与库布其沙漠的交汇处。黄河从中间穿过，为这块地方带来了生命和绿色。这里，就是闻名天下的乌金之海、书法名城、葡萄之乡——乌海市。位于北纬39°世界葡萄种植带的乌海，因大漠而闻名，因黄河而兴盛，这里的气候与土壤是优质酿酒原料葡萄的天堂。内蒙古汉森酒业集团就坐落在这里。大漠、黄河，孕育翡翠般的有机葡萄；汉森葡萄酒庄园，酿造出醇香悠长的酒香！

一、公司背景

（一）葡萄酒在中国

葡萄酒的历史几乎和人类的文明史一样悠久，迷人的色彩，神秘的情思，柔和醇香的红酒饱含了鲜活的生命原汁，蕴藏了深厚的历史内涵。古希腊人认为，葡萄酒是智慧的源泉，他们用葡萄酒祭祀神祇，祈祷美好生活，用葡萄酒庆祝节日，表达心中的喜悦。在欧洲人的心目中，葡萄酒也有着无可替代的位置，甚至有人说，"没有红酒，就没有欧洲的历史和文化"。

COME TO CHATEAU HANSEN
AND TASTE THE WINE

品味汉森 走进酒庄

图 23-1 汉森酒业

葡萄酒在中国的历史上始于汉，兴于唐，盛于元。司马迁的《史记》首次记载了葡萄酒，当时红酒之珍贵，堪比金汁玉液。唐朝时葡萄酒在内地有了较大的影响，诞生了大量脍炙人口的诗歌，王翰的《凉州词》最负盛名："葡萄美酒夜光杯，欲饮琵琶马上催；醉卧沙场君莫笑，古来征战几人回？"元朝规定以马奶酒和葡萄酒祭祀太庙，使葡萄酒上升到了前所未有的地位。由于统治者的提倡，葡萄酒在民间也大量普及起来。

如今，随着人们物质生活水平的提高，随着中国加入世贸组织后经济的飞快发展，随着国家各种税收政策的调整，洋葡萄酒大举进军中国，中国葡萄酒消费趋势一浪高过一浪。世界葡萄酒业每年增长速度不到 1%，而中国葡萄酒每年增长速度超过 15%~20%。我国的葡萄酒工业有着巨大的成长空间和良好的市场前景。

葡萄酒是世界畅销的酒种。目前，葡萄酒是世界上第二大饮料酒，产量和消耗量仅次于啤酒，世界葡萄酒的平均消费水平为 7 升，美国为 45 升，阿根廷每年人均消费葡萄酒 38 升，而中国每人每年仅消费 0.3 升。巨大的市场空间，丰厚的利润收益让洋葡萄酒对在中国发展充满了热情与希望。与此同时，中国消费者对葡萄酒的认识发生根本变化。多年来，人们似乎总是把葡萄酒束之高阁，把葡萄酒看成是炫耀身份的"阳春白雪"。而现在，人们发现在健康饮酒方面，葡萄酒与啤酒、白酒相比显示出无比的优势。葡萄酒不但可以起到抗病毒药剂的作用，更是滋补饮料。经常饮用可使皮肤细腻、润泽而富于弹性；葡萄酒中丰富的不饱和脂肪酸，有利于减少血管中的胆固醇，促进人体的新陈代谢；酒中含有的多种氨基酸、矿物质和多种维生素，可以调解人的生理机能，经常饮用可以有效地防病健体、延缓衰老。

对于葡萄酒，曾经流行的说法是"中国的土壤，法国的种子，奥地利的技术"。这种说法一语道出了中国葡萄酒产地的优势。没有好的原料，就不会有好的葡萄酒。有专家甚至说，葡萄酒的质量，七成在原料，三成在工艺。造成葡萄酒原料质量问题的原因不但有栽培技术，也有生态条件选择的问题。在我国西北地区（如陕西关中与陕北的交界区域、甘肃河西走廊、宁夏贺兰山南麓、新疆北部等）、河北省（如张家口、秦皇岛）、山东省等地，有不少优良的葡萄酒原料生态区。

（二）汉森，来自乌海的葡萄酒品牌

内蒙古汉森酒业集团有限公司位于内蒙古西部乌海市，公司创建于 2001 年 3 月，注册资金 2.3 亿元，总资产约 7.8 亿元，是集科研、育苗、种植、加工、销售为一体的大型私有企业。葡萄酒产业是集团公司的主导产业，公司以顶级葡萄酒生产为核心，逐步形成酿酒葡萄苗木培育和种植、葡萄酒文化推广、葡萄酒文化交流、葡萄酒主题休闲旅游、高效设施农业等复合型产业。

乌海市地处黄河上游，东临鄂尔多斯高原，南与宁夏石嘴山市隔河相望，西接阿拉善草原，北靠肥沃的河套平原。这里日照时间长、有效积温高，平均日照温差大，无霜期长，年降水量小，蒸发量大，全年相对湿度低，这些得天独厚的自然条件给葡萄种植提供了良好的生长环境。因此乌海又有着"葡萄之乡"的美称。

汉森酒业集团充分发挥乌海产区的优势，按照国际标准种植模式，建设葡萄嫁接育苗基地 400 亩，葡萄种植基地 10000 亩，引进赤霞珠、梅鹿辄、霞多丽等国际优良酿酒葡萄品种，实现有机葡萄种植和管理。汉森酒业集团从西班牙和意大利引进葡萄酒加工设备和流水灌装生产线，以乌海产区的优质葡萄为原料，采用国际先进的加工工艺，经著名酿酒师调配，造就了"汉森"葡萄酒的高贵品质。并经地下酒窖橡木桶进行长时间储存，以保证其纯正的口感。精心酿制的"汉森"红酒色泽鲜亮，有浓郁淡雅的芳香，酒体圆润、丰满、醇厚、个性鲜明，品质出众。

公司借鉴和吸收国内外先进的葡萄种植和葡萄酒生产技术，从法国引进优质葡萄苗木，沿乌海黄河灌溉区开辟葡萄种植基地 10000 亩。同时，公司采用全套意大利葡萄酒加工设备和流水灌装线，年生产能力 20000 吨，酿酒技术、工艺水平已达到国际标准。

"汉森"之"汉"，寓意为汉森酒业在沙漠中挥洒汗水，发展葡萄种植和葡萄酒事业；"森"一为广大，二为绿洲。"汉森"之义，即通过不懈努力，在提高公司实力、做大做强的同时，改变当地土壤沙漠化的现状，变荒漠为绿洲。10 年来，汉森酒业正是朝着这个目标发展，在为乌海市经济做出贡献的

图 23-2 汉森

同时，也使得葡萄酒香成为茫茫沙漠覆盖的，乌海的独具特色的名片。

为了使人们能够更好地享受汉森葡萄酒，汉森酒业集团在乌海市机场区建立了汉森酒庄国际会所。汉森酒庄建筑面积 12000 平方米，为欧式建筑风格。以拱桥流水，环境优雅的园林景观形成浓郁的外部风格，以幽雅恬静的地下酒窖和金碧辉煌的现代化四星级酒庄会所构成其内部格调。酒庄的周围环绕着汉森葡萄种植基地，使得这里成为乌海最著名的，以红酒文化为主题的，集工业旅游、生态观光和品评红酒、商务活动为一体的酒庄式会所园区。酒庄地下室是 3000 余平方米的地下恒温恒湿汉森酒窖，贵宾可以看到各种藏酒，也可直接到工厂参观现代化的酿酒工艺。在品酒厅，品酒的同时可以感受葡萄酒文化、礼仪、知识、鉴赏。葡萄酒之于汉森，不仅仅是一件产品，一门生意，更是一种文化，一种享受。

（三）撖建平——汉森的领军人

位于内蒙古西部乌兰布和沙漠腹地，黄河之滨的乌海市，三面环沙，干燥少雨，因此绿色成了乌海人最渴望的颜色。虽然这里不是物华天宝，但是勤劳、勇敢的人总是能化腐朽为神奇。撖建平，内蒙古汉森酒业有限责任公司的董事长，用自己的双手创造了绿色沙产业的奇迹和葡萄的神话，他不仅战胜了风沙干旱，建造出乌海有史以来最大的葡萄园，还把甘甜的葡萄酿造成了堪称"沙漠佳酿"的优质红酒，屡获国际大奖。

撖建平曾经是乌海市的政府官员。他为了实现自己的梦想，褪去官服，披上战袍，放下炙手可热的房地产项目，接手了荆棘丛生的沙漠葡萄事业。他坚定不移地认为，乌海是块宝地，沙漠本身是绿洲，无任何污染。选择绿色沙产业，致力于绿色有机农业产业化开发，发展葡萄事业，是他一生的追求。

撖建平从 2004 年开始涉足葡萄酒事业以来，就以"百年汉森，民族品牌"的长远战略定位，从建立优质葡萄基地入手，与大自然展开了一场前所未有的攻坚战！他带领的汉森技术团队经历了无数次失败后，攻克了乌海风沙地区葡萄育苗与栽培的关键技术难关。他作为公司董事长，为了找到防沙的规律，亲自到一线观察、研究，探索沙漠葡萄的种植规律。他引进了国际先进的滴灌技术，提出了"葡萄与牧草间种，防沙与栽培并重"的"汉森葡萄园种植模式"。这种种植模式的葡萄园中，灌木、蓬蒿常年挺立，护卫着这片神奇的土地，实现了"防风固沙，荒凉不再"的目标。

在花大力气建立葡萄种植栽培基地的同时，撒建平和他的团队同时加大了汉森葡萄酒系列的开发与市场推广。因为他知道，乌海这块地处北纬39°的沙漠绿洲，是世界上为数不多的优质葡萄种植带。有了天下最好的葡萄，不愁酿不出世界上最好的葡萄酒来！他引进法国技术，意大利设备，国内一流人才；他用对事业的执着和非凡的人格魅力，感召着国内外的合作者。在短短的几年中，技术来了，设备来了，国内顶级的红酒酿造专家和工艺大师来了，各级政府和老百姓的支持也来了。此外，撒建平特别注重"企业公民"这个概念。他认为企业是没有围墙的，企业必须对社会开放，必须对社会承担义务。他始终坚持产业报国，诚信立世。

因此，汉森葡萄事业的高速发展，是时代使然，是人心所向，是人与自然和谐相处的结果。

（四）汉森酒业的骄人业绩

汉森酒业经过 10 年的发展，确立了良好的品牌形象，获得了消费者及行业内人士的广泛好评。2008 年"汉森"牌商标被评为内蒙古自治区著名商标，公司被认定为"国家级农牧业产业化重点龙头企业"及"国家级扶贫龙头企业"，"自治区林业龙头企业"和"沙草产业先进企业"。2010 年"汉森葡萄酒"被评为内蒙古自治区名牌产品，2010 年公司成功通过国家出口食品卫生注册评审，是内蒙古首家具有国际出口通行资格的干白干红系列葡萄酒生产企业。

汉森集团现有汉森普通干红、霞多丽、赤霞珠、三星解百纳、四星解百纳、枸杞酒、沙漠风暴等十几个品种的产品。2006 年，"汉森解佰纳干红葡萄酒"荣获第二届亚洲葡萄酒质量大赛金奖，同年汉森葡萄酒获中国第六届绿色食品博览会畅销产品奖。2007 年"汉森四星解百纳"荣获中国国际林业产业博览会金奖。2009 年汉森葡萄和葡萄酒再次获得中绿华夏有机食品认证证书和中国绿色食品发展中心颁发的绿色食品（AA）级证书。2010 年"汉森干红"被评为上海世博会 DEVNET 馆唯一指定葡萄酒。2010 年 4 月，在第四届亚洲葡萄酒质量大赛上，公司选送的四款产品获三金一银。2011 年 6 月，第 16 届法国波尔多国际葡萄酒及烈酒展览会（VINEXPO）在波尔多展览中心举办。作为国内第一家独立参展的中国葡萄酒企业，汉森葡萄酒经过重重检验以及会展评委专家组的考评，成功入驻展会。其中，汉森的蛇龙珠葡萄酒以其独特的酿酒品种得到了世界葡萄酒行业的关注，改变了世界葡萄酒行业对中国葡萄酒的认识。

截至 2011 年末，汉森集团公司总资产 78061 万元，固定资产 20422 万元，2011 年实现销售收入 29339 万元，利润总额 7398 万元，净利润 5771 万元。公司在经营过程中以诚信为本，信誉至上，从不拖欠农户葡萄收购款，不欠税，不欠工人工资，不欠社会保险金，不欠折旧，不亏损，被乌海市评为"十佳诚信企业"。

二、葡萄酒行业竞争，品质决定一切

从 2006 年开始，我国的葡萄酒生产一直处于高速增长阶段。目前，全国有葡萄酒企业约 600 家。截至 2011 年底，年销售收入在 500 万元以上的葡萄酒生产企业约为 200 家。国内葡萄酒市场已经形成了"本土巨头品牌+区域中小品牌+洋品牌"的市场竞争格局。张裕、长城、王朝三大品牌已经确立了相当的龙头地位；云南红、华东、龙徽、东北通化股份、长白山、新疆新天等为主的二线品牌企业形成了区域品牌集群；洋品牌则长驻东南沿海等经济发达城市。毋庸置疑，区域性葡萄酒品牌在我国的葡萄酒市场中占有非常大的比重。

汉森酒业集团地处内蒙古西部，虽然是一个区域性品牌，但在多年的发展中已覆盖全国部分大中城市，逐渐发展成为内蒙古第一红酒品牌，销售网点逐年增加。在与其他葡萄酒品牌竞争的过程中，品质成为汉森酒业的核心竞争能力。乌海地区酿酒的葡萄因其品质卓越而在国内外享有名气，汉森酒业集团充分发挥乌海这一独特的资源优势，并使资源优势转变为竞争优势。

汉森酒业集团紧紧抓住保证葡萄酒品质的三大因素：一是优质的葡萄原料，好葡萄取决于当地的气候土壤条件和选择适宜的优质葡萄品种；二是先进的工艺技术；三是可实现先进工艺的设备条件。为了保证酿酒葡萄的质量，汉森酒业与法国 COMTMAT 葡萄苗圃有限公司合资成立乌海共达苗圃公司，按照国际标准种植模式建设葡萄嫁接育苗基地并引进国外技术，加快乌海地区葡萄种植技术步伐，对种植基地实行统一技术管理和质量控制。汉森酒业集团采用世界最先进的法国葡萄酒酿造工艺技术，从意大利引进世界上最先进的葡萄酒酿造设备，公司的科研人员在国外技术的基础上，引进消化吸收。通过多年来的酿酒科研与实践，科研人员探索出了自己独特的"汉森葡萄酒"酿造技术体系。公司成立组建了汉森研发中心，包括"汉森葡萄研发中心"和"汉森葡萄酒研发中心"，组成了以葡萄酒酿造为核心技术中心的实体，旨在呈现出葡萄原料潜在的品质，形成了汉森葡萄酒的独特风格。

三、汉森的品牌之路

（一）艰难启程（2006~2007 年）

汉森酒业在 2006 年首先成立乌海销售部，当时，乌海人还不认可汉森产品，基本没有红酒的概念和氛围。由于顾客对汉森品牌的不了解以及排斥，2006 年业务员对产品免费铺市时，80%终端商将其拒之门外。当时汉森的产品线也非常单一，产品价格在 28~68 元，主要产品是汉森干红、汉森赤霞珠。

但是汉森人默默地、踏踏实实地坚持着：广告的发布，大型会议公益活动的赞助，汉森人的人脉宣传，不懈地举行免费品尝，发放宣传品，使得人们开始关注汉森。同时，汉森积极参加大型的行业评比，并在 2007 年取得优异成绩，"汉森四星干红获得第二届葡萄酒质量大赛金奖"。汉森酒业很注重了解顾客的需求与反应，在卖场内和市中心、商务酒店做产品免费品尝推广时，有礼仪介绍产品的特点、健康意义，并将顾客的反馈记录到本子上，后期做汇报。这样能及时得到市场信息，逐步改正产品的不足，如礼盒的色泽、包装、产品的标志、图案、文字等。

2007 年，汉森的产品从 28~68 元的低端酒品，增长到 218 元（三星干红、四星干红），产品线的加深，使其渠道开始健全，乌海地区的销售渠道扩建到酒店、夜场、卖场。酒店渠道是产品销售窗口，卖场是产品的宣传标杆，而销量以通路渠道为主。但是在呼和浩特、包头的市场进展却始终停滞在主要做政府渠道，以送礼品鉴为主，产品以赤霞珠、三星干红为主。

（二）高速成长（2008~2009 年）

2008 年，汉森的产品全面上市，上市的酒类品种增长到 30 余种，产品组合加宽，产品线得到了极大丰富。在乌海市场，以精品干红、赤霞珠干红、三星干红为主，全渠道进行铺货，铺货率达 60%。呼和浩特、包头、鄂尔多斯也开始完善传统渠道。呼和浩特主做流通、酒店渠道，产品以汉森干红，赤霞珠、三星干红为主；包头开始流通渠道的建设，以精品干红、赤霞珠干红为主；鄂尔多斯开始运作政府机关，以赤霞珠、三星干红为主。在营销过程中，准确的市场定位是成功的关键要素。汉森酒业通过对市场的广泛调查，根据现在对健康饮食的追求，并根据不同客户消费特点，结合公司战略发展和自身优势，选择了汉森的顾客群。

随着产品线和渠道的进一步完善，到了 2009 年，内蒙古自治区内的渠道已经基本健全，各办事处开始扩大招商，并收拢周边旗县的销售点。同时，自治区外的市场以乌海市为根基逐步开始运作，辐射到北京、上海、成都、西安等一线城市。当年汉森酒业销售额达 3000 万元。

（三）借力世博（2010 年至今）

2010 年，借助上海世博会的举行，汉森酒业围绕这一契机进行了一系列的营销活动。凭借良好的品质，汉森干红被评为上海世博会 DEVNET 馆唯一指定葡萄酒和内蒙古馆专用酒。汉森酒业利用世博会这个机会，向全世界展示中国葡萄酒风格，宣传乌海、宣传汉森葡萄酒，取得了非常好的效果。汉森酒业利用世博会的影响，不但在内蒙古区内开展广泛宣传，还与行业主流媒体开展世博营销全国重点城市巡回论坛，销售市场拓展到福建、成都、深圳和江浙地区。

汉森酒业凭借坚持不懈的精神和不懈的努力，终于得到了消费者的认可，受到政府省内外各界人士的支持。2011 年，法国热爱红酒的酿酒师布鲁诺先生来到汉森帮助汉森继续发展，并且将汉森带到法国进行推广。行业内有影响力的管理公司进入汉森，帮助汉森调整市场结构，开拓海外市场。当年，汉森酒业销售额达到 1.1 亿元。

四、思考与讨论

如今，汉森酒业正在发展的快车道上前行着，然而在快速发展的过程中，它也有着许多问题与困惑。

（一）原料之困

葡萄酒的酿造，七分靠原料、三分靠工艺，优质的葡萄原料对葡萄酒的品质具有非常重要的影响。汉森酒业目前加工能力为年产 5000 吨，年消耗葡萄 7500 吨。集团目前拥有葡萄种植基地 30000 亩，已种植 3500 亩，挂果 500 亩，年产葡萄 500 吨。对于原料的巨大缺口，汉森主要通过对乌海当地和宁夏、甘肃一带农户收购进行弥补。但是由于公司每年需从宁夏、甘肃等地区购进大量的葡萄，这样不但增加了运输成本，而且经过长途运输，对葡萄质量造成了一定的影响。同时，贺兰山地区是中国的一个重要优质酿酒葡萄产区，众多葡萄酒企业聚集在那里，这使葡萄酒原料市场竞争更加激烈。原料供应直接影响公司葡萄酒业长期稳定发展，原料之困也是汉森酒业面临的最为棘手的问题。

（二）品牌定位模糊

由于葡萄酒行业高度集中，我国葡萄酒四大品牌张裕、长城、王朝、威龙的产量占全国葡萄酒总产量的 51.49%，产量排名前十位的企业的总产量占全国总产量的 61.8%。葡萄酒二线品牌主要由区域强势品牌与增长强劲的二线全国品牌构成，如通化、丰收、龙徽、华东、民权、容辰庄园、白洋河、古井贡、新天、云南红、莫高等品牌。面对众多强有力的竞争对手，汉森酒业品牌定位一直很模糊。从最早的"源自大沙漠，天然好品质"的本土品牌，到"以沙草产业为基础的葡萄酒"、"不施农药的葡萄酒"、"优质葡萄产区的葡萄酒"，再到"沙漠有机葡萄、汉森健康干红"等，公司一直没有找准定位和方向。作为新生品牌和区域性品牌，汉森葡萄酒必须找到准确的品牌定位，是区域性还是全国性？是高端、中端还是低端？

（三）销售模式单一

汉森葡萄酒销售目前主要以在各地建立销售公司为主，销售公司再与当地的经销商相结合。经销商往往代理的品牌很多，不利于汉森品牌的塑造与推广。同时，汉森酒业的销售渠道较窄，只限于酒店、超市、购物中心、酒吧等，而葡萄酒销售趋势的展览、社区、酒柜等模式都没有涉及，这必然影响葡萄酒的进一步推广。

附录 1：企业概况

内蒙古汉森酒业集团有限公司是内蒙区自治区最大的葡萄酒生产企业。2001年，内蒙古汉森酒业集团有限公司的前身——内蒙古汉昇葡萄酒业有限公司正式成立，通过近 10 年发展，目前已是内蒙古民营企业 100 强，农业产业化国家重点龙头企业。内蒙古汉森酒业集团有限公司是一个多元化发展的产业集群，葡萄酒是集团公司的主导产业。

公司注册资金 2.3 亿元，总资产约 5.3 亿元。公司以顶级葡萄酒生产为核心，逐步形成酿酒葡萄苗木培育和种植、葡萄酒文化推广、葡萄酒文化交流、葡萄酒主题休闲旅游、高效设施农业等复合型产业格局。公司确立了良好的品牌形象，建立了质量保障体系。同时，公司在发展沙草产业和稳定当地葡萄优势产业、转移安置农村劳动力就业和带动农民增收方面，发挥了龙头作用。公司被认定为"国家级农牧业产业化重点龙头企业"及"国家级扶贫龙头企业"，"自治区林业龙头企业"和"沙草产业先进企业"。

附录 2：汉森大事记

2006 年 4 月，公司被认定为首批自治区级扶贫龙头企业。

2006 年 4 月，"汉森解百纳葡萄酒"获第二届亚洲葡萄酒质量大赛金奖。

2007 年，"汉森"葡萄酒和葡萄获得有机食品及绿色食品 2A 级认证。

2007 年，公司被评为内蒙古民营企业 100 强。

2007 年 12 月，"汉森四星解百纳"被评为中国国际林业产业博览会金奖。

2008 年 5 月，公司荣获"中国农产品深加工示范企业"称号。

2008 年 6 月，公司被认定为第二批国家扶贫龙头企业。

2008 年 8 月，公司被国家八部委认定为"农业产业化国家重点龙头企业"。

2008 年，公司被评为中国沙产业先进企业。

2008 年 12 月，公司被认定为内蒙古自治区林业产业化重点龙头企业。

2008 年 12 月，"汉森酒业"被评为改革开放 30 年内蒙古最具影响力品牌。

2009 年 8 月，公司荣获"第十一届亚洲艺术节唯一指定红酒品牌"。

2009 年，汉森集团被国土资源部、林业部、全国工商联联合评为"全国国土资源绿化贡献奖"。

2009 年，"汉森迟采霜红葡萄酒"获内蒙古自治区科技进步奖。

2009 年，公司被认定为"内蒙古名牌产品"。

2010 年，首届海峡两岸闽南文化节指定接待用酒。

2010 年，"汉森葡萄酒"为上海世博会 DEVNET 馆唯一指定葡萄酒。

2010 年 4 月 22 日，在第四届亚洲葡萄酒质量大赛上汉森窖藏解百纳干红、窖藏蛇龙珠干红、珍藏梅鹿辄干红荣获金奖；汉森迟采霜红葡萄酒荣获银奖。

2010 年 11 月 15 日，在"第四届中国农经产业发展论坛暨 2010 中国农经产业年度人物盛典"中，内蒙古汉森酒业获得"2010 现代农业十大标杆企业"称号。

第二十四章 蒙古王酒
——彰显王者气概

蒙古王酒业的前身是 1921 年的大商号东泰隆旗下的一个酿酒作坊，在历经百年发展后，逐渐成为一家产品热销全国上百个大中城市并远销日本、法国、比利时、东南亚及中国台湾等十余个国家和地区的远近闻名的酒类企业。蒙古王酒虽然占了几分老字号的优势，走到今天却非一路通畅，而是历经了一次又一次的去陈出新才赢得了今天的市场和口碑，可谓是历经艰险。

一、公司背景

（一）新中国成立后改头换面

1947 年，内蒙古自治区成立。蒙古王酒业的前身"东泰隆—西烧锅"迎来了发展的春天。在进行公私合营后，地方国营通辽市制酒厂于1951 年成立。企业改头换面，生产设备也由以前的全部手工劳动改变为半机械化生产作业，劳

图 24-1 蒙古王

动生产率大大提高，对社会的贡献也逐年增加。当时的地方国营通辽市制酒厂生产的产品从"散白"逐渐提升为瓶装"通辽白酒"，从此，这股醇美的酒香不知惠泽了科尔沁草原以及周边城市中多少居民。

（二）改革开放的第二个春天

20 世纪 90 年代，改革开放的春风吹进了科尔沁草原，地方国营通辽市制酒厂迎来了发展的第二个春天。1996 年 1 月，地方国营通辽市制酒厂正式更名为"内蒙古蒙古王酒业有限公司"，并通过外交途径取得了"蒙古王"商标的注册使用权，企业从此步入良性发展的快车道。蒙古王人锐意进取、刻苦攻关，将 800 年前元代"槽坊"神秘酿造工艺与现代酿造技术进行了巧妙的融合，以"东泰隆—西烧锅"百年窖池为发酵载体，取科尔沁冲积平原无污染优质红高粱为主要原料，汲 180 米深、经国家权威部门认定的优质深层矿泉水源，以自治区级企业技术中心国家级酿酒师、先进完善的生产及检验设备为依托，在"酒品人品合一"的蒙古族"诚实守信"价值观指引下，酿造出了高品质的浓香经典——"蒙古王酒"，尽现蒙古族酒传统风格与现代风格的完美统一。产品自 1993 年投放市场以来，以良好稳定的内在质量，耳目一新的精美包装以及浓郁的民族文化内涵，先后荣获"布鲁塞尔国际食品博览会金奖"、"中国轻工业优秀新产品奖"、"内蒙古自治区名牌产品"等荣誉称号，产品销往全国上百个大中城市，并远销日本、法国、比利时、东南亚等十余个国家和地区，受到了消费者的普遍欢迎和业内专家的一致好评，并曾被人民大会堂选定为国宴用酒。此时企业资产总额达到了 1.5 亿元，年优质白酒生产能力达到了 10000 吨，创造了显著的经济效益和社会效益。1998 年、1999 年连续两年人均创税居自治区同行业第一位，为民族地区经济发展做出了突出的贡献。蒙古王酒业有限公司一跃成为内蒙古自治区白酒行业骨干企业和"老字号"企业。

（三）新千年的巨变

但是，进入 2000 年以来，由于国有企业的原有领导班子观念逐渐落后于时代步伐，经营管理方式粗放，内部管理混乱。这导致在生产方面，酒的质量下降，在销售方面，营销方法单一，销售额直线下降。截至 2003 年，蒙古王酒业的销量由过去的近亿元降到 2000 多万元，而应收账款则逐年增加，已经出现资不抵债的状况。2004 年，内蒙古证联公司连同另一家公司联合收购了蒙古王；2005 年，蒙古王变更为证联集团公司独资子公司。

证联集团公司从 2004 年 8 月收购蒙古王起就立刻着手对蒙古王酒业进行改

制，将蒙古王由国有企业改制为股份制民营企业，管理模式发生了翻天巨变。企业内部首先进行了"强化管理，减员增效，安置下岗职工，狠抓生产质量"的改革，到年底就取得了较大成效。但是，蒙古王在营销方面存在的许多问题却依然制约着蒙古王未来的发展。

二、蒙古王的现状分析

（一）白酒的市场现状分析

我国白酒行业从 1996 年起就进入了调整期，接着连续五年每年几乎以 50 万吨的速度递减。2002 年，白酒产量约为 402 万吨，下降了约 20 万吨；2003 年则为 380 万吨。进入 2004 年，产量开始出现徘徊，约为 380 万吨。除了少数几个名酒厂，其他酒厂均不景气。

导致这种情况主要有以下几个方面。

从外部因素的角度来讲：首先，国家税收政策的调节，使得白酒企业的负担加重。过去，白酒企业的负担相对较轻，从 2000 年上市公司的报表来看，各公司主营业务税金占销售额的比率较低，除了山西汾酒在 25% 以上，其他的酒厂税金均在 24% 以下。但从 2001 年 5 月 1 日起，国家在对白酒企业从价征税的基础上，又按照每公斤 1 元征收从量税，并且取消以外购基酒勾兑酒的企业可以抵扣其外购酒消费税的政策。按照新规定，25% 的从价消费税再加上从量消费税，以及各类主营业务税金附加等，实际赋税占 40% 以上。

其次，随着人们物质生活水平的提高，人们的消费观念也在悄然改变。人们更加注意保健，更加追求健康的生活方式，因此，减少了喝白酒的次数和数量。这使得白酒的市场总量一再收缩。

从内部的角度来讲：许多的白酒企业缺乏核心的竞争力，市场应变能力和管理意识、营销意识相对较差。如何适应市场改变营销战略、增强竞争意识，将是今后需要重点研究的课题。

（二）蒙古王的行业竞争分析

按照蒙古王当前的价格和销售情况，蒙古王暂时处于中端酒区域的细分市场中。该细分市场的竞争有如下特征：

首先，白酒的价格竞争非常激烈，尤其是以 100 元以内的中档酒价格竞争非常激烈。而且，在酒店终端的渠道开拓中，以"开瓶费"为名头的促销费用逐步提高，正蚕食着中端白酒的利润空间。

其次，区域白酒的市场竞争正从完全的市场化竞争升级到品牌和文化的竞争阶段。一些较早注意到品牌文化价值的白酒品牌正在利用自己的先发优势成为白酒品牌中的新贵，在销售份额中逆势而上，成为白酒市场竞争中的强者。例如在广东市场中，泰山特曲面对着其他竞争白酒品牌的广告攻势，销量稳步增长，连续六年超过 1 亿元。

最后，区域市场割据的结构已成定局。由于自身资源和能力的局限，相对于在全国市场的迅速扩张战略，他们选择专注于在区域市场铸造竞争壁垒。例如以上提到的泰山特曲，以及皖酒王、口子窖、古绵醇等白酒品牌，都是在区域市场上获得成功的个案。

（三）蒙古王的竞争能力分析

1. 蒙古王的竞争优势分析

（1）产品质量优势。当今的白酒市场是买方市场，市场上白酒品牌众多，消费者往往有很大的选择余地。因此，要想使企业的产品经得住如此激烈的市场竞争的考验，优秀的产品品质往往是最终产品胜出的关键。相比其他的贴牌厂家，蒙古王酒业销售的白酒全部为本厂酿造的原酒，产品品质优良，能够很好地进行质量管理和监督，在市场上有很好的口碑。尤其是在 2004 年 10 月酒厂改制完成以后，蒙古王酒业狠抓质量，把产品的品质当作企业的生命之源，其生产的白酒品质更上一层楼。

（2）客户资源优势。蒙古王酒业发展至今已经有 80 多年的历史，经过一代代蒙古王酒业员工的努力，蒙古王酒在多个区域市场上拥有大量的客户资源，其中以内蒙古和华北地区的客户分布最为集中。

（3）历史文化优势。蒙古王酒的历史可以追溯到 1921 年的东泰隆旗下的一个酿酒作坊，发展至今，经历了公私合营、国企改制以及股份制改革的一系列变化，可谓是历经沧桑。正因蒙古王酒业员工的执着和坚守，使得这个 80 年的白酒品牌在经历过这么多的风风雨雨之后依然存活着，并且越发焕发出品牌的强大活力。这种独特的历史文化本身为蒙古王酒业提供了绝佳的营销素材。另外，蒙古王酒业孕育在内蒙古草原上，草原的独特文化赋予了蒙古王酒一种独特的气质，人们在饮酒的时候，也会不自觉地产生丰富的联想。如果蒙古王酒能够把握好这种得天独厚的历史文化优势，则可以在激烈的竞争中形成品牌文化壁垒。

2. 蒙古王的竞争劣势分析

（1）目标市场不明确，营销管理混乱。过去的蒙古王，除了台湾、西藏等少数几个省份以外，在全国各省都设有办事处。由于还没有形成足够大的销售规模来支撑这样的营销成本，造成了资源的严重浪费，营销管理混乱，最终导致了企业被收购的恶果。而企业改制之初，领导凭经验选择了北京等几个目标市场，很大程度上缩减了蒙古王酒业在营销推广上的盲目开支。但是，由于缺乏科学的论证，蒙古王依然缺乏科学的营销战略指导。

（2）缺乏优秀的营销人才。蒙古王酒业在之前粗放的营销管理模式的指引下，缺乏对营销人员素质的考评和培养，没有科学的营销人员管理体系。这样的营销管理缺乏有效的激励机制，使得整个营销团队生机匮乏，无法满足企业对优秀营销人员的需求。

（3）处于起步阶段，经济实力薄弱。蒙古王酒业是以偿债的方式被收购的，截至 2005 年，还亏损几十万元，2006 年证联集团公司才还清其欠工行的贷款，因此，公司的经济实力非常薄弱。

三、蒙古王的市场营销战略的制定

根据蒙古王市场竞争的现状以及其竞争的优劣势分析，蒙古王酒业非常有必要进行市场营销战略的确定以及相应战术策略的制定。根据 STP 战略的相关步骤，蒙古王酒业进行了科学的市场营销战略制定，如图 24-2 所示。

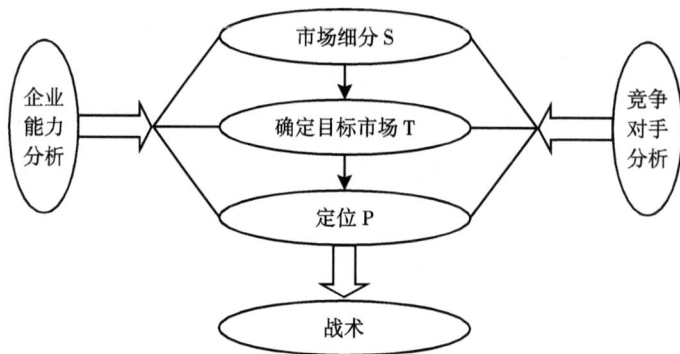

图 24-2   目标市场营销战略模型

（一）蒙古王的市场细分

白酒的市场细分有很多种，以区域为核心细分要素，以渠道为核心细分要素，以消费者的年龄、职业等人口特征为细分要素等。对于蒙古王来讲，首要的是选取以区域为核心的细分要素。

蒙古王酒目前的定位为中档酒，价格分为中档以及中低档、中高档三个档次，而这个白酒区域的竞争最为激烈。针对蒙古王目前经济实力较弱，营销管理比较混乱的情况，盲目地进行全国范围内的推广，不现实也是不正确的。因此，将全国划分成系列区域，针对重点的区域市场进行营销，是蒙古王当前的最佳选择。

根据蒙古王过去在全国市场的销售反馈情况来看，蒙古王在内蒙古以及北京地区的销售情况较好，而在南方地区，则主要是在广东、江苏、福建几个省份有过一些销量。因此，在进行蒙古王的区域目标市场的选择中，缩小到了一定的范围。具体来说，蒙古王的销售主要是东西一条线和南面一个点的销售形态。东西一条线，是指海拉尔、通辽、北京、呼和浩特、包头、兰州这几个具体城市；在南方，则主要是以广州为中心的市场辐射。

（二）蒙古王的目标市场确定

蒙古王酒业以区域为核心细分变量，根据蒙古王酒业之前在各地区的销售情况进行了市场细分，最终确定了其一段时间内的目标市场。蒙古王的目标市场被划分成战略市场和机会市场两个部分。其中，战略市场分为海拉尔、通辽、北京、呼和浩特、兰州、广州 6 个城市，机会市场则是围绕着战略市场周边 200 公里以内的城市。在 6 个战略市场中，又以通辽、北京、呼和浩特、广州 4 个城市为重中之重。

选择通辽做 4 个最重要的目标市场，是因为它是蒙古王的酒厂所在地。在蒙古王最为困难的时期，所有的网点销量都在下滑，只有通辽区域保持了稳步的增长。目前，通辽市场的年销售额达到 500 万元。由于它是酒厂的所在地，因此，具有先天的地域优势，虽然市场的总体份额不大，但是，它是蒙古王最为坚实的保障，因此，被选为 4 个最重要的目标市场之一。

选择北京做 4 个最重要的目标市场，是因为北京整个城市的白酒市场总量惊人以及以往蒙古王在北京的优秀销售业绩。北京整个城市的白酒市场总量有 80 亿元，销售渠道数量巨大。蒙古王从 1997 年开始在北京设立销售办事处，到 2005 年已经有八年的时间。现有销售渠道中，各类商超、酒店总数达到 1500 多家，建立了完整的销售网络，有固定忠实的消费群体，目前每年有 2000 多万元的销售额。尽管如此，蒙古王的北京市场潜力依然很大，这个市场的成功开发对蒙古王酒业的战略意义重大。因此，对这个区域市场的重点开发也理所当然地被提到了战略的高度。

选择呼和浩特市场，首先，该市是内蒙古的首府，对这个区域市场的成功开发可以辐射到周边的城市市场，战略意义重大。其次，蒙古王对呼和浩特地区区域市场的开发已经进行了 7~8 年的时间，最好时候，销量达到 1000 万元，即使是销量很差的时候，也有 200 多万元，群众基础良好。因此，在选择核心战略市场时，理应将呼和浩特市纳入进来。

选择广州市场则主要是由于发展的需要。对于白酒厂家来说，广州绝对是一个惊喜。当前，该城市常住人口 700 多万，白酒消费总额达到 100 多亿元。另外，广州的酒类销售渠道发达。其中，酒类批发企业有 3000 多家，零售企业有 15 万家。虽然目前，蒙古王在广州的年销售额只有 100 万~200 万元，但是，其战略意义相当重大，值得从发展的角度考虑将其列入核心战略区域市场中。

（三）蒙古王的市场定位

根据选取的区域市场，结合蒙古王酒本身的产品品质与历史文化优势，蒙古王将其定位于以草原为背景、蒙古族文化为主旋律的品牌形象，在价格上，则坚持以中档为主，中低、中高档为辅的战略。

中国的酒文化源远流长，56个民族各有特色。蒙古王孕育在辽阔、美丽、富饶的科尔沁草原上，这里是孕育人类文明的摇篮，有着悠久的历史文化底蕴。尤其是闻名中外的蒙古族，更是这片土地上生存的民族的典型代表。他们创造了独特的文明，影响着中国乃至世界的历史进程。蒙古人热情好客，有贵宾到来必将以美酒款待。因此，可以说，美酒是蒙古族文化中不可或缺的一部分。蒙古王正是产自这片辽阔的草原上，产自蒙古族人世代聚居的地方。这赋予了蒙古王一个独特的品牌文化，通过建立与蒙古族文化之间的联系，使其在消费者心目中占据独特的心智资源。通过消费者心目中对蒙古族早已存在的肯定情绪获取消费者对蒙古王酒本身的好感。

另外，为什么蒙古王酒业要定位在中档价位上呢？这与蒙古王的品牌文化定位是分不开的。蒙古王宣扬的是草原文化、蒙古族文化，而这种文化是一种大众的、开放式的文化。这种文化情感在普通大众中最为强烈。因此，蒙古王应该是大众的白酒，应该选取一个适合大众拥有的价位，选取以中档价格为主，中低、中高档为辅的价格恰好满足了这种文化定位。

（四）蒙古王的市场营销战略的确定

根据蒙古王酒的销售额来衡量，蒙古王酒业属于一个中小企业，尤其是它刚刚经历了亏损和收购，经济实力非常薄弱。但是，它却不是一个贴牌企业，它有自己的酿酒厂，有自己的悠久文化以及不错的品牌口碑，在一些区域拥有一批忠实的消费者群体，因此，蒙古王酒业是完全有实力做大做强的。根据以上的分析定位，蒙古王酒应该选取以"品牌+渠道"为着眼点的市场营销战略，首先完善战略区域市场的市场营销，再逐步辐射周边地区，待实力壮大以后，再逐步调整竞争模式，逐一占据各机会区域市场以及其他区域市场。

四、蒙古王的市场营销战术的制定

（一）产品策略的制定

1. 产品的品质策略

自 2004 年以后，蒙古王的领导集团一直将狠抓质量关作为蒙古王市场营销策略的基石。用蒙古王酒业董事长白国义的话说，"在市场上，酒的质量是企业制胜的唯一法宝，今天的质量就是明天的市场"。全国白酒专家沈怡方、高景炎和范仲仁曾经盛赞"蒙古王酒，誉满神州"。该酒之所以能独具特色，与下列因素密切相关。

（1）蒙古王只做自产酒，其生产原料以及酿酒的水质量上乘。蒙古王只选取生长于东北的红高粱等无污染粮食作物为原料。因为这一地区日照充分，昼夜温差大，土地肥沃，这使得农作物生长周期长，养料充足，如此培育出的原料才是酿酒的上等原料。蒙古王的酿酒用水是汲取科尔沁地区深层的地下矿泉水。这种水质清纯甘甜，微量元素丰富，没有污染，是酿酒的上乘用水。

（2）蒙古王酒的生产设备和工艺独具特色。蒙古王酒业历史悠久，经过多年的精心建设，其厂房、设备和周边为酿造好酒提供了必要的生态环境。蒙古王酒采用发明于元朝的"槽坊"酿造工艺与现代酿造技术嫁接，其发酵动力是具有上百年历史的窖池，这为生产好酒提供了必要条件。除此之外，蒙古王拥有国内领先的技术设备以及国家级的酿酒技师，这为蒙古王酒酿造好酒提供了保障。

（3）蒙古王有严格的简称为"四严、五不、六关"的质量管理标准。"四严"的具体内容是"严格要求、严格检查、严格考核、严格奖惩"；"五不"的具体内容是"不合格原材料不得入库，上道工序不合格不得进入下道工序，理化分析不合格不得包装，出厂总检不合格不准销售，出现事故不查出原因不处理决不放过"；"六关"的具体内容是"原材料入库关、生产工艺关、半成品分级验收关、勾兑品评关、理化分析关和出厂总检关"。除此之外还有许多具体措施，例如通过企业文化提高全员的质量意识和责任意识等来保障蒙古王出产白酒的质量。

2. 蒙古王的品牌文化策略

饮酒是北方游牧民族的特色文化之一，北方少数民族发明的酿酒技术可以追溯到春秋时期。酒不仅是他们日常的主要饮品，还承担着祭祀、礼仪等重要功能。蒙古王酒的前身史称"东泰隆—西烧锅"，已有80多年的历史。蒙古王酒是内蒙古的特色产品之一。它汲取科尔沁草原的蒙古文化乳汁，传承着塞外的酿酒工艺。

根据对蒙古王的市场定位，企业制定了突出其定位的品牌标准字和标识。

（1）"蒙古王"这个词语本身拥有着丰富的内涵。首先，它是成吉思汗的代称，它代表了以成吉思汗为首的历代蒙古族英雄骁勇善战、热情豪放的蒙古族精神；其次，这个词语使我们联想到广袤的内蒙古草原上"崇尚自由、自然淳朴"的草原文化精髓。

"蒙古王"这三个标准字，经过艺术塑造，也拥有其特殊的形象表达含义（如图24-3）。最上面的"蒙"字，在草字头上做了变化，形如长城般巍峨；"古"字的上部形象经过演化，形如蒙古族精神旗帜"苏力得"的造型特征。"苏力得"是一代天骄成吉思汗的作战兵器，也是成吉思汗的权杖，更是蒙古民族崇拜的神圣器物，将"苏力得"造型融入"蒙古王"的字体内，有进取、威严、无限、神圣意义。最下面的"王"字与上面的"蒙古"二字搭配，给人一种稳固扎实的感受，象征着企业的锐意创新、蓬勃发展。

图 24-3　蒙古王

（2）品牌标志。蒙古王的品牌标志体现了蒙古民族"天地人合一"自然理念。

"穹庐"框架概括体现了蒙古王专用的、象征人间无限权利的中心——金顶大帐（见图24-4）。这个形象，大可以象征寰宇，表达了蒙古民族对长生天的崇拜。小可以象征蒙古族的传统居室，蒙古包。上方树立的标志，象征着蒙古族无限神圣的神器"苏力得"直刺苍穹。整个标识融合了蒙古族的民族特色、神权和王权象征等的完美组合，形成蒙古王品牌标识的和谐整体。

图 24-4　穹庐

3. 产品的包装和规格策略

2004 年之前，蒙古王酒业有将近 180 个品种。转制后，新一代领导集体将品牌文化定位与每种产品的具体品质相结合，按照产品的包装将产品分为礼盒、包式、桶式、盒式、紫砂、简装六大系列，并赋予每种产品丰富的内涵来提升产品的竞争力，如表 24-1 所示。

表 24-1 蒙古王进行的分类

礼盒包装	瓷镶锡蒙古王酒，玉玺蒙古王酒，蒙古王福星高照礼盒，红礼盒蒙古王酒
包式包装	天尊金包蒙古王酒，天尊包式蒙古王酒，蓝色故乡蒙古王酒，绿色天堂蒙古王酒，蒙古王包式庆酒
桶式包装	天尊桶蒙古王酒，苏力德蒙古王酒，红绿圆桶蒙古王酒，地尊红绿桶蒙古王酒，蒙古王圆桶平安福酒
盒式包装	天尊方盒蒙古王酒，地尊蒙古王酒，经典系列蒙古王酒，金卡蒙古王酒，地尊十年蒙古王酒，本色蒙古王酒，蒙古王平安福酒，蒙古王盒福酒，蒙古王庆与福酒，蒙古王庆与禧酒，蒙古王包式庆酒，蒙古王精品纯粮液酒，蒙古王商务纯粮液酒
紫砂包装	木纹紫砂蒙古王酒
简装	蒙古王 350ml 简装纯粮液酒

（二）价格策略的制定

白酒的定价需要综合考虑成本、利润、供求以及品牌定位等多方面因素，出厂价、批发价以及酒店终端价格需要有固定的批次，需要有科学性。

蒙古王根据自身的定位等因素，确定了目前主要白酒系列的定价参考，如表 24-2 所示。

表 24-2 蒙古王酒业有限公司产品定价参考表

单位：元

编码	产品名称	规格（ml）	原价格	现价格	进店价（呼市）	进店价（北京）	进店价（广州）
1370505	5 度裸瓶葡萄酒	1*6*730	12.8	12.8	16	8	18
1373805	38 度盒紫砂蒙古王	1*6*500	30	30	40	42	45
1373816	38 度调红桶蒙古王	1*6*500	28	28	32	35	35
1373828	38 度调绿桶蒙古王	1*6*500	28	28	32	35	35
1373843	38 度调红盒四神蒙古王	1*6*500	27	25	32	32	35
1373847	38 度调 89# 桶大红灯笼	1*6*500	18.5	20	26		
1373866	38 度包式蒙古王	1*6*475	32	35	48	48	48
	44 度绿包蒙古王	1*6*500	52	55	80	85	88
	52 度金包蒙古王	1*6*500	80	85	118	138	138
1373867	38 度盒蒙古王福酒	1*6*500	15	18	25		35

续表

编码	产品名称	规格（ml）	原价格	现价格	进店价（呼市）	进店价（北京）	进店价（广州）
1373868	38 度本色蒙古王	1*6*500	25	25	36	36	40
1373869	38 度裸瓶蒙古王福酒 *	1*6*500	8	10	12		15
1373870	38 度绿色情杯	1*6*500	12.8	15	20	35	
1373873	38 度金杯蒙古王	1*6*500	40	32	42	48	
1373905	39 度蒙古王黑骏马	1*6*500	28	20	26		
1373912	39 度方盒辽河老窖	1*6*475	15	15	20		
1374201	42 度苏鲁锭蒙古王	1*4*500	22	22	28		
1374408	44 度裸瓶蒙古王	1*20*200	8.5	8.5	12	15	15
1374413	44 度盒紫砂蒙古王	1*6*500	37	37	45	48	
1374425	44 度古币紫砂蒙古王	1*6*280	22	16	21		
1374427	44 度调绿桶蒙古王	1*6*500	25.5	31	36	36	36
1374429	44 度调 89# 红桶蒙古王	1*6*500	25.5	23	35	35	35
1374452	44 度蓝木盒烤花蒙古王	1*6*500	58	58	70	75	80
1374464	44 度烤花瓶蒙古王	1*20*200	10	10	12	15	15
1374806	48 度 89# 绿桶蒙古王	1*6*500	25	23	30	32	
1374807	48 度盒磨砂蒙古王	1*6*280	10	12	15		
1374811	48 度 89# 红桶蒙古王	1*6*500	23	24	35		
1375203	52 度 3000 毫升瓷镶锡	1*2*3000	680	680			
1375209	52 度盒紫砂蒙古王	1*6*500	40	40	52		
1375221	52 度 1921 蒙古王酒	1*6*500	75	58	80	85	88
1375301	53 度木纹桶紫砂蒙古王	1*6*500	48	43	56		
1375303	53 度皮囊紫砂蒙古王	1*6*265	21	16	20	20	25
1375308	53 度铜马樽蒙古王	1*2*500	660	660			
1375309	53 度瓷镶锡蒙古王	1*4*750	238	238			
1375311	53 度双礼紫砂瓶蒙古王	1*12*200	20	20	28		
1375312	53 度裸瓶紫砂蒙古王	1*12*200	14	8	10		
1375313	53 度梨木盒紫砂蒙古王	1*6*500	68	58	76		
1375314	53 度双礼木盒蒙古王	1*8*500	119	98			
1375317	53 度玉玺瓶蒙古王酒	1*2*900	280	280			

（三）渠道策略的制定

酒业的流通环节渠道主要有厂商、总代理、二批、终端（商超、酒店、团购），各环节各有各的优势和劣势，如表 24-3 所示。

表24-3　渠道各环节优劣势

渠道节点	优　势	劣　势
总代理	①有一定流通渠道，分销快 ②资金雄厚，偿债能力强 ③有一定业务人员做服务 ④信誉好	①代理很多产品，形成分力 ②增加顾客购买成本 ③使厂商形成依赖 ④强调自我，工作不易配合
二级批发商	①有一定渠道网络 ②深度分销能力强 ③可面向乡镇市场 ④价格低	①规格混乱 ②唯利是图 ③不配合厂家做活动 ④范围小 ⑤信誉差
零售终端	①固定的销售网络 ②有针对性	①进场费用高 ②同类产品竞争相对激烈

在销售渠道的设计方面，蒙古王酒针对不同的区域，进行了不同的渠道组织设计，主要有两种方案，如图24-5所示。

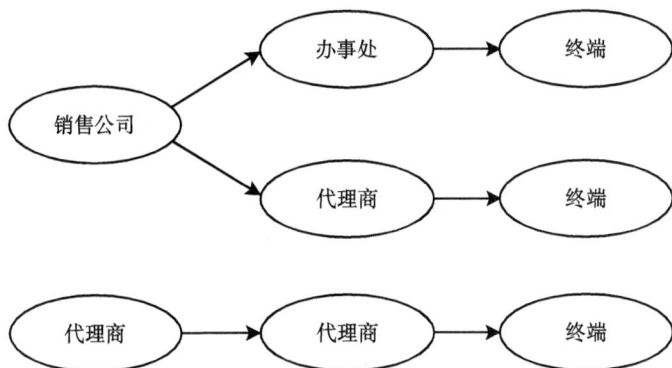

图24-5　渠道组织架构图

根据目标市场的内容，我们可知，蒙古王目前的目标区域市场主要有通辽、北京、海拉尔、呼和浩特、兰州、广州。其中，在通辽、北京、呼和浩特、广州四个地区采取设立分公司的渠道组织形式；在兰州、海拉尔地区采取设立办事处的渠道组织形式。

蒙古王酒业通过调查以往的销售渠道，发现其产品的主要消费者群体集中在企事业单位人员，其主要的消费地点为市区内中高档酒店。通过分析这些消费者的消费行为，我们发现：他们对时间的要求是非常苛刻的，倘若产生消费需求时，产品缺货，就会失去这次销售机会。这些消费者对价格并不敏感，他们一般有一定的经济基础，并且一般到这种场合来，以公众消费为主。因此，相对于价格，他们更看重的是品牌和质量。对于渠道的便利性来说，这些消费者希望无论到哪里的终端，都能便捷地买到他想要的产品。因此，在考虑渠道营销组合时候，需要注重对终端量的开发。

公司计划到 2006 年前在各销售公司和办事处所在地发展区域总经营商 40 家（其中，省城总经销商 5 家，区域总经销 35 家）。要求每个总经销商拥有直控终端不少于 60 家（省会城市不少于 100 家），拥有二级批发商 10 家，深销终端 30 家以上（其中省会城市二级批发商不少于 20 家，深销终端不少于 60 家）。

（四）促销策略的制定

（1）积极开拓新的推广方式。例如，幸运天下邮项目。2010 年 12 月 22 日，内蒙古蒙古王实业股份有限公司与通辽市邮政局签署全面合作框架协议暨"幸运邮天下"项目，这是蒙古王实业与通辽市邮政局强强联合，携手共同发展的一大举措。"幸运邮天下"是中央电视台与中国邮政联合打造的一种全新的广告模式，利用双方优势资源，借助《购物街》栏目平台，向社会推出天罗地网式的新型广告媒体。蒙古王实业与通辽邮政局联合开展"幸运邮天下"央视策划宣传，是蒙古王实业全面提升品牌形象的又一举措，旨在充分利用产品销售的黄金季节，通过定制"幸运邮天下"明信片，将"幸运卡"发寄给全国各地的经销商、消费者，同时在央视经济频道金牌栏目《购物街》打出自己的品牌、商标，进一步提升蒙古王品牌形象，扩大蒙古王产品在全国的美誉度、知名度。

（2）新闻造势。蒙古王酒业善于利用各种机会进行新闻造势。通过参与公共活动以及赞助各种活动来制造新闻点，制造媒体曝光率，为提高品牌知名度做出贡献。例如，2006 年 7 月 22 日，参加由呼和浩特市委、市政府、内蒙古日报社主办，北方劳动时报社承办的"首届中国草原美中国好酒招商网博展会"。经过为期三天的万人集中品尝以及专家评定，"蒙古王"以完美的内、外在品质一举获得"消费者最喜爱的草原美中国好酒招商网"称号。此消息一出，受到了区内外媒体的争相报道。

（3）积极创建企业文化。蒙古王积极创建企业文化，通过企业文化月的集中活动，丰富员工的业余文化生活，增强了员工的自身素质和集体的凝聚力，并且争取了大量的媒体关注，实现了内外公众关系的双丰收。

（4）积极赞助各项公益活动。如 2011 年赞助科尔沁首届残疾人集体婚礼、

2010 全国速度赛马邀请赛暨哲里木赛马节、"蒙古王"杯通辽市老年人健身气功、健身秧歌比赛等公益活动。在回报社会的同时，也增强了企业的知名度，丰满了企业的健康品牌形象。

（5）积极参加展销会。蒙古王对于各类展销会都采取积极参与的态度，借此达到寻求合作渠道，增加品牌知名度的目的。如参与了 2008 年春季全国糖中国好酒招商网会、第五届满洲里中俄蒙科技展销会、2011 年中国好酒招商网食品业年度峰会等行业展会以及研讨会，收到了良好的交流效果和营销效果。

（6）发布营销策略文章。蒙古王以一个白酒市场领军者的姿态，在一些行业网站发布以蒙古王冠名的营销类文章，探讨白酒的婚庆市场营销、白酒的餐饮终端营销以及白酒品牌的植入式营销等实用的营销策略。不仅达到共享知识，共同进步的目的，而且增强了蒙古王品牌的影响力，树立了其中国驰名品牌的形象。

五、蒙古王品牌的思考和探讨

（一）蒙古王广告形式的拓宽

综观蒙古王的广告形式，除了渠道终端，如商超、酒店的推广以外，给大家印象最深的就是街边路牌广告的形式。而其他的广告方式，则采用得较少。

采用针对终端渠道的促销推广，可以针对即时消费的人群产生有效的现金流入，但是，这种广告推广形式对蒙古王品牌形象推广的正面意义并不大。

蒙古王的路牌广告投入不少，但是，路牌广告这种形式含有的内容有限，无法充分表达出蒙古王酒的文化内涵。因此，蒙古王下一步要做大品牌，将触角伸向目标区域市场的周边地区乃至全国，其广告形式还应该进一步拓宽。

（二）蒙古王品牌文化的凸显

蒙古王酒业是一个拥有 80 多年历史的老品牌，自从 2004 年改制以来，新一代领导集体对其品牌进行了梳理和定位，更加凸显出其草原名酒和英雄文化的定位。但是，这样的定位在实际宣传推广过程中被体现出来的并不多。在网上查阅蒙古王的相关品牌文化，能查找出来的资料也非常有限。可见，这个定位真正有效地落到宣传上还需要时间。

自 2004 年蒙古王改制以来，蒙古王酒业的效益节节攀升，对公共关系营销的把握也非常到位。这一切都使得蒙古王酒业的效益大为改观。但是，一个企业，若想做大做强，还必须对其品牌文化宣传给予足够的重视，加大品牌文化的宣传力度，对一个企业的长远发展，意义重大。

附录：企业大事记

1921 年，"东泰隆—西烧锅"建立，这是公司的前身。

1953 年，公司更名为通辽市制中国好酒招商网厂。

1994 年，公司荣获布鲁塞尔国际食品博览会金奖。

1995 年，公司改制为通辽市辽河中国好酒招商网业有限公司。

1996 年，公司更名为内蒙古蒙古王中国好酒招商网业有限公司。

1998 年，公司被中国质量管理协会授予全国质量效益型先进企业。

1998 年，"蒙古王"连续被内蒙古自治区著名商标认定委员会、内蒙古自治区工商行政管理局评定为内蒙古自治区著名商标。

1998 年，公司通过 ISO9002 质量管理体系认证。

1999 年，公司被中华全国总工会授予五一劳动奖状。

1999 年，公司被中国食品工业协会授予逐个食品工业优秀企业。

2004 年，公司通过 ISO9001：2000 质量管理体系认证。

2005 年，公司被中共通辽市科尔沁区委员会、科尔沁区人民政府授予 2004 年度纳税企业贡献奖。

2005 年，公司被蒙古王中国好酒招商网评为"内蒙古自治区人民政府接待指定用酒"。

2005 年，公司被蒙古王中国好酒招商网内蒙古百行百业信誉评价中心评为"内蒙古百姓口碑最佳产品"。

2005 年，公司被内蒙古自治区党委、政府、军区评为"内蒙古自治区文明单位"。

2006 年，公司被中共科尔沁区委、区政府授予"2005 年度纳税超千万元企业特殊贡献奖"。

第二十五章　三百年沧桑话重生
——电商时代鸿茅药酒的营销渠道变革

鸿茅药酒从 1739 年创始至今，已经跨越了四个世纪。新中国成立后，鸿茅药酒经历了从计划经济到市场经济的变革。鸿茅药酒曾经以它厚重的历史和神奇的功效受到海内外赞誉，也是内蒙古为数不多的名牌药品，但终因体制等原因致使企业面临严重亏损。2006 年，鲍洪升收购鸿茅药酒成立内蒙古鸿茅实业股份有限公司。通过全面改制，成为一家以高新技术为依托，集科研、生产、营销于一体的现代化股份企业。人们欣喜地看到，鲍洪升使一个有着近 300 年历史并历经坎坷的民族企业如涅槃重生般地重新站立起来。鲍洪升的心愿是：鸿茅上市实行资本化运营，让其成为中国药酒界名副其实的旗舰。恰逢此时，怀揣梦想的鲍洪升与药品电商遭遇了。

一、鲍洪升其人

鲍洪升是个标准的蒙古族男人。鲍姓，是孛儿只斤氏的后世衍生。鲍洪升是成吉思汗的第十九代子孙。童年时代牧区成长的经历，草原塑造了他豪爽不羁的性格。1984 年，鲍洪升毕业后被分配到国企工作，1990 年他下海经商，将"王胎补酒"做得风生水起，之后成立了内蒙古秦吉达企业集团公司。1995 年，任职北京秦吉达企业集团董事长。1996 年，作为"护肾宝"品牌全国总代理，鲍洪升首创"全程服务营销模式"使"护肾宝"迅速火爆全国，成为当年补肾类产品国内第一品牌。1997 年，独家代理"美福乐"系列减肥产品，创造了连续两年减肥产品国内销售第一的成绩。鲍洪升还首次把藏药推向全国市场，其中"芒交"开创了藏药在全国市场旺销的火爆局面，从而也带动了一个院办藏药制剂室逐渐发展成为一个大规模的药业集团。2000 年在运作婷美内衣时，鲍洪升将一款保健内衣诉求点转变为顾客心理需求，"修身塑形、一穿就变"的广告语红遍大江南北，各地呈现供不应求的热销场景，成为当时成功营销经典案例。被称为医药界销售奇才的鲍洪升并没有止步于一个又一个代理品牌的成功中，他决心要干一番事业。于是，他成为"鸿茅"最大的股东，于 2006 年任职内蒙古鸿茅实业股份有限公司董事长。有着丰富实战营销经验的鲍洪升，通过长江商学院 EMNA 这一平台，把自己多年的实践用管理理论加以总结和提升。他深知，在今天的市场环境下必须用现代管理理念打造鸿茅实业。

二、百年流芳话鸿茅

（一）鸿茅品牌的寓意

鸿茅品牌的商标是文字与图形的组合商标，图形部分由鸿雁、灵芝仙草、朝阳组成，鸿雁寓意着为了心中梦想而飞翔的草原之鸟，灵芝仙草是解病救命之灵药，朝阳是冉冉升起的太阳，充满生命的活力。此商标寓意鸿茅药业为了济世苍生的理想，弘扬治病救人的理念，她的成长像初升的太阳一样蒸蒸日上……

（二）鸿茅药酒的创始人——王吉天

提到鸿茅药酒就不能不说一个人，他就是鸿茅药酒的创始人——王吉天。公元 1739 年，家住山西省榆次市王家铺的著名中医王吉天，去内蒙古包头行医路经厂汉营（内蒙古凉城县境内），满眼一派山清水秀、鸟语花香的景致，不禁赞美起塞外的这块风水宝地来。当听说当地居民普遍患有风寒湿痹、关节酸痛的地方病症后，王吉天把自己的祖传秘方——红参、首乌、沉香、当归等 66 味中草药方贡献出来，利用这里的清池甘泉，加配红糖等酿造出了鸿茅药酒，之后王吉天创建了"隆盛荣"酿酒坊。鸿茅药酒从创始至 1948 年凉城解放，王吉天留下的用药配方和制法，近 200 年的时间一直由出任隆盛荣掌柜的王氏后人世代相传，传男不传女。道光十年（1830 年）王氏第五代传人掌柜时，大同府官员将鸿茅药酒敬献朝廷，被钦定为贡酒。1945 年，隆盛荣在王吉天第十代传人王继志掌柜时，有土地五顷，商业资金 5500 元，制酒作坊药工、磨工、伙夫、守夜等雇工共 200 多人，鸿茅药酒年产量高达 1000 吨。然而当鸿茅药酒传至王家后代王继林之手，产量日少。

（三）选意见领袖为鸿茅代言

鲍洪升牢牢地抓住了鸿茅药酒的历史特征与文化内涵，每次寻找鸿茅药酒的产品代言人时，鲍洪升都不忘鸿茅药酒的身份特征。一直以来鸿茅药酒的代言人都与鸿茅药酒的身份地位不谋而合。著名影视演员陈宝国在《大宅门》中扮演的"白七爷"白景奇的中医世家身份与鸿茅药酒相得益彰。正派、大气的个人形象，也与"鸿茅药酒"百年品牌形象正相符合。2011 年，鸿茅药酒请著名演员张铁林代言，鸿茅药酒始创于公元 1739 年（清乾隆四年），而张铁林曾因扮演乾隆皇帝家喻户晓，这种无形的巧合引起了消费者的极大兴趣。随着企业传播力度的不断加大，消费者对鸿茅药酒的正面良好印象不断强化，也逐渐了解了对鸿茅品牌厚重的"酒"、"药"文化积淀更是赞叹不已。此外，为鸿茅药酒代言的还有著名民族歌唱家德德玛，老艺术家雷恪生、谢芳，著名体育解说员黄健翔等。这些意见领袖的代言为鸿茅药酒增色不少。

三、鸿茅药酒曾经的辉煌

据史料记载，清乾隆四十二年，乾隆皇帝突发风寒之疾，御医多方施治，未见良效。其时，恰巧蒙古察哈尔右旗旗领进京，随身带了鸿茅药酒，遂当即敬献。乾隆皇帝喝后，很快痊愈，乾隆心情大悦，厚赏了察哈尔右旗旗领。道光十年，山西大同府官员再将"鸿茅药酒"进献给道光皇帝。当时道光皇帝正因内忧外患困扰卧病在床，喝了鸿茅药酒三天后，道光皇帝便病痛全消，精神倍增。道光皇帝甚喜，御赐"鸿茅药酒"为贡酒。其后鸿茅药酒一直密贡清廷。鸿茅药还被记录在《绥远通志稿》中，《绥远通志稿》是原绥远省辖区的一部大型地方志文献，上起公元前 307 年，下至公元 1935 年，是研究内蒙古西部地区历史的基本资料。其中对鸿茅药酒有详细的阐述："色如胭脂，香味醇厚，有患腰腿疼痛者，饮之每奏奇效。故价值虽昂，销路仍极发达，进而山西、内蒙古，远而外蒙古各地，皆有行销，蒙人对之尤视为珍品。"

1945 年，鸿茅药酒结缘开国元勋。当时，贺龙元帅正攻打包头，不幸患上了急性胆囊炎，因此暂住于凉城治病。其间，当地百姓送去了鸿茅药酒，贺龙喝后疗效显著，病也好得特别快。如今，在"贺龙博物馆"中不仅记录着当年珍贵的战斗资料，每个工作人员还都能讲述一段贺帅用鸿茅药酒治病疗伤的传奇故事。在抗战胜利前夕，鸿茅药酒又被作为贺礼献给了"七大"。据说当时包括毛主席在内的不少中央领导都喝过此酒，赞其"南有茅台，北有鸿茅"。1973 年 9月，法国总统蓬皮杜访华期间，对周总理提出了他想在中国实现的两个夙愿：一是去山西的云冈石窟，二是带一种叫鸿茅药酒的中药送给他的父亲，这两个愿望惊呆了现场所有的人。原来他的父亲 50 年前曾在绥远境内传教，后患风湿关节炎，双膝疼痛难行，服用鸿茅药酒后立现奇效。1974 年，鸿茅药酒被中国商品进出口贸易公司指定为出口产品，长期销往中国香港、马来西亚、新加坡、泰国、日本、俄罗斯等国家和地区，以其神奇功效和纯正品质，成为极具海外影响力的中成药酒之一。1979 年 8 月 13 日，马来西亚《建国日报》国庆特刊以"南有茅台，北有鸿茅"为题，专文介绍了鸿茅祛风酒轰动新马泰的情景，称"茅台以香醇著称，而鸿茅以疗效取胜"。1997 年，鸿茅药酒被中国轻工会推荐为"97 香港回归八大特级珍藏品牌"，成为见证内地和香港人民友谊的使者。进入 20 世纪80 年代以后，随着我国改革开放和社会主义市场经济战略的全面落实和推进，鸿茅药酒迎来了历史上一个重要的辉煌时期。

四、药品电商时代鸿茅药酒面临的机遇和挑战

（一）历经坎坷痴心不改

1946 年，鸿茅药酒因战乱停产。1948 年 2 月，凉城解放。1948 年 3 月 26 日，临时政府工作队接管隆盛荣，组织生产，但规模较小。1956 年，鸿茅酒手抄秘方在凉城县政府清缴的王家账簿内被发现，自此收归公有。1962 年，国营凉城县鸿茅酒厂正式成立凉城县鸿茅酒厂，属地方国营企业。1963 年 12 月，因粮食原料紧缺而一度停产。1971 年，鸿茅酒厂恢复生产，隶属县财粮科。1972 年底，鸿茅酒厂迁回厂汉营古镇的旧址重建。1973 年，经报请乌盟工业局、计划委员会，并经内蒙古自治区卫生局重新核定处方和制法，鸿茅酒扩大生产，共计投资 11.5 万元，流动资金 2.3 万元，固定资产 70 万元。在生产技术上改革了原始的配酒方法，采用隔水加热蒸煮浸提新技术，当年产酒 11 吨。1974 年开始，鸿茅酒被中国土产畜产进出口总公司组织出口（出口商品名"鸿茅祛风酒"），销往中国香港、中国澳门、马来西亚、新加坡、泰国、日本、俄罗斯等国家和地区，以其传奇功效和纯正品质，成为颇具海外影响力的中华医药瑰宝。1980 年，鸿茅酒厂迁址城关镇，同时进行了新建和扩建，鸿茅药酒年产能达到百吨。"昔日宫廷御贡酒，飞入寻常百姓家！"

1992 年，国营凉城县鸿茅酒厂进行股份制改革，成立凉城鸿茅酿酒有限公司。1995 年，凉城鸿茅酿酒有限公司与金火集团合作，凭借着金火集团遍布全国的强大的营销网络，使得鸿茅药酒年销售额达 10 亿元，局部市场更是出现了全民"疯抢"的局面。1995 年末，酒厂总资产为 512 万元，净资产仅为 42 万元；到 1996 年末，总资产达到了 2805 万元，净资产跃升为 709 万元。2000 年金火集团与凉城鸿茅酿酒有限公司的五年总代理协议到期，由于企业自身的市场营销能力薄弱，各地市场份额迅速萎缩。千人排队争购鸿茅药酒的盛况不再。

2001 年，根据国企改革和企业自身发展的要求，凉城县政府对鸿茅集团进行股份制改制，与上市公司内蒙古金宇集团等 4 家企业自愿合并重组，成立内蒙

古鸿茅实业股份有限公司。上市公司金宇集团注资并控股鸿茅集团后，将企业的主营业务转向白酒方向。但是，这次跨行业的并购，并没有给企业带来新的机遇，鸿茅的白酒销售疲软，企业再次陷入发展困境。

（二）传统销售网络面临电商挑战

伴随着医药电商的爆发，过去依靠传统销售渠道的企业，受到了前所未有的冲击和影响，鸿茅药酒亦是如此。一直以来，中国药品销售的区域化格局，要求企业必须给予经销商（药品批发企业和零售药店、医院）一定的区域经营优先权限，以保证渠道的通畅、渠道内各级经销商之间价格体系的稳定、合理的获利区间。如果打破了这种平衡，出现经销商过度竞争、价格穿底、大家都无利可图，就会使渠道商最终放弃对该品种的经营热情，严重的甚至会把一个品种"作死"。但互联网打破了地域分割这层保护，这给企业的市场管理出了一道大难题；就目前的互联网现状来看，网上购药的顾客大部分信赖品牌药，如开心人网上药店的销售额中品牌药的份额占了近85%。对于很多市场上销售不温不火的稍有知名度的品牌产品来说，医药电商无疑是一个新的发展契机，但对于少数知名品牌产品来说却不尽然。目前网上药店普遍采用对成熟品牌药品降价打折、大力度买赠、甚至低于进货价销售的方式，使顾客认为这家网上药店的价格远低于线下的实体药店，从而吸引顾客（俗称"吸客"）。这些顾客购药后即成为网店的会员，可以积分、参加会员活动、试用、享受特殊折扣等，从而"锁死顾客"，只要你买药就习惯上该网站购买，逐渐形成顾客在这家网上药店购药的习惯，从而带动多产品销售、高毛利商品销售来实现盈利。这样的结果彻底扰乱了产品的全国统一零售价格，以及药厂—药品批发商—药品零售商—消费者的供价体系和利润体系，直接对线下产品的销售形成冲击。鸿茅药酒全国统一零售价格是500毫升268元，而网上药店最低销售价格188元（进货价格218元），低于厂家给予经销商的供货价格202元，如此巨大的价格倒挂，使鸿茅药酒的诸多重要经销商给企业提出要求，要么厂家降低供货价格，要么放弃鸿茅的经销权。鸿茅药业推出了系列维价行动，要求网上药店停止销售鸿茅药酒，或者执行286元的全国统一价格，不得降价或买赠，以避免各种价格战，避免线上线下的冲突，但收效甚微。鸿茅历时五年，建立起来的全国销售网络面临从未有过的巨大压力。

同属"零售"领域，线上的电商与线下的传统零售商们正经受着"冰火两重天"的不同境遇：对于传统零售来说长期低迷，而电子商务一路高歌猛进。从 2012 年起，网购医药类产品比例逐渐增长，方便快捷是吸引消费者的首要原因。传统医药零售与制造企业开始争相"触电"。根据中国电子商务数据中心统计显示，中国医药电商市场整体收入由 2011 年的不足 4 亿元猛增至 2012 年的 16.5 亿元。据不完全统计，医药健康网站以平均每个月开通 2 个综合站点的速度发展，已上网的国内医药企业约 1000 家。据益普索（Ipsos）公司对全国近 700 名网购人群调查显示，消费者网购最多的产品依旧是服饰鞋帽类产品，其次是图书/音像、手机数码与化妆品。虽然排名居后，但有近四成（39%）的被访者过去一年通过网络购买过保健品，同时近两成（19%）的被访者过去一年网购过非处方药品。网购医药产品（包括保健品与非处方药）群体已初具规模。连锁药店或厂商官网是购买非处方药（OTC）的主要渠道；对于保健品，电商 B2C 品牌、连锁药店官网、药厂或品牌官网与淘宝店铺均为消费者常用的保健品网购渠道。可见，电子商务时代商务模式的转变为传统经营模式的企业带来了巨大冲击，鸿茅药酒不得不变革营销渠道。

（三）药品电子商务时代带来渠道模式变革

近年来，电子商务作为一种现代生产力形态，已深入到人们生活的方方面面，给人们的生活带来了翻天覆地的变化。有分析说，未来五年医药电商的市场容量将达到 150 亿元。当传统医药联姻新型互联网，又一波变革的浪潮已向传统医药销售领域的袭来。截至 2012 年 5 月，国家食品药品监督管理总局公布的已经获批的拥有网上药品交易资格证件的商家已经有 111 家。随着淘宝医药馆的上市，天猫医药馆的商家已经达到近 30 家，建馆后短短 2 个多月，天猫医药馆的销售就实现了数倍的增长，让曾经为销售如何迅速上规模而困惑的网上药店看到了希望的曙光。部分独立的网上药店平台如开心人网上药店、广东康爱多网上药店、上海华源网上药店等，近年来均在药品、保健品、营养品、医疗器械的销售上取得了快速增长。

1. 自建独立运作的 B2C

自营 B2C 是网上药店的主流模式，受医药监管政策限制，基本都有线下实体连锁零售药店背景做依托开展线上业务，运作模式多数均招募独立的电商团队独立运营网上药店。自营 B2C 网上药店必须同时具备《互联网药品交易服务资格证》和《互联网药品信息服务资格证》，国内基于 B2C 的医药电子商务的平台是自建平台模式，这种模式是指药店依靠自己的资金、人力、物力及技术自建网上药店，独立运营推广。自建网站拥有顶级域名，拥有自主品牌，公司形象代表，可以自主管理、运营和推广；独立网店功能更加完善，满足多种需求，自行开发，模板更加丰富、美观；提供更多选择，自主开发更多功能；信息数据自行拥有，不依托于他人服务器，提高安全性；不受任何平台的规章制度所约束，自行发展壮大；推广更加便捷，顶级域名易被搜索引擎青睐、收录和引流；具有一次性投资后终身享受独立网店系统的优点。但自建也存在一些缺点，如技术团队人员成本高，技术不够专业，开发周期长，相关人才少等问题。

如图 25-1 所示，京卫大药房网上药店（www.yaofang.cc）在 2005 年 12 月 29 日正式获得了首张《互联网药品交易服务资格证书》（京 020050001 号），此举标志着我国网上药品零售时代正式拉开帷幕，消费者足不出户即可买到自己所需的非处方药。京卫大药房是我国具有网上药店经营资格的连锁企业之一，把重点放在网上药店的运作上，以"快速、低价、便捷"的服务实现了"网上购药，药店配送"的运营模式，为自己赢得一片广阔天地。自营 B2C 是网上药店的主流模式，受医药监管政策限制，基本都有线下实体连锁零售药店背景做依托开展线上业务，这在一定程度上限制了其发展。那么作为药品连锁零售企业，对于借鉴一般的网上商店模式，为自己寻求新的发展模式，还需要政府的支持和鼓励。

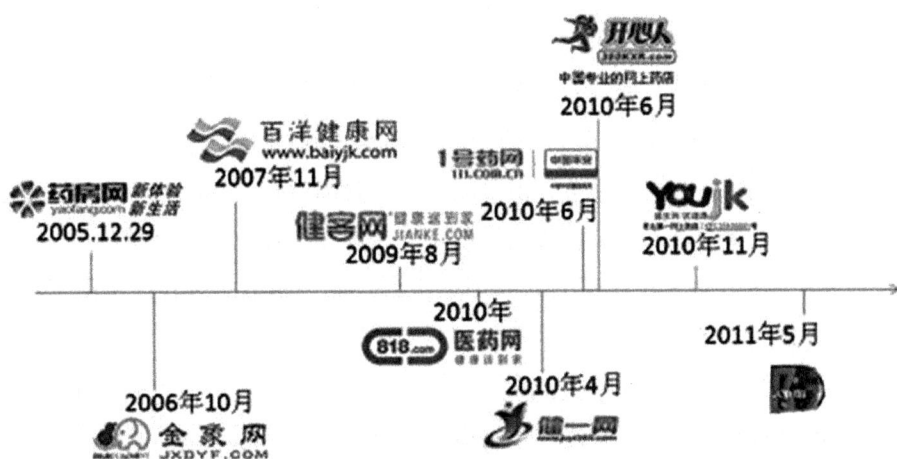

图 25-1 国内十大医药 B2C 上线时间一览

2. 入住第三方平台

第三方医药网购商城主要通过聚集全国网上药店和实体连锁药店，为消费者提供药品网购服务，不直接售卖药品，由入驻医药商家提供货品及配送咨询服务。第三方医药商城入驻的药店必须具备药品经营许可和通过 GSP 认证，入驻的网上药店必须具有《互联网药品交易服务资格证》和《互联网药品信息服务资格证》两证。平台只提供订单管理等信息服务，所有药品的物流配送、发票、在线咨询均由相应医药企业负责。一般来讲，平台型电子商务比自建电子商务难度要低，成本也低。另外加入平台的风险要低，能够充分利用平台已有的人气和流量，近距离接触成熟的网购人群，在经营成本和流量获取成本上低于相应的 B2C 自建网站。但平台型也存在一定不足，例如不是顶级域名，而是平台下的二级域名；小电商没有品牌优势，大电商则是依赖平台品牌；公司形象能力削弱；依附于平台管理，自主性大大削弱；平台网店受制于人，功能大众化，尤其是支付、信用功能；模版不新颖，无法开放式定制个性化模版；数据、客户信息等数据存放于平台数据库，无法自行拥有和掌握；束缚于平台管理限制，各种规则限制发展，一不留心就受处罚；推广不易，仅限于平台内部，二级域名对外推广受限；费用高昂，需要入驻费、提成佣金、推广等资金。很多独立医药电商在背靠平台的同时，也在积极推动官网的建设，并把官网作为未来在这一领域成败的关键。如金象网、开心人都觉得，在盈利的基础上做好官网非常关键。

2011 年 6 月底，淘宝商城医药馆，与上海复美大药房、北京金象大药房、杭州九州大药房、江西开心人大药房以及云南白药大药房 5 家医药公司合作。商品涵盖了非处方药品、保健品、医疗器械、计生用品等几乎所有允许在网上药店销售的品类。这是一场交易方式的变革，然而，淘宝商城医药馆经过 18 天试水，因未过政策门槛，资质不全，被食品药品监管部门查处。以淘宝医药馆的资质，只能发布药品信息，不能直接销售药品。经过 8 个月改版的天猫医药馆（原淘宝医药馆）从交易平台转变为商品浏览平台，成为精准的医药类电商导航网站。在天猫医药馆只提供药品展示平台，不直接提供交易，消费者在选择好药品之后会跳转到该药品所在合法网上药店进行后续的交易。天猫医药馆的开展得到了医药零售商的大力支持，有分析人士指出，只有提供从药品展示到药品支付等药品交易的全程服务，才能发挥其最大优势，实现最大盈利。然而，根据《互联网药品交易服务审批暂行规定》，天猫医药馆要拿到药品交易服务证，必须要有线下连锁实体药店。在国家对药品交易服务证上的审批与发放正日趋收紧情况下，采取何种运营操作模式还需与药监部门深入沟通。目前，建立一个独立第三方信息平台，不仅是发展的趋势，也是符合我国网上药店发展需求的，这样才会使更多拥有双证的连锁零售企业投身到网上药店上。

（四）抓住药品电商机会

在医药电商急速发展的过程中作为老字号品牌的"鸿茅药酒"出现了两难局面：一方面，维价困难，造成线下药店无利可图；另一方面，电商的发展已是必然趋势。对于鸿茅药酒可以说是机遇与挑战并存。如何有效利用互联网宣传优势，通过互联网的传播和销售，帮助鸿茅跨上一个新的里程，为老品牌"赢"来新发展，实现"线上、线下双赢"，是新时期摆在鲍洪升和他的鸿茅团队面前的新任务。从电子商务在中国的发展状况来看，价格战是主旋律。电商们宣扬的"低价、促销、打折"和传统的医药销售几乎格格不入，同时也严重地冲击着传统的医药销售领域，这更让很多和电商捆绑紧密的企业苦不堪言。这也是医药电商对鸿茅，乃至传统医药销售影响最大的地方。在淘宝网上，目前有 33 家电商在销售鸿茅药酒，其中还有很多是个人卖家，他们不仅不具有医药电商的经营资质，销售价格更是五花八门。人们难免对他们所销售的鸿茅药酒的来路和质量产生怀疑。更有甚者，在销售"鸿茅药酒泡酒料"，这更是明目张胆的制假、造假行为。随着电子商务经营的放开，一时间沙石俱下，医药电商也是如此。如果不能对医药电商的销售行为加以规范和引导，不仅损害企业利益，更会对消费者造成多方面的伤害。

五、电商时代铸就"鸿茅"品牌

（一）做造福百姓的放心药

在鲍洪升看来，选择了鸿茅，肩上就多了两份责任：一份是对祖宗，另一份是对百姓。鲍洪升恪守鸿茅祖训：良药济世，精工取繁。鸿茅人尊重历史，谨言慎行，如临深渊，如履薄冰，恪守原则，保证质量，就是为了传承瑰宝，善待生命，这是鸿茅的价值观，也是发展观，百年文化是它的底蕴，这也成为新一代鸿茅人对其产品内涵的深度阐述。鲍洪升认为，在中国药品保健品市场持续低迷的今天，鸿茅药酒的营销策略除了抓住药酒这一独特细分市场、突出功效显著这一点，关键还在于对产品内涵的深度认知与挖掘，大力宣传与弘扬产品文化，使用民族医药，成就中华瑰宝。鲍洪升还定义了鸿茅的"三驾马车"，即品牌、终端、服务。在鲍洪升看来，建立品牌是鸿茅的必由之路，建立终端也是必由之路，加强服务更是必由之路，鸿茅药酒只要掌握住这三大方向，就一定不会出错。鲍洪升始终遵循着王吉天老先生的古训，做造福百姓的放心药。

（二）整顿线上药店

针对药品电商时代带给鸿茅药酒的巨大冲击，鲍洪升制定了一系列的线上药店整顿和发展措施：一是鸿茅药酒建立了专门的电商部，与信誉好、影响力大、质保体系完善的线上药房形成战略合作，共同制定互联网宣传、推广计划，用品牌的影响力、公信力、产品的卓越疗效及口碑、对患者的一对一医学健康服务来吸引客户，留住客户。摒弃以价格战来吸引客源的短视做法。二是签订价格同盟书，线上、线下的零售价格、供货价格体系保持一致，让经销鸿茅药酒的经销商有充足的推广费用和可观的利润。三是线上药店销售的产品，是哪个区域市场的，企业就把毛利补贴到该市场的推广费用当中，保证传统渠道的客户接受和欢迎线上业务的拓展。经过这一系列的组合拳，鸿茅药酒实现了价格的统一，线下销售渠道的稳定以及线上业务的快速发展，品牌影响力在中青年客户群中逐步放大，"双赢"的局面开始出现。

（三）线上线下推广模式相结合

在信息化暴涨的时代，只凭借传统的地面销售渠道难以树立品牌形象，不能做到全面的品牌推广，因此，线上与线下销售模式的结合成为一种必然趋势。鲍洪升意识到了销售模式转型的必要性与紧迫性，他非常注意网站的线上推广及线下宣传。首先，注重网站广告的推广，在知名网站上打广告，大大提升了企业的知名度。其次，做好人才库的建设，通过发布招聘信息，吸引更多的人关注企业网站，了解企业信息。最后，注重网站的中后期推广。对于任何类型的网站来说，在上线之后需要加大推广的力度，只有做好全面的推广才能让更多的人了解企业的网站。因此，需要对网站进行全方位的推广，如网摘、微博、知道问答平台、友情链接、网站目录平台等。同时，还要做好网站的后期护理工作，及时更新网站信息。鲍洪升投入了大笔资金进行线下推广，如媒体宣传、参加赞助活动等。与当地的报社、电台、电视等媒体合作，大大提升了鸿茅药酒的可信度，并且让鸿茅药酒在公关事件中成功。

六、结　尾

虽然鸿茅药酒已经取得了成功，实现了"二次创业"，但其背后仍有许多无奈。没有定位就没有营销，鸿茅药酒抓住了"药酒"这一独特细分市场，实现了差异化营销策略，正在实现着"二次腾飞"的梦想，但是，药品的市场容量有限，无法与白酒的庞大市场规模媲美。同时，鸿茅药业的线上推广渠道还不是很完善，日后是否采取网址导航、网站加盟、有奖注册、友情链接、定期推特等方式提升市场份额，并提高品牌识别度，有效地抑制假药、劣药的销售，将是鸿茅能长远走下去的关键。鲍洪升深知自己肩负着做中华药酒文化的传播者的神圣使命，以仁道、信义、至善的企业文化精神，带领鸿茅人向着他们的目标迈进——做中国药酒的第一品牌。

附录 1：企业概况

内蒙古鸿茅实业股份有限公司是一家以高新技术为依托，集科研、生产、营销于一体的现代化股份企业。下属内蒙古鸿茅药业有限责任公司、内蒙古世纪鸿茅药业有限责任公司、凉城鸿茅酿酒有限公司、凉城鑫丰营销有限责任公司等多家全资子公司。

鸿茅实业作为内蒙古 45 家重点企业之一，2003 年 11 月被列入内蒙古自治区"专利工作试点企业";12月通过区"高新技术企业"认定;2004年11月通过国家药品生产企业GMP认证;2003~2005年连续三年入围"中国白酒工业百强企业"。

公司立足产品优势,依托地域资源,拥有药酒、果酒、奶酒、保健酒、系列白酒五大类产品;年生产药酒1500吨、白酒3000吨、保健酒3000吨、果酒1000吨、奶酒1000吨。主导产品"鸿茅药酒"始创于1739年(清乾隆四年),其独特的生产工艺获国家发明专利。

270年风雨兼程,鸿茅人肩负医者使命,秉承先辈誓愿,不断超越,锐意进取,全力铸就"鸿茅"百年品牌。

附录2：鸿茅大事记

1739年(清乾隆四年),山西名医王吉天在鸿茅古镇开办"隆盛荣"作坊,研制并生产鸿茅药酒。

1948年2月,凉城县政府接管"隆盛荣"。

1962年,国营凉城县鸿茅酒厂正式成立,归口政府工业科。

1974年,鸿茅药酒被中国商品进出口贸易公司指定为出口产品,销往中国香港、马来西亚、新加坡、北欧等地并引起轰动。

1978年,马来西亚《建国日报》在庆祝建国22周年的国庆特刊上对鸿茅酒做了通版报道,称鸿茅酒是中国"神酒"。

1988年,鸿茅药酒荣获首届"全国优质保健品金鹤杯"奖,后历年多次荣获国际、国内以及自治区大奖。

1992年,国营凉城县鸿茅酒厂进行股份制改革,成立凉城鸿茅酿酒有限公司。

1995年,与内蒙古金火公司签订全国总经销协议,鸿茅药酒成为内蒙古第一个走向全国市场的知名品牌。

1997年2月,凉城县政府以鸿茅药酒厂及鸿茅酿酒公司为核心企业,组建凉城鸿茅(集团)有限责任公司。

1997年,鸿茅药酒获得首届香港国际酒文化节特别金奖。鸿茅药酒由中国轻工总会、中国中医科学研究院联合推荐，入选"97香港回归中国八大特级品牌"。

1998年，被内蒙古自治区政府评为"自治区明星企业"并被列入自治区36家重点企业之一。

2001年11月，股权结构调整，上市公司金宇集团以77.1%的股份入主鸿茅集团。

2003年12月，鸿茅集团有限责任公司连续获得由国家统计局工业交通统计司、中国食品工业协会颁布的"中国白酒工业百强企业"称号。

2004年，鸿茅药酒厂建立药品GMP现代化生产车间，年生产能力由原来的300吨增加到了3000吨，并形成药酒、白酒、冰酒、奶酒、保健酒等多元化、规模化生产格局。

2006年10月，内蒙古金火集团、北京秦吉达企业集团等法人机构全资收购鸿茅集团，并组建"鸿茅实业"股份公司，将企业完全推向品牌化、国际化运营轨道。

2007年，"鸿茅"再次被内蒙古自治区工商行政管理局、著名商标认定委员会授予了著名商标。

2008年，由凉城人民政府报请内蒙古自治区文化厅，鸿茅药酒制作技艺正式申请"非物质文化遗产"名录。至此，拥有"中华老字号"之称的"鸿茅药酒"再获殊荣，成为"内蒙古自治区非物质文化遗产"名录的药酒。

参 考 文 献

［1］Aaker D A.Managing Brand Equity: Capitalizing on the Value of a Brand Name ［M］. New York: The Free Press, 1991.

［2］Alexander B L. How Brand Image Drives Brand Equity ［J］. Journal of Advertising Research, 1992 (32): 6-12.

［3］Aron O C and Grace D.An Exploratory Perspective of Service Brand Associations ［J］. Journal of Services Marketing, 2003, 17 (5): 452-475.

［4］Chintagnuta Pet. al. Beyond the Endogeneity Bias: The Effect of Unmeasureed Brand Characteristics on Household-Level Brand Choice Models ［J］. Management Science, 2005, 51 (5): 832-849.

［5］De Chemator L and McDonald M. Creating Powerful Brands ［M］. Oxford: Butterworth-Heinemann, 1998.

［6］Foley A and Fahy J. Incongruity Between Expression and Experience: The Role of Imagery in Supporting the Positioning of a Tourism Destination Brand ［J］. Journal of Brand Management, 2004, 11 (3): 209-217.

［7］Kapfer J N. Strategic Brand Management: New Approaches to Creating and Evaluating Brand Equity ［M］. London, 1992.

［8］Keller K L. Strategic Brand Management: Building, Measuring and Managing Brand Equity ［M］. New Jersey: Prentice Hall, 1998.

［9］Krishnan H S. Characteristics of Memory Associations: A consumer-based Brand Equity Perspective ［J］. International Journal of Research in Marketing, 1996 (13): 389-405.

［10］Krugllan P. Geography and Trade Cambridge ［M］. MA: MIT Press, 1991.

［11］ Simon H and Chris F. Corporate Services Brands：The Intellectual and Emotional Engagement of Employees［J］. Corporate Reputation Review，2005,7（4）：365-376.

［12］ Simonson A and Schmitt B H. Marketing Aesthetics：The Strategic Management of Brands，Identity and Image［M］. New York：Free Press，1997.

［13］ Thomson M. Human Brands：Investigating Antecedents to Consumers，Strong Attachments to Celebrities［J］. Journal of Marketing，2006，7（70）：104-119.

［14］ Leslie De Chernatony. From Brand Vision to Brand Evaluation：Strategically Building and Sustaining Brands［M］. Oxford，Butterworth Heinemann，2001.

［15］（德）克劳斯·施麦. 从甲壳虫到劳力士：42 个由狂热崇拜引发的品牌传奇［M］.周军译. 北京：经济日报出版社，2005.

［16］（美）菲利普·科特勒. 营销管理——分析、计划、执行和控制（第 9 版）［M］.梅汝和等译. 上海：上海人民出版社，2000.

［17］（美）凯文·莱恩·凯勒.战略品牌管理（第 3 版）［M］.卢泰宏，吴水龙译. 北京：中国人民大学出版社，2009.

［18］（美）迈克·莫泽. 品牌路线图——打造具有凝聚力的品牌之五步曲［M］.于洪彦，赵春晓译.北京：商务印书馆，2005.

［19］（美）瑞夫金，萨瑟兰.品牌命名：世界知名品牌背后的故事［M］.林海译. 北京：企业管理出版社，2007.

［20］（美）萨姆·希尔，克里斯·莱德勒.品牌资产［M］.白长虹译.北京：机械工业出版社，2004.

［21］（美）斯科特·戴维斯，麦克尔·邓恩.品牌驱动力［M］.李哲，刘莹译.北京：中国财政经济出版社，2007.

［22］（美）唐·舒尔茨等. 唐·舒尔茨论品牌［M］.高增安，赵红译.北京：人民邮电出版社，2005.

［23］（新加坡）藤甫诺.高级品牌管理：实务及案例分析［M］.高靖等译.北京：清华大学出版社，2004.

［24］ 21 世纪经济报道编.中国最佳品牌建设案例［M］.广州：南方日报出版社，2011.

［25］艾丰.名牌论（第 1 版）［M］.北京：经济日报出版社，2001.

[26] 白光. 品牌失败的故事 [M]. 北京：中国经济出版社，2006.

[27] 白山. 打造品牌——品牌力决定营销力 [M]. 北京：经济管理出版社，2004.

[28] 北京理工大学管理与经济学院管理案例编委会编. 中国本土化管理案例研究 [M]. 北京：科学出版社，2010.

[29] 仓平. 营销策略组合对品牌权益的影响机理研究 [D]. 上海交通大学博士学位论文，2007.

[30] 柴国君，张智荣，霍建国. 学习小肥羊——解读中国餐饮业领跑者的成功奥秘 [M]. 北京：人民邮电出版社，2009.

[31] 陈洪涌. 企业品牌研究 [M]. 北京：中国经济出版社，2007.

[32] 邓九刚等. 从伊利、蒙牛到永业——探寻内蒙古高速发展的 DNA [M]. 北京：中信出版社，2011.

[33] 范秀成，陈洁. 品牌形象综合测评模型及其应用 [J]. 南开学报（哲学社科版），2002 (3).

[34] 冯仁德，孙在国. 加强品牌效应增强经济效益 [J]. 商业研究，1999 (1).

[35] 符国群. 品牌延伸研究：回顾与展望 [J]. 中国软科学，2003 (1).

[36] 勾殷红. 名牌：区域经济发展的助推器 [J]. 中国经贸，2004 (6).

[37] 郭克锋. 区域品牌可持续发展影响因素及其作用机制 [D]. 山东大学博士学位论文，2011.

[38] 郭晓川. 鄂尔多斯集团的多元化战略选择 [Z]. 中国管理案例共享中心，2010.

[39] 何佳讯. 广告案例教程（第二版）[M]. 上海：复旦大学出版社，2005.

[40] 黄合水. 品牌研究经典案例 [M]. 厦门：厦门大学出版社，2010.

[41] 黄小葵，史树娜. 北方新报：百姓生活的向导 [Z]. 中国管理案例共享中心，2011.

[42] 黄小葵，史智. 服务小企业，成就大发展——包商银行的定位战略分析 [Z]. 中国管理案例共享中心，2012.

[43] 姜俊贤. 创北京商业品牌促商业经济发展 [J]. 商界，1999 (5).

[44] 颉茂华，赵冬青. 伊泰煤炭公司的融资规划与决策方案如何制定 [Z].

中国管理案例共享中心，2011.

[45] 李代广. 营销案例必备全书 [M]. 呼和浩特：内蒙古人民出版社，2009.

[46] 李飞. 定位案例 [M]. 北京：经济科学出版社，2008.

[47] 李锦魁. 城镇品牌营销 [M]. 北京：经济管理出版社，2010.

[48] 李明合. 品牌传播创新与经典案例评析 [M]. 北京大学出版社，2011.

[49] 李鹏. "种子、化肥、永业生命素，一个都不能少！"——永业生命素的营销 [Z]. 中国案例共享中心，2011.

[50] 黄小葵，张利钦. 渠道为王的时代，大牧场为自己代言 [Z]. 中国管理案例共享中心，2015.

[51] 李兴旺等. 中国西部企业高速成长研究——资源型高成长企业成长模式及实现路径 [M]. 北京：中国社会科学出版社，2009.

[52] 梁明珠. 城市旅游开发与品牌建设研究 [M]. 广州：暨南大学出版社，2009.

[53] 林升栋. 区域产业品牌案例研究 [M]. 厦门：厦门大学出版社，2011.

[54] 刘品. 品牌推广案例分析 [M]. 北京：中国纺织出版社，2004.

[55] 卢强. 产品与品牌 [M]. 北京：经济管理出版社，2004.

[56] 卢泰宏，周志民. 基于品牌关系的品牌理论：研究模型及展望 [J]. 商业经济与管理，2003（1）.

[57] 年小山. 品牌学（第 1 版）[M]. 北京：清华大学出版社，2003.

[58] 欧阳桃花. 试论工商管理学科的案例研究方法 [J]. 南开管理评论，2004（7）.

[59] 盘和林. 哈佛品牌战略决策分析及经典案例 [M]. 北京：人民出版社，2006.

[60] 青禾工作室. 大营销——新实际营销战略（第 1 版）[M]. 北京：当代世界出版社，2000.

[61] 邵一明. 基于多元化战略的品牌延伸理论研究与实证分析 [D]. 南京理工大学博士学位论文，2005.

[62] 宋秩铭. 奥美的观点（第 1 版）[M]. 北京：中国经济出版社，1997.

[63] 苏敬勤，崔淼. 工商管理案例研究方法 [M]. 北京：科学出版社，2011.

[64] 孙在国. 商战与名牌 [M]. 成都：西南财经大学出版社，2000.

[65] 汪秀英.品牌学 [M].北京：首都经济贸易大学出版社，2007.

[66] 汪秀英.企业品牌工程的运营与管理 [M].北京：科学出版社，2010.

[67] 王海涛.品牌竞争时代（第1版）[M].北京：中国言实出版社，1999.

[68] 王咏梅.品牌战略与企业成长——理论研究、案例分析 [M].北京：经济科学出版社，2007.

[69] 王兆峰.品牌对区域经济发展的影响研究 [J].北京工商大学学报（社会科学版），2007（2）.

[70] 许彩国.市场营销案例分析——策划篇 [M].南京：东南大学出版社，2009.

[71] 薛可.品牌扩张（第1版）[M].北京：北京大学出版社，2004：12-16.

[72] 薛娜.经典品牌故事全集 [M].北京：金城出版社，2006.

[73] 杨晨.品牌管理理论与实务 [M].北京：清华大学出版社，2008.

[74] 杨芳平.品牌学概论 [M].上海：上海交通大学出版社，2009.

[75] 杨海军，袁建.品牌学案例教程 [M].上海：复旦大学出版社，2009.

[76] 杨欢进.名牌与经济发展 [J].经济与管理，2000（1）.

[77] 姚伟坤.集群企业品牌网络关系研究 [M].北京：中国经济出版社，2011.

[78] 叶明海.品牌创新与品牌营销（第1版）[M].石家庄：河北人民出版社，2001.

[79] 尹元元.品牌企业与区域经济发展 [D].中南大学博士学位论文，2009.

[80] 尹元元.品牌企业与区域经济发展研究 [M].北京：中国物资出版社，2010.

[81] 于春玲，赵平.品牌资产及其测量中的概念解析 [J].南开管理评论，2003（1）.

[82] 余明阳.品牌学（第1版）[M].合肥：安徽人民出版社，2002.

[83] 余明阳.2007中国品牌报告 [M].上海：上海交通大学出版社，2007.

[84] 余伟萍.品牌管理 [M].北京：清华大学出版社，2008.

[85] 余鑫炎.名牌经济与产业结构调整 [J].武汉经济，2001（4）.

[86] 张金海，余世红.中外经典品牌案例评析 [M].广州：华南理工大学出版社，2009.

[87] 张庆维. 品牌在市场经济中的作用 [J]. 建筑装饰材料世界，2003（3）.

[88] 张世贤. 品牌战略 [M]. 广东：广东经济出版社，1997.

[89] 张曙临. 品牌价值的实质与来源 [J]. 湖南师范大学社会科学学报，2000（29）.

[90] 张翼，张有德. 绝对差异 [M]. 北京：中信出版社，2010.

[91] 张有绪. 品牌资产模式与测度方法研究 [D]. 东北财经大学博士学位论文，2009.

[92] 周玫. 企业品牌运营模式研究 [M]. 北京：中国社会科学出版社，2008.

[93] 周运锦. 品牌管理新趋势 [J]. 商业时代，2004（30）.

[94] 周志明. 品牌管理 [M]. 天津：南开大学出版社，2008.

[95] 祝合良. 品牌创建与管理 [M]. 北京：首都经济贸易大学出版社，2007.

[96] 陈耀东，莫力根. 中国乳都——呼和浩特 [J]. 中国城市经济，2006（1）.

[97] 沈斌华. 论"鄂尔多斯模式"[J]. 内蒙古大学学报（人文社会科学版），2002（9）.

[98] 黄勇，邱婷. 产业集群视角下的区域品牌 [J]. 特区经济，2007（10）.

[99] 杨建梅，黄喜忠，张胜涛. 区域品牌的生成机理与路径研究 [J]. 科技进步与对策，2005（12）.

[100] 耿佩民. 服务企业品牌的培育研究 [D]. 吉林大学博士学位论文，2008.

[101] 贾爱萍. 中小企业集群区域品牌建设初探 [J]. 北方经贸，2004（3）.

[102] 熊明华. 地域品牌的形象建设与农业产业化 [J]. 中国农业大学学报（社会科学版），2004（2）.

[103] 廖建起. 区域品牌与企业品牌的关系 [J]. 中国科技信息，2006（12）.

[104] 胡大立. 企业品牌与区域品牌的互动 [J]. 经济管理，2006（5）.

[105] 熊爱华，汪波. 基于产业集群的区域品牌形成研究 [J]. 山东大学学报哲学社会科学版（双月刊），2007（2）.

[106] 吴奇凌. 产业集群地区区域品牌培育的思考 [J]. 贵州师范大学学报，2013（2）.

[107] 邵建平，任华亮. 区域品牌形成机理及效用传导对西北地区区域品牌培育的企业 [J]. 科技管理研究，2008（3）.

［108］Nicolaj Siggelkow.案例研究的说服力［J］.张丽华，姜惠（译），何威（校）.管理世界，2008（6）.

［109］吴春波，曹仰锋，周长辉.企业发展过程中的领导风格演变：案例研究［J］.管理世界，2009（2）.

［110］黄小葵，刘娜.宁城老窖的浴火重生［Z］.中国管理案例共享中心，2011.

［111］黄小葵，王萌萌.温州商人的维多利神话［Z］.中国管理案例共享中心，2013.

［112］黄小葵，王萌萌.三百年沧桑话重生：电商时代鸿茅药酒的营销渠道变革［Z］.中国管理案例共享中心，2013.

［113］黄小葵，杜娟.西贝莜面村的品牌回归：真的很爱"莜"［Z］.中国管理案例共享中心，2014.

后 记

2009 年春季，我因中国 MBA 开发及办学能力建设计划中的西部提升项目（简称"淡马锡项目"），有幸到清华大学经济管理学院学习。在市场营销系，我结识了许多优秀的清华人，李飞教授的定位课程、胡左浩教授的营销管理课程、于春玲副教授的品牌管理课程、郑毓煌副教授的消费者行为等都使我受益匪浅。其间，正逢清华大学"中国式管理"课题组准备到小肥羊餐饮连锁有限公司调研，作为内蒙古人的我有幸参与其中。继而在李飞教授的指导下完成了我的第一篇案例《小肥羊——中国火锅第一品牌》，并入选"中国管理案例共享中心"案例库。这次尝试，仿佛为我打开了一扇新的窗户，从此，开始了我内蒙古本土案例的开发与研究之路。在这一过程中，我有幸接触到我们内蒙古许多优秀的企业家，他们的豪迈、大气和激情深深感染了我。我发现，其实我们都有着一样的初衷，都希望能为内蒙古本土品牌的成长与发展贡献一己之力。为了这一共同目标，我们始终没有停下脚步。

当然，在这一场跋涉中，我们都遇到了意想不到的困难，市场环境的巨大变化使得一些企业面临重新洗牌甚至被淘汰的处境；消费环境的变化使得部分品牌消失在消费者的视野之外；等等，不断变化的外部环境令我们对案例对象的选择和调研一次又一次陷入困境。还好，我们坚持下来了。

感谢内蒙古社科规划后期项目的资助，使得本书得以顺利出版；感谢大连理工大学"中国管理案例共享中心"为各高校教师进行管理案例的教学与研究提供了一个极好的平台，这些年，正是他们无私的引导和帮助，才使得我们得以成长，特别是大连理工大学的王淑娟老师和崔淼老师，她们的专业和仁爱一次又一次感动着我；感谢清华大学李飞教授不仅将我领入案例研究之门，更成为我日后的良师益友和学习的楷模；感谢内蒙古大学经济管理学院郭晓川院长的热忱鼓励和各位教师同仁们的友好相助；感谢西贝餐饮集团股份有限公司贾国龙董事长，感谢内蒙古大学的优秀学员即鸿茅药酒有限责任公司总经理段炬红女士，大牧场牧业集团董事长王海峰先生等业界精英对我们案例调研的大力支持；感谢我一届又一届的研究生们，他们始终和我一起坚持做案例调研，许多个夜晚我们围坐在小小的研究室里准备采访提纲、整理录音、集体讨论，他们和我一起耕耘、收获、成长，我为他们感到骄傲！他们是杨楠、史树娜、关欣、刘娜、史智、王萌萌、金布赫、李龙、张利钦、杜娟。

最后，还要感谢我的家人。正是因为他们的一路陪伴，让我时刻感受到理解和温暖，他们的分担让我可以用单纯而宁静的心情去做我喜欢的事情，让我在普通而平凡的教师岗位上始终坚守着我自己。